儀禮復原研究叢刊

儀禮宮室考

儀禮車馬考

儀禮樂器考

中華書局印行

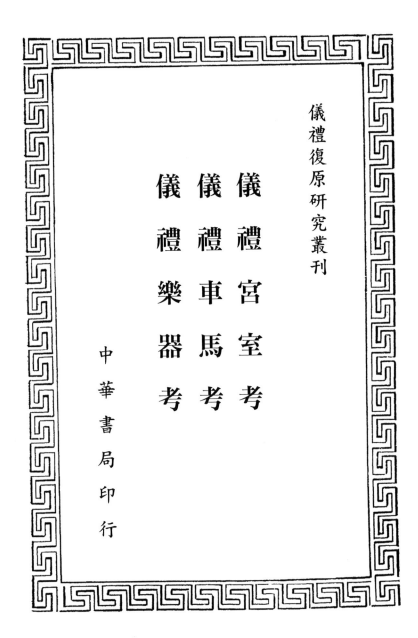

儀禮宮室考

（鄭良樹著）

儀禮復原研究叢刊序

儀禮一書，為我國先秦有關禮制、社會習俗，最重要而對於儀節敘述最詳盡的一部書。它是經儒家傳授，源流有自。其內容或不免雜有儒者的思想成分和主張；但是這類有關社會習俗，制度等等的著作，不可能毫無事實根據或歷史傳說，而全然憑空臆造。況且儒家是保存，傳授古代典籍的專家，由他們手中流傳下來的典籍，其中必然有一大部份是它以前，或當時的史實。因此，尤其在史闕有間的今天，這部書不能不算是我國先秦禮俗史上最詳細的史料。可是因為其儀節的繁複，文法的奇特，句讀的難解，所以專門來研究它的人，愈來愈少。李濟博士有鑑於此，特倡導用復原實驗的方法，由東亞學會撥予專款，由台灣大學中文系、考古系同學成立小組，從事集體研討。由台靜農先生任召集人，由德成指導。

儀禮一書自鄭康以來，注解者雖名家輩出，但囿於時代之關係，其所用方法及資料，由今以觀，似乎尚覺方面過少。故此次之研究，各分專題，運用考古學、民俗學、古器物學，參互比較文獻上材料，以及歷代學者研究之心得，詳慎考證，納為結論，然後將每一動作，以電影寫實的方法表達出來；使讀是書者，觀其文而參其行，可得事半功倍之效。

惟此種方法，為我國研究古使第一次采用的方法，嘗試之作，疏漏在所難免。影片除另製作外，茲將專題報告，各印成書，集為叢刊，以備影片參考之需。指導者既感學植之剪陋；執筆者或亦覺其學之難以濟志。尚希海內通儒達人，不吝教之，幸甚！幸甚！

最後對於李濟博士提倡學術之意，致崇敬之忱，並致最深誠摯之謝意。

孔德成序

中華民國五十八年十二月十八日

凡例

一、本編是為復原儀禮士昏禮及士相見禮兩篇所牽涉及的建築物而作。

二、為了研究上的方便，我們將建築物劃分成若干小部份，從這若干小部份，去討論它們個別的位置、形制用途和深廣；然後再將合併成為一建築物。

三、討論建築物的位置、形制用途和深廣時，我們都有一個原則：以儀禮本文為主，不能解決問題，便參考他經，及先秦文獻，鄭、賈的注、疏，以及後儒之說。後儒之說，雖有錯誤處，而影響後世學不太深遠者，概不辯正。

四、歷來學者對建築物的研究，都只偏重在平面上立體形制完全被忽略了。我們參考漢畫，完成了這項被忽略的工作。

五、復原是我們主要的目的，所以，當每小部份討論完畢後，都儘可能地將結論繪成一圖；作為復原的準則。

儀禮宮室考目錄

第一章　緒論……一
第二章
第一節　曲（圖一）……一一
第二節　東壁、西壁（圖二）……一二
第三節　碑（圖三）……一五
第四節　兩階（圖四）……一七
第五節　棟、楣、庪、棁（圖五）……一九
第六節　東序、西序（圖六）……二二
第七節　東楹、西楹（圖七）……二三
第八節　東房、西室（圖八）……二五
第九節　戶、牖（圖九）……二八
第十節　北堂、北階（圖十）……三一
第十一節　闑……三二
第十二節　閾……三八
第十三節　塾（圖一十）……四〇

第十四節 窔……四四
第十五節 西北隅……四五
第十六節 奧（圖十二）……四六
第十七節 霤……四九
第三章 深與廣……五六

第一章　緒論

儀禮十七篇提到建築的名稱非常多；這些名稱有的是屬於廟，有的是屬於寢，有的是屬於庠，有的是屬於序。經過統計後，屬於寢的名稱共有下列三十三種：門、東塾、西塾、闑、閾、內霤、東霤、東壁、庭、阼階、西階、階、東序、西序、東榮、西榮、堂、東堂、北堂、楹、東楹、西楹、西坫、室、房、戶、牖、墉、奧、西北隅、窔、扉和依。屬於廟的名稱共有下列三十六種：門、東塾、西塾、闑、閾、碑、霤、西壁、庭、阼階、西階、階、東序、西序、東榮、阿、楣、堂、東堂、西堂、北堂、楹、東楹、西楹、東夾、西夾、東箱、箱、西坫、室、房、戶、牖、墉、奧、西北隅。當然，這些名稱有少部分是相同的，例如「階」和「阼階」「西階」，「楹」和「東楹」「西楹」等。

從上面的統計上來看，我們可以發現一種現象。有的部位名稱只出現在廟，而不出現在寢，例如「碑」、「阿」、「楣」、「東夾」、「西夾」和「東箱」等。有的部位名稱只出現在寢，而不出現在廟，例如「內霤」、「東霤」、「西榮」、「窔」和「依」等。實際上，這是一種很自然的現象，因為禮節的舉行，並不一定會遍及各建築物的每一角落，那麼，不被利用來行禮的部位當然不被提出來，所以，寢和廟的部位名稱的參差現象是很自然的。換句話說，寢和廟某些部位名稱之不能完完全全重合，並不能證明它們之間的形制的不同。

為了更進一步的證明，我們將儀禮全書所提到的有關寢、廟、庠和序各個部位的名稱作個比較：

寢	廟	庠	序
儀禮出現寢部位之名稱	儀禮出現廟部位之名稱	儀禮出現庠部位之名稱	儀禮出現序部位之名稱
大門	大門	門	門
寢門	廟門		
東塾	東塾		
西塾	西塾		
闑	闑		
闔	闔		
	碑		
內霤			
東霤			
	霤		
東壁		東壁	
	西壁		
庭	庭	庭	
阼階	阼階	阼階	阼階
西階	西階	西階	西階
階	階		
東序	東序	東序	
西序	西序	西序	西序
東榮	東榮	東榮	東榮
西榮			
	阿		
	楣	楣	楣
堂	堂	堂	堂
東堂	東堂		
	西堂		
北堂	北堂		
楹	楹		
東楹	東楹		
西楹	西楹	西楹	西楹
	東夾		
	西夾		
	東箱		
	箱		
西坫	西坫		
室	室		
房	房	房	
戶	戶	戶	
牖	牖		

墉	墉						
奧	奧					左房	
西北隅	西北隅					縮霤	
窔						鉤楹	
扉						左个	
依						右个	

從這個比較表中，我們可以得到下列三點：

一、庠的部位名稱有「房」和「戶」，序的部位名稱沒有「房」和「戶」，卻有「左个」和「右个」，這種現象並不偶然的，賈公彥在鄉射禮書曾說：「庠有室，序無室。」可見庠和序大概是兩種不同的建築物。

二、庠和序完全沒有提到「東塾」、「西塾」、「碑」、「北堂」、「東夾」和「西夾」，和寢、廟比較起來，其不同更顯而易見了。

三、寢、廟部位的名稱參差很小，可是，和庠、序比較起來，參差實在太大了，我們不能用上文「不被利用來行禮的部位當然不被提出來」來解釋這種現象。

因此，我們可以下個結論：寢和廟似乎是兩種形制相同的建築物。

經過統計後，儀禮十七篇提到建築物部位的名稱計有一千三百九十六次，他們分散如下：

(1)士冠禮　　五一次

(2)士昏禮　　六二次

(3)士相見禮	九次
(4)鄉飲酒禮	九二次
(5)鄉射禮	二三一次
(6)燕禮	八三次
(7)大射禮	一五二次
(8)聘禮	一三九次
(9)公食大夫禮	五八次
(10)覲禮	二八次
(11)喪服	—
(12)士喪服	一三一次
(13)既夕禮	六五次
(14)士虞禮	六四次
(15)特牲饋食禮	八五次
(16)少牢饋食禮	五九次
(17)有司澈	九七次
共計	一三九六次

士昏禮及士相見禮兩篇提到的建築部位的名稱共有七十一次，佔全部的百比是五點一。而這七十一個

部位的名稱，屬於寢的四十一個，屬於廟的有三十個。

禮節的舉行有時是局限於某一種建築物，如士冠禮、聘禮及公食大夫禮都只在廟裡舉行，士相見禮及燕禮都只在寢裡舉行；有時並不只限於某種建築物，反而擴張到另外一種建築物，如士昏禮及既夕禮，既在廟裡行禮，也在寢裡行禮。為了清楚起見，我們根據張爾岐儀禮鄭注句讀，將士昏禮及士相見禮兩篇分成若干小節，又將每節行禮的地點標註出來：

士昏禮

(1)納采、問名	廟
(2)納吉	廟
(3)納徵	廟
(4)請期	廟
(5)將親迎預陳饌	寢
(6)親迎	廟
(7)婦至成禮	寢
(8)婦見舅姑	寢
(9)贊者醴婦	寢
(10)婦饋舅姑	寢
(11)舅姑饗婦	寢

⑿饗送者	寢
⒀舅姑沒婦廟見及饗婦饗送者之禮	廟
士相見禮	
⑴士相見禮	寢
⑵士見於大夫	寢
⑶大夫將見	寢
⑷臣見於君	寢
⑸燕見於君	寢
⑹進言之法	寢
⑺侍坐於君子之法	寢
⑻臣侍坐賜食賜飲及退去之儀	寢
⑼尊爵者來見士	寢
⑽博記稱謂與執贄之容	寢

從這個表中，我們得到如此結論：

一、士昏禮的舉行地點是在廟和寢。

二、士相見禮的舉行地點是在寢。

上面既然說：「儀禮十七篇提到建築的名稱非常多；屬於寢的名稱共有三十三種，屬於廟的名稱共有三十六種。」又說：「士昏禮及士相見禮兩篇提到的建築部位的名稱共有七十一次。」那麼，我們不覺要問：這兩篇的七十一次的部位名稱是屬於甚麼呢？那一種部位名稱提出的最多呢？假如我們知道某種部位名稱被提出最多，那麼，它可以說是該項禮節最主要的部位了。根據這兩篇的部位名稱，我們足以復原為一完整的建築物嗎？為了了解這些問題，我們不得不列一個更詳細的表。

	寢				廟			
	儀禮出現寢部位之名稱	出現於士昏禮之次數	出現於士相見禮之次數	兩篇共計之次數	儀禮出現廟部位之名稱	出現於士昏禮之次數	出現於士相見禮之次數	兩篇共計之次數
一	大門	三	七	一〇	大門	六	六	
二	寢門	二		二	廟門	三		三
三	東執				東執			
四	西執				西執			
五	闑				闑			
六	閾				閾			
七					碑			
八	內霤							
九	東霤							
一〇					霤			
一一	東壁							
一二					西壁			
一三	庭				庭			

一四	一五	一六	一七	一八	一九	二〇	二一	二二	二三	二四	二五	二六	二七	二八	二九	三〇	三一	三二	三三	三四	三五	三六
阼階	西階	階	東序	西序	東榮	西榮			堂	東堂			楹	東楹	西楹					西坫	室	房
四	五																				五	七
		一							一													
四	五	一							一												五	七
阼階	西階	階	東序	西序	東榮		阿	楣	堂	東堂	西堂	北堂	楹	東楹	西楹	東夾	西夾	東箱	箱	西坫	室	房
二	五	二					一		一				一									四
二	五	二					一		一				一									四

三七	戶	三	戶	三
三八	牖		牖	一
三九	墉	二	墉	
四〇	奧	一	奧	一
四一	西北隅		西北隅	
四二	窔			
四三	扉			
四四	依			
	共計	四一	共計	三〇

首先，這個表有三點要說明：

一、士昏禮裡的記所提到的建築名稱不在此表中。

二、寢第十六條有出現一次的「階」；這個「階」字，實際上是「西階」，我們可以從士昏禮的上下文推得；原文是：「婦執笲棗栗，升自西階……降階。」為了保存原文，我們不把它列在第十五條裡。

三、廟第十六條有出現兩次的「階」；這兩個「階」字，既指「阼階」也指「西階」；士昏禮的原文是：「主人迎賓至於廟門，三揖，至於階。」、「主人玄端迎于門外，三揖，至於階。」為了保存原文，我們也不把它列到第十五條去。

從這個表中，我們知道，行士昏禮時，寢裡以阼階及西階被提出最多次，也就是說，這兩個部位是行禮最重要的地方；因為它們是主人及賓來往的主要部位。另外，房和室更是重要，它們不但是行禮的部位，也是設席、陳衣和睡眠的地方，所以，它們被提出的次數比前者還要多。同樣的理由，行士昏禮時，廟裡也以它們最重要的部位。

至於士相見禮，根據這個表，是以大門（士相見禮只在寢裡舉行）為主要部位，既不屬於寢，也不屬於廟。

下面我們要討論最後一個問題：根據這兩篇的部位名稱，我們足以復原為一完整的建築物嗎？這個問題的答案是否定的，現在根據這個表，簡單地舉出兩個理由：

a就寢而言，假如沒有「東壁」、「東楹」和「西楹」的話，如何成為一完整的建築物？

b就廟而言，假如沒有「西壁」、「楣」和「室」的話，如何成為一完整的建築物？

為了彌補這方面的缺點，我們不得不根據其他各篇，達成我們的目的。這也是我們婦員工昨的一個準則。

第二章

第一節　曲

(1)士冠禮曰：主人迎，出門左……每曲，揖，至于廟門。
(2)士昏禮曰：主人迎，出門左……每曲，揖，至於廟門。揖入，三揖，至於階。
(3)聘禮曰：公揖入，每門每曲，揖，及廟門。
(4)又曰：大夫先入，每門每曲，揖，及廟門。
(5)士冠禮鄭注曰：入門將右曲，揖；將北曲，揖；當碑，揖。
(6)士昏禮鄭注曰：入，三揖者：至內霤，將曲，揖；既曲，北面揖；當碑，揖。

案：從上面數條，可得結論如下：

a大門到廟門有曲（(1)、(2)、(3)、(4)）；

b廟門到東西階也有曲（(5)、(6)）。

形制：

a我們在漢畫上看不到曲的存在。

b根據鄭玄的說法（(5)、(6)），由大門到廟門，或者由廟門到東西階，曲分別拐了兩個彎，所以，我們根據這個說法去復原它。

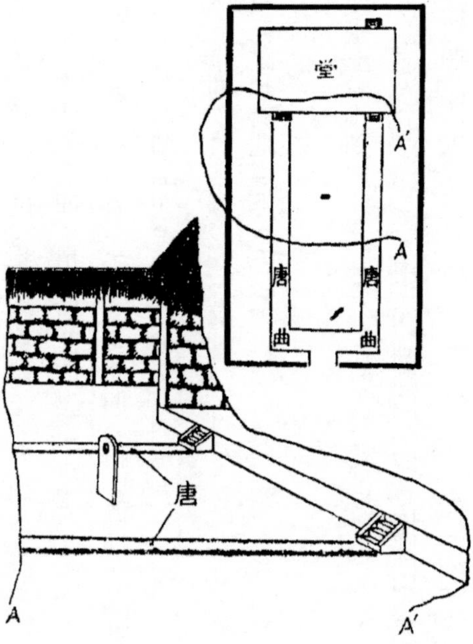

圖一

附：案廟、寢庭中有路，各曰「唐」。詩陳風防有鵲巢：「中唐有甓。」爾雅釋宮：「廟中路謂之唐。」逸周書作 注：「唐，中庭道。」

第二節　東壁、西壁

(1)士冠禮曰：冠者……降自西階，適東壁。

(2)士昏禮記曰：執皮，攝之、內文，兼執足，左首，隨入，西上，參分庭一……遂坐攝皮，逆退，適東壁。

(3)特牲饋食禮記曰：牲爨在廟門外東南，魚臘爨在其南，皆西面，饎爨在西壁。

(4)士喪禮曰：甸人掘坎于階間，少西，為垼于西牆下，東鄉。

(5)又曰：君反主人，主人中庭，君坐，撫、當心，主人拜稽顙……眾主人辟于東壁，南面……主人升自西階。

(6)士虞禮曰：側亨于廟門外之右……饎爨在東壁……設洗于西階西南。

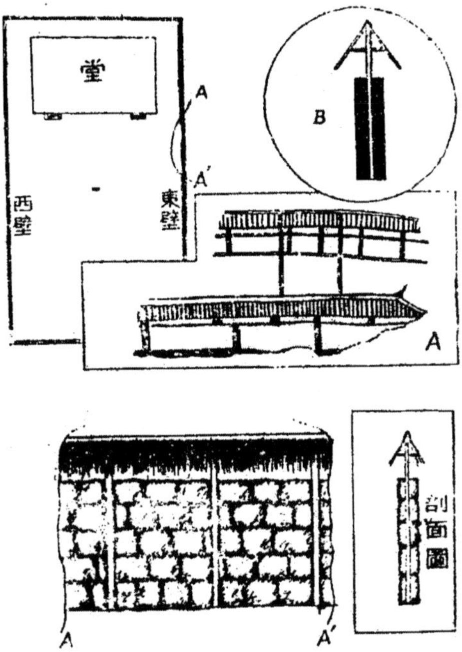

圖二

案：由以上諸條，可得到下列的結論：

a東西壁在堂下⑴、⑵、⑶、⑸，圍堵著庭和堂。

b西壁也叫做西牆⑷，東壁也叫做東牆。

形制：

a從西川漢畫象磚宴飲圖裡（圖A），我們可以得到許多可貴的資料：

①壁的頂上蓋有瓦；

②壁的高度，差不多是棟高的一半；

③壁很可能是方土塊和木柱混合造成的；

④木柱伸出壁承著瓦頂。

b我們利用a的①③④推測出宴飲圖的壁的剖面圖（圖B）。

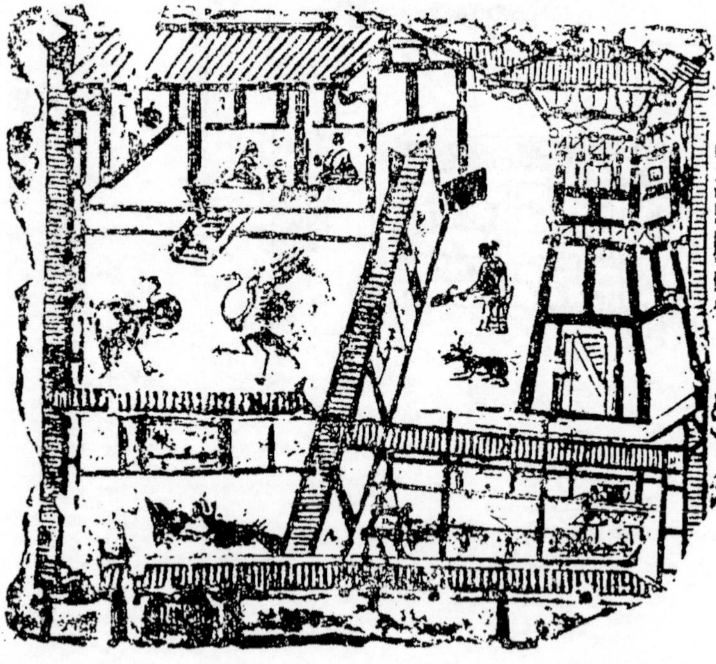

（圖A）四川漢畫象磚宴飲圖

c聘禮鄭注說：「設碑近如堂深。」而碑是立在庭三分之一北的位置，所以，壁的深度恰好是堂的四倍；至於壁的寬度，文獻上無可稽考，我們只能以合理的角度去推測它。

d我們用茅草來代替瓦，並根據b c繪出另一張圖，給與復原。

第三節 碑

(1)聘禮曰：陪鼎當內廉，東面，北上，上當碑。

(2)又曰：賓自碑內聽命，升自西階……大夫降中庭。賓降，自碑內，東面，授上介于阼階東。

(3)公食大夫禮曰：庶羞陳于碑內，庭實陳于碑外。牛，羊，豕陳于門內，西方，東上。

(4)聘禮鄭注曰：宮必有碑，所以識日景，引陰陽也。凡牌引物者，宗廟則麗牲焉，以取毛血。

(5)聘禮賈疏曰：諸經云：三揖者。鄭注皆云：入門，將曲，揖；既北面，揖：當碑，揖。若然，士昏及此聘禮，是大夫士廟內皆有碑矣。鄉飲酒、鄉射、言三揖，則庠序之內亦有碑矣。祭義云：君牽牲麗于碑；則諸侯廟內有碑，明矣。天子廟及庠序有碑可知，但生人寢內不見有碑雖無文，兩君相朝燕在寢，豈不三揖乎？明亦當有碑矣。

(6)士昏禮賈疏曰：碑在堂下，三分庭一，在北。

案：由此六條，可得到下面的結論：

a碑在堂下庭中（(2)、(6)）。

b碑的位置，根據賈疏是設在庭三分之一北的地方，當兩階之間稍南（(6)）。

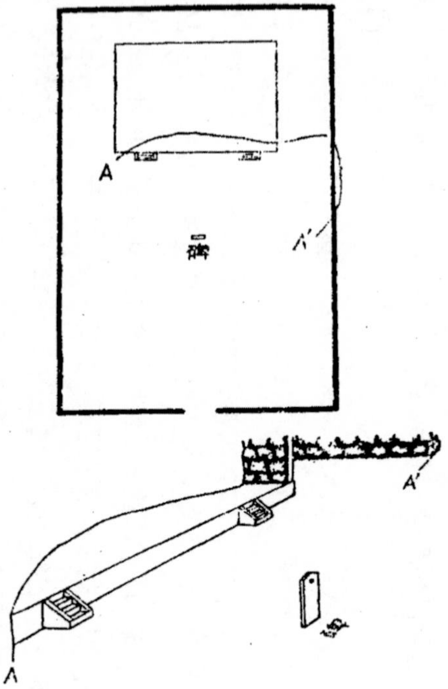

圖三

c碑是用來觀日景，察早晚，和麗牲；有時，也用來作行禮動作的準則⑴、⑵、⑶。

d鄭玄以為宮內必有碑⑷，賈公彥以為廟、庠、序內有碑，並藉鄭玄所說的「三揖」，推斷寢內也當有碑的設置⑸。儀禮全書，凡在廟裡行禮時⑴、⑵、⑶，常常會提到碑，而且，行禮必須觀察時間；所以，廟裡有碑是不成問題。可是，在記載有關寢的篇章裡，卻從沒有提到碑。我們並不能藉此推斷說，寢內並沒有碑的設置，因為寢內也行禮的（士昏禮、士相見禮、燕禮、士喪禮、既夕禮及士虞禮），行禮當然必須觀察時間，所以，寢內也似乎應當有碑的設置。

形制：

a寢廟的碑既是用來觀察日景和麗牲（案語c），所以，碑上必定沒有文字，而且，也無須刻上文字。

b漢畫裡不能發現沒有文字的碑，所以，現在只好根據有文字的碑去推測它。

c山東省漢墓表飾附圖裡錄有許多石碑，碑的上端有圓形、稜形及方形三種；而且，稜形及圓形的中部或上部都有一穿，是下葬時用以拖鹿盧以下棺的。宮中的碑，或亦有穿，所以測日景，而麗牲也（可能是古代和用來觀日景所留下的痕迹），復原時是用採用菱形。

d秦以後有文字的碑，絕大部分是石質的；寢廟沒文字的碑，也許是石質的。

第四節　兩階

(1)士昏禮曰：棄餘水于堂下階間。

(2)鄉飲酒禮曰：階間北面坐奠觶。

(3)覲禮曰：侯氏降兩階之間。

(4)士喪禮曰：甸人掘坎于階間。

(5)既夕禮曰：婦人降即位于階間。

(6)又曰：遂匠納車于階間。

(7)士虞禮曰：饌黍稷二敦于階間。

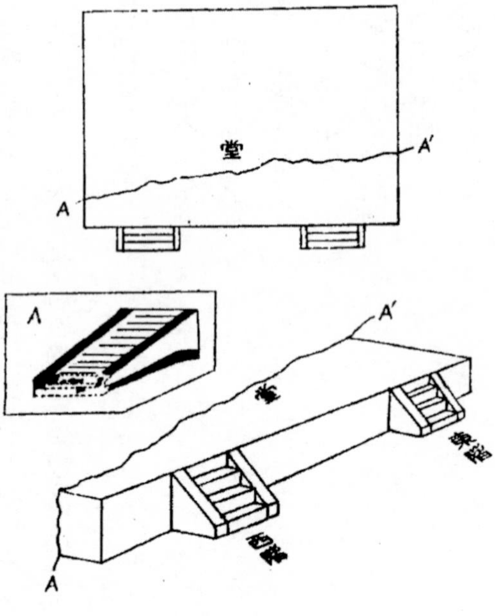

圖四

⑻特牲饋食禮曰：陳于階間。

⑼少牢饋食禮曰：俎設于兩階之間。

⑽又曰：其脀亦設于階間。

案：從這十條中，我們可以清楚地知道：

a 兩階（東階及西階）都在堂下（1）。

b 既言「階間」及「兩階之間」，可知兩階都在堂前。

形制：

a漢代繪畫選集山東沂南畫象石的豐收宴飲圖裡，畫有一座雙層樓的房子，它的兩階正是在堂下的前方，可知古代兩階的位置是如此。

b從四川漢畫象磚的賓主圖中，我們得知階形制（圖A），所以，現在據之而復原如次。

第五節 棟、楣、庪、梲

甲：棟、楣、庪

(1)鄉射禮記：「序則物當棟，堂則物當楣。」鄭注曰：是制五架之屋，正中曰棟，次曰楣，前曰庪。

(2)鄉射禮賈疏曰：中脊為棟，棟前一架為楣，楣前接簷為庪……棟，一名阿。

(3)朱子儀禮釋宮曰：堂之屋，南北五架，中脊之架曰棟，次棟之架曰楣。

案：從這三條中，我們可得下列的結論：

a堂的兩邊都是五根柱子架成的。

b中央的柱子叫做棟，再出去的兩根叫做楣，最外面的兩根叫做庪。

c橫架在這五根柱子上的橫木，名稱也相同。

乙：梲（侏儒柱）

(1)爾雅釋宮曰：宗廇謂之梁，其上楹謂之梲。

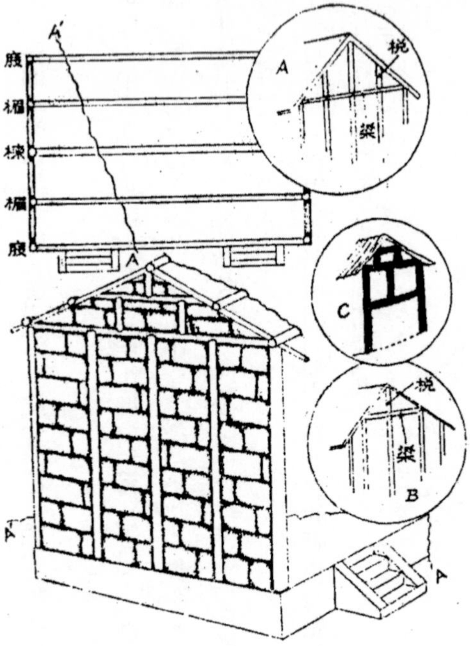

圖五

(2)禮記明堂位正義引李巡曰：梁上短柱也。

(3)朱子儀禮釋官曰：棁，侏儒柱也；梁，楣也；侏儒柱在梁之上，則楹在楣之下又可知矣。

(4)江永鄉黨圖考曰：宗廇之梁，當是南北縱列，東西各一……此梁之中，各設侏儒短柱以承棟，棟乃得高起；若前楣之梁，不得有侏儒柱。

案：以上四條，可分析如下：

a朱子以為梁是架在兩根庪上，所以，他說「侏儒柱在梁之上，則楹在楣之下」；他以為，棁和楹是同一根柱子（在楣的位上），梁以上謂之楹（圖A）。

b江永以為梁是架在兩根楣上，如此，楣上當然不會有棁，所以，他說「若前楣之梁，不得有侏儒柱」；他以為，棁在棟的位上，橫梁的上端（圖B）。

c爾雅、李巡都說：梁上的短柱都叫做棁。

形制：

a四川漢畫象磚的賓主、宴飲兩圖中，棁並不如朱子、江永所說的，都在楣或棟的上端；而是和楣、棟不銜接的短柱子（圖C）。這和爾、李巡的說法(案語c)並不衝突，今據之。

b四川漢畫象磚的兩幅圖中（圖C），黑粗的線條很可能就是木柱，白的部分很可能就是方土塊所砌成的牆；周代以前的牆很可能也是柱子、方土塊所造成的（石璋如先生在中央研究院第二期院刊中，也如此主張）。

c棟、楣、庪之間的距離都假設相等。

附論：

堂上東西這兩面牆都沒有名稱，孔廣森禮學巵言稱之為「東、西壁」，這是錯誤的，茲引二證以明之。

⑴士冠禮曰：冠者……降自西階，適東壁。

⑵士喪禮曰：君反主人，主人中庭，君坐，撫、當心，主人拜稽顙……此眾主人辟于東壁，南面……主人升自西階。

此由此可知，東壁及西壁都是在堂下的。

第六節　東序、西序

⑴士冠禮曰：主人玄端爵韠，立于阼階下，直東序。
⑵又曰：主人升，立于序端，西面。
⑶又曰：主人紒而迎賓，拜、揖，讓，立于序端。
⑷公食大夫禮曰：卒食，徹于西序端。
⑸士喪禮曰：皆饌于西序下，南上。
⑹士虞禮曰：素几，葦席，在西序下。
⑺特牲饋食禮曰：徹庶羞，設于西序下。
⑻有司徹曰：司宮設席于東序。
⑼士冠禮鄭注曰：堂東西墻謂之序。
⑽朱子儀禮釋宮曰：堂之東西牆謂之序，序之前頭曰序端。

案：由以上十條，可以得知：

a堂的東牆叫做東序，西牆叫做西序（⑼、⑽）。

b序是一面牆（⑼、⑽），前方叫做序端（⑵、⑷、⑽），也叫做序下（⑸、⑹、⑺）。

形制：

a序的前方既然可以用來形禮⑵、⑶、設饌⑷、⑸、⑹、⑺、⑻，可知序端、序下的面積相當大。

b我們在漢代的壁畫裡，並不能發現有序的存在，所以，序的構造和高度是無法決定；現在，只有從比較合理的角度去復原它了。

第七節　東楹、西楹

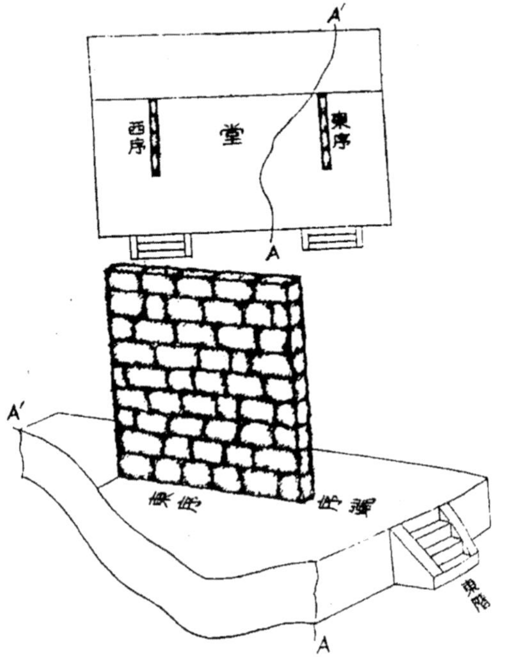

圖六

(1)士昏禮曰：主人以賓升，西面，賓升西階　授于楹間，南面。

(2)燕禮曰：升自西階……交於楹北，降。

(3)朱子儀禮釋宮曰：堂之上，東西有楹；楹，柱也。楹之設，蓋於前楣之下。

案：綜合以上三條，可以得到下面的結論：

a 楹是堂上的柱子(1)、(2)。

b 在堂上東邊的叫做東楹，西邊的叫做西楹。

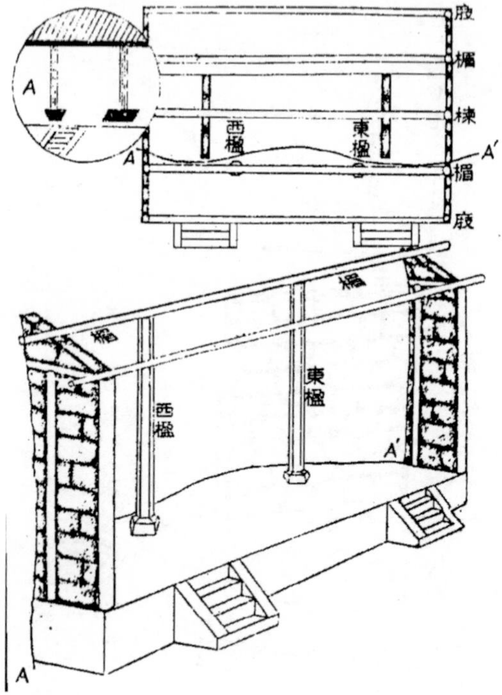

圖七

c 楹是設在前楣下⑶。

形制：

a 楹是承著前楣的兩根柱子，頂負屋頂的重量。

b 四川漢畫象磚宴飲圖（圖A）及山東省漢代墳墓表飾附圖孝堂山石室圖裡的楹都不是圓柱形，而是六角形的。楹既然是設在堂上，講求美觀是很合理的，所以，以此為復原的準則。

c 四川漢畫象磚宴飲圖（圖A）裏，楹的下端有方形的小土丘，很可能是用來保護楹的腐壞，也可能是美觀的講求；復原時稍微有點修改。

第八節　東房、西室

⑴士昏禮曰：尊于室中北墉下。

⑵又曰：媵布席于奧，夫入于室，即席。

⑶又曰：乃徹于房中，如設于室。

⑷又曰：主人出，婦復位，乃徹于房中，如設于室，尊否。主人說服于房……媵衽良席在東，皆有枕，北止，主人入。

⑸又曰：主人說服于房，媵受。

⑹又曰：則辟于房。

⑺又曰：女次，純衣纁袡，立于房中，南面。

(8)聘禮曰：有司筵几于室中。
(9)士喪禮曰：奠由楹內入于室。
(10)又曰：其設于室：豆錯、俎錯。
(11)又曰：陳衣于房，南領，西上。
(12)士虞禮曰：主婦洗足爵于房中。
(13)又曰：主婦纚笄，宵衣，立于房中，南面。
(14)大射禮鄭注：人君左右房。
(15)公食大夫禮鄭注：天子、諸侯左右房。
(16)聘禮賈疏曰：大夫士直有東房西室，天子諸侯左右房。
(17)特牲饋食禮賈疏曰：大夫士直有東房西室。若言房，則東房矣。

案：由以上數條，可得結論如下：

a室和房都在堂上（9）。
b只有一房者，房大概在堂的東邊，室在堂的西邊（16、17）。
c士只有東房和西室（14、15、16、17）。
d房和室之間沒有戶的存在（說詳「戶」章）。
e室的用途是：祭祀、睡覺、設筵（3、8）、和放置各種食器（1、10）
f房的用途是：設筵（4）、陳衣（5、11）、洗爵（12）和婦女辟、立之用（6、7、13）。

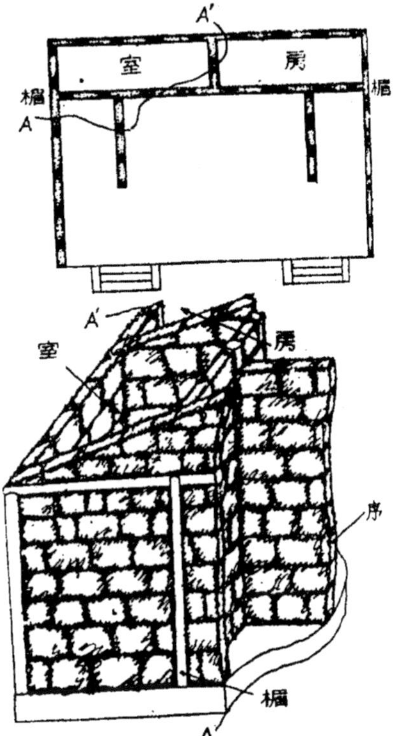

圖八

形制：

a從建築的結構上來說，後楣下當有一面牆；這面牆承託著後楣，一如兩楹之承託著前楣，互相對稱。這面牆的南面試堂和序，北面就是房和室。鄭玄、賈公彥、朱熹都持這種說法，孔廣森以為堂室當以棟為界，然據士昏禮：「賓升西階，當阿，東面致命。」若堂室以棟為界，則棟下即戶，不應云「當阿」矣，故知其說之非也。

附論：

大射禮鄭注曰：「人君左右房。」公食大夫禮鄭注曰：「天子、諸侯左右房。」賈疏曰：「天子、諸侯左右房，以其言東房對西房；若大夫、士直有東房而已。」自鄭玄以下，都以為人君當是一室及左右房，大夫、士只有東房西室，而沒有西房。聘禮曰：「負右房而立。」儀禮全書，只有這一篇提到右房（即西房），而聘禮是諸侯之禮，這和他們的說法相符合。士昏禮及士相見禮不但是士的禮節，而且也只提到「房」、「房中」，沒有提到「東房」或「西房」，可見只有一個房而已。因此，我們採納了鄭玄及賈公彥的意見。

第九節　戶、牖

⑴士冠禮曰：尊于房戶之間。
⑵士昏禮曰：尊于房戶之間。
⑶又曰：席于戶牖間……舅姑入于室。
⑷士喪禮曰：奠由楹內入于室。
⑸又曰：祝後，闔戶。
⑹士虞禮曰：尊于室中北墉下，當戶。
⑺又曰：祝從，啟牖鄉。
⑻又曰：贊闔牖戶。
⑼又曰：祝升，止哭；聲三，啟戶。
⑽少牢饋食禮曰：主婦洗于房中，出酌，入戶。
⑾士昏禮「席于戶牖間」鄭注：室戶西、牖東。
⑿士虞禮鄭注曰：牖先闔後啟，扇在內也。

案：

（一）士冠禮「將冠者，出房南面。」是房有戶也。士昏禮：「主人說服于房……主人（入室）」，是房與室中亦有戶相通，否則，焉能既說服，又至堂上再入室邪？

（二）禮記檀弓曰：「子游曰：『飯於牖下，小斂於戶內，大斂於阼，殯於客位……所以即遠也。』」由此，與下牖之部位參之，又知室戶在室之東南。士冠禮「筵于戶西」注：「室戶西。」士昏禮「席于戶牖間」鄭注：「室戶西，牖東。」則經言房戶之間，戶西，皆指室戶言也。牖，皆指室言也。據書顧命「牖間南嚮」，鄭說蓋是。

（三）詩召南采蘋：「于以奠之，宗室牖下。」宗室，常見于金文（如仲殷父殷、周生豆等器）。宗室，極可能為宗廟，不必以宗廟之宗釋之；但曰「牖下」，則必為室牖。按：特牲饋食禮：「祝筵几于室中，東面。」「主婦……薦兩豆……主婦設兩敦黍稷于俎南。」是在筵前也。少牢饋食禮所言更明析，如「司宮筵于奧。」「主婦……坐奠于筵前。」是戶在室中之奧。奧在室西南隅，則牖亦必在西南隅，故曰：牖正也。由此，牖之部位可確矣。

從上面數條，可得結論如下：

a 房的南面有戶（(1)、(2)、(10)）。

b 室的南面有戶（(3)、(4)、(6)），而且有牖（(3)）。

c 戶有扇可闔啟（(5)、(8)、(9)）。

d 牖也有扇可闔啟（(7)、(8)）。

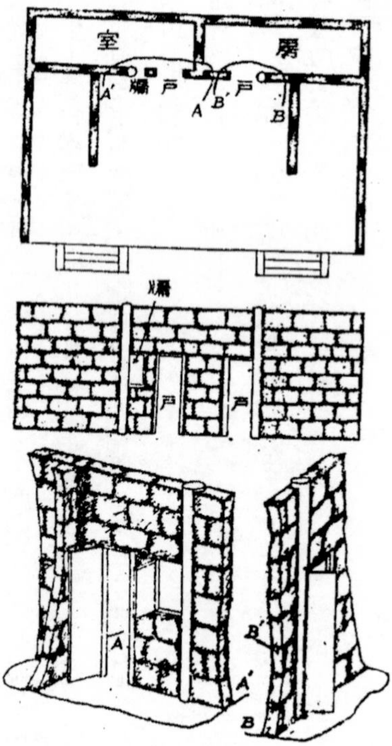

圖九

e室的戶在東邊，牖在西邊⑾。

f牖的扇在內⑿，戶的扇也應該在內。

形制：

a從漢畫上，我們沒法看到戶和牖的形制，所以，我們只好憑合理的角度去推測。

b戶和牖的扇都是木造成的。

c扇既可供闔啟（案語c、d），所以，它們的一邊必需有軸。

附論：

胡培翬在燕寢考的東房西室疑問裡說：「大夫士燕寢止一房，房在東，室在西。室側東向開戶，以達於房；房則南向開戶，以達於堂；而室之南無戶。」在燕寢房室戶牖堂階考裡說：「室之南無戶以達於室。」胡氏以為堂的南面沒有戶和堂相通。士喪禮說：「奠由楹內入于室。」假如室南沒有戶，如何由楹內進去呢？士虞禮說：「尊于室中北墉下，當戶。」假如室南沒有戶，放置在北墉下的尊，如何「當戶」呢？所以我們不能採納胡氏的說法。

第十節　北堂、北階

⑴士昏禮曰：婦洗在北堂，直室東隅。

⑵燕禮曰：羞膳者升自北階，立于房中。

⑶大射儀曰：工人、士與梓人，升自北階。

⑷又曰：卒畫，自北階下；司宮埽所畫物，自北階下。

⑸特牲饋食禮曰：內賓立于其北，東面，南上。宗婦北堂東面，北上。

⑹有司徹曰：酌，致爵于主婦，主婦北堂。

⑺士昏禮鄭注曰：北堂，房中半以北。

⑻大射儀鄭注曰：北階，位在北堂下。

⑼朱子儀禮釋官曰：北堂，亦通名房中。

案：從上面數條，可得結論如下：

a房中半以北叫做北堂，北堂也可叫房中（⑺、⑼）。

b北堂是供婦女洗爵和僻立（⑴、⑸）。

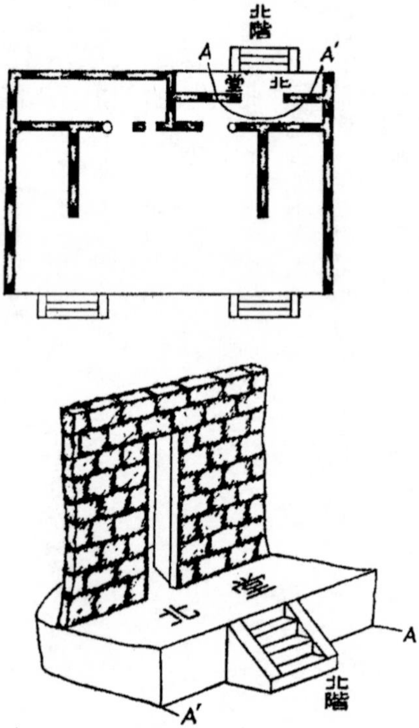

圖十

c北階在北堂之下⑵、⑻。

形制：

a漢畫上無法看到北堂和北階的形制。

b賈公彥在士昏禮疏裡說，北堂沒有北壁；孔廣森附和其說。

c北堂沒有北壁，就好像正堂沒有南壁一樣。

第十一節　闑

儀禮全書提起「闑」字，共有三處，即士冠禮：「布席于門中，闑西，閾外，西面。」士喪禮：

「席于闑西，閾外。」特牲饋食禮：「席于門中，闑西，閾外。」；此外，禮記也提過兩次，即曲禮：「大夫、士出、入君門由闑右。」玉藻：「君入門，介拂闑。大夫中棖與闑之間，士介拂棖。」士冠禮鄭玄注曰：「闑，門橛也。」爾雅釋宮郭注曰：「闑，門閫。」說文曰：「梱，門槷也；槷，門梱也；闑，門梱也。」由此可知，梱、閫、槷和闑是異名而同實。除了這三家說法外，我們還可以找出一些證據，來證明梱、閫、槷和闑是異名同實。

(1)閫與闑同：

a初學記人部引蔡邕短人賦曰：「木門閫兮梁上柱，視短人兮形如許。」案：閫與闑同，並為門中豎立之短木，所以和短人相似；假如釋閫為門限的話，蔡邕不得譬喻為短人。

b史記馮唐列傳曰：「閫以內者，寡人制之；閫以外者，將軍制之。」漢書馮唐傳閫正作闑，韋昭注曰：「門中橛。」可知閫與闑同。

(2)槷與閫曰：

槷或作厥，閫或作困。

晏子春秋雜篇曰：「和氏之璧，井里之困也。」荀子大略篇作「和之璧，井里之厥也。」可證閫與槷同。

(3)梱與閫同：

a史記馮唐列傳曰：「閫以內者，寡人制之；閫以外者，將軍制之。」索隱曰：「此郭門之梱也。」可證梱與閫同。

b曲禮釋文曰：「梱，本又作閫。」漢書匡衡傳顏師古注曰：「梱與閫同。」亦其證。

然而，歷來對「闑」產生誤解的非常多，一直到清末，這種誤解還不能免除，玆略述如次：

(1)士冠禮鄭玄注曰：「閾、閫也。」

案：閾是門限，鄭玄誤閫為門限，故訓閾為閫，非。

(2)王肅孔子家語本命篇注引三蒼曰：「閫，門限。」

案：三蒼以閫為門限，誤與鄭氏同。

(3)史記循吏列傳曰：「楚民俗好庳車，王欲下令使高之，相曰：『臣請教閭里使高其梱。』王許之，居半歲，民悉自高其車。」司馬貞索隱曰：「梱，門限也。」

案：司馬貞以梱為門限是一個錯誤的解釋；梱就是闑，門中央所豎的短木。將短木增高，所以車輛也不得不增高了；若將梱解釋作門限，增高門限，車輛如何通過呢？假如說門限可以移動的話，增高門限，車輛又何必增高呢？可見司馬貞的訓解是錯誤的，可是，清朝的桂馥還是贊成司馬貞的說法。

(4)說文徐鍇繫傳曰：「梱，謂門兩旁挾門短限，令人亦謂門限。」

案：徐鍇訓梱為門限，也是錯誤。

(5)漢書王莽傳曰：「思不出乎閾。」顏師古注：「閾，門橛也。」

案：門橛即門橛，亦即闑，以闑訓閾，其謬與鄭氏相同。

(6)爾雅釋宮李巡注曰：「棖，謂梱上兩傍木也。」

案：李巡謂「梱上兩傍木」，可知李巡也以梱為門限，非。

⑺士冠禮賈公彥疏曰：「曲禮云『外言不入于閫』閫，門限，與閾為一也。」

案：賈公彥以門限為閾，是也；以閫為閾，則謬矣。

⑻玉篇曰：「梱，門橛也；閫，門限也。」

案：玉篇謂梱為門橛不誤，謂閫為門限則非是。

⑼廣韻曰：「閫，門限也。」

案：其非與玉篇同。

⑽舒藝室隨筆曰：「梱、閫異物，古書或相亂。士冠禮『布席于門中，闑西閾外』鄭注：『閾、門閫。』此梱為門限不誤。曲禮『外言不入于梱，內言不出於梱』注：『梱，門限也。』此梱乃閫之誤。」

案：以閫為門限既誤，以梱為閫之誤尤非；兩說皆不可信從。

根據上文所引的鄭注及說文，可以得到一個結論：闑，門橛也。我們再引幾條加以證明：

禮記玉藻：大夫中棖與闑之間。」鄭注：「闑，門橛也。」

爾雅釋宮：「橛謂之闑。」郭注：「門閫。」

昭八年穀梁傳：「以葛覆質，以為槷范。」注：「槷，門中臬。」

闑，古文作槷（見士冠禮、士喪禮、特牲饋食禮鄭注）；對於「槷」的解釋，皆無異義，如：

詩釋文：「槷，門中臬。」

可知闑就是門橛，或稱門中臬。

爾雅釋官曰：「樴謂之　，在地者謂之臬。」周禮地官牛人鄭注曰：「可以繫牛。」即繫畜之小木樁，在地上的小木樁稱呼為臬，和鄭玄注儀禮的「闑，門橛也」相近；可知臬與闑至少是非常相似的。說文：「臬，射準的也。」臬，射的也，故置於門下者謂之闑。臬，短木可移動，故闑當亦可移動，閉門時設之，門啟則徹，可移動，故以為門中之名。所以，皇侃論語義疏說：

門中央有闑，闑以硋門兩扇之交處也。門左右兩邊各豎一木，名之為棖，棖以禦車過，恐觸門也。

爾雅釋宮又說：「在地者謂之臬，長者謂之閣。」說文：「閣，所以止扉也。」可知闑與閣相近，也是用來止扉的，皇侃的說法大概是對的。

李慈銘在越縵堂日記裡說：

竊謂爾雅以來，解闑者多牽於以闑為橜。其實闑與臬殊。臬本射準的也，因而凡植地者皆謂之臬，是橜屬也。闑字從門，與橜無涉。

李氏將臬與闑分開，大概是對的。周禮考工記「置槷以縣」鄭注曰：「於所平之地中央樹八尺之臬以縣正之。」凡樹木於地者謂之臬；所以，樹木於地以為射的者也稱為臬。後來，門中央地上樹一短木，因為形制如臬，所以稱為闑，或稱為門中臬。

至於「闑」的形制，歷來就有兩種不同的說法；有的說：門中樹一短木謂之闑，孔穎達言之在先，江永、王念孫、王引之、邵晉涵及桂馥附之在後。

禮記玉藻孔穎達疏曰：闑，謂門之中央所豎短木也。

江永鄉黨圖考繪一圖，於門中樹立一短木，名之為闑。

江永儀禮釋官增注曰：闑以短木為之，亦可去之，賈疏謂門有兩闑者，非是。

王念孫廣雅疏證曰：界於門者曰切，中於門者曰梱，二者皆所以為限，故皆言門限也。

王引之經義述聞曰：梱，門橛也，橛居門中而短，今京師城門巷門中央豎短石，古之遺法也。

邵晉涵爾雅正義曰：在地者謂之臬，臬即闑也。闑者，門中所豎短木在地者也。其東曰闑東，其西曰闑西。

桂馥說文義證曰：廣韻：「闑，門中礙也。」釋文云：「槷，門中臬。」

另一種說法是：門樹兩柱為闑，以其中為中門；賈公彥創之於先，焦循、段玉裁、朱駿聲等附之。

聘禮賈公彥疏曰：古者門有兩闑，二闑之間謂之中門，惟君行中門，臣由闑外。

焦循群經宮室圖曰：兩闑中間有閾，兩闑外無閾以通車行。

又曰：古止一門，必分三處，故以兩臬限之，中為中門，東為闑東，西為闑西，此所以謂之門臬也。賈氏云二闑，其說自當，而孔穎達則以為一闑，而以棖、闑之間為中門，非也。段玉裁說文解字注曰：橜謂之闑，古者門有二闑，二闑之間謂之中門，惟君行中門，臣由闑外。

朱駿聲說文通訓定聲曰：按古者門有二闑，二闑之中曰中門，二闑之旁皆曰棖，必設此者，所以為尊卑出入之節也。

無論從考古報告上，或者從漢畫上，我們沒有發現過有關「闑」的資料，所以，這兩種說法實在很難使我們作個抉擇。「闑」的存在是絕不成問題的，史記馮唐列傳及循吏列傳都說得非常清楚。鄭玄說：「闑，門橛也。」從這句話來推斷，鄭玄似乎以為闑只有一個。小爾雅廣器曰：「正中者謂之槷，槷方六寸。」闑應該是一件相當短小的木製品，豎立在門的中央。至於它進一步的用法，大概已經失考了。

第十二節 閾

儀禮全書，提到「閾」字只有四次：

士冠禮曰：布席于門中，闑西，閾外，西面。

聘禮曰：擯者立于閾外，以相拜。

士喪禮曰：闔東扉，主婦立于其內，席于闑西、閾外。

特牲饋食禮曰：席于門中，闑西，閾外。

禮記也提到兩次：

曲禮曰：「不踐閾。」

玉藻曰：「賓入不中門，不履閾。」

鄭玄對「閾」的解釋並不清楚，禮記曲禮、玉藻鄭注都說：「閾，門限也。」可是，在儀禮士冠禮鄭玄卻說：「閾，閫也。古文閾為蹙。」閫是門橛（說詳前節「闑」），假設閾就是閫，則閾絕不可能再是門限，二者必有一非，不可兩全也。

爾雅釋宮曰：「柣謂之閾。」郭注：「閾，門限」。刑疏：「柣者，孫炎云：門限也。經傳諸注皆以閾為門限，謂門下橫木為內外之限也。俗謂之地柣，一名閾。」將閾解釋為門限，除了郭璞、刑昺兩家外，還可以列出相同說法，計有：

⑴國語魯語：「闞門與之言，皆不踰閾。」韋注：「閾，門限也。」

⑵僖二十二年傳：「見兄弟不踰閾。」杜注：「閾，門限。」

⑶襄二十七年傳：「牀策之言，不踰閾。」杜注：「閾，門限。」

⑷後漢書和熹鄧皇后紀：「思不踰閾。」注：「閾，門限也。」

⑸後漢書班固傳曰：「仍增崖而衡閾。」注：「閾，門限。」

⑹徐鍇說文繫傳曰：「閾，門限也。」

⑺論說：「行不履閾者。」孔注：「閾，門限。」邢疏：「閾，門限也。出入不得踐履門限，所以爾者，一則自高，二則不淨，並為不敬。」

⑻玉篇：「閾，門限也。」

這些說法，都和鄭玄在禮記的兩個注相符。根據儀禮的經文來看，閾和闑既常常被提在一起，而且，也分別提述的，大概是兩件相隣很近而又不相同的東西。又根據上節「闑」的論說，闑既是門橛，也就是門中央豎立短木，那麼，我們似乎可據以推斷「閾」訓為「門限」大概是正確的。至於鄭玄在儀禮士冠禮將「閾」解釋作「閾」（即闑），和他在禮記注的說法不同，大概是錯誤的。

除了鄭玄外，將「閾」誤解為「闑」的，還有下列兩家：

⑴漢書王莽傳：「思不出閾」顏師古注云：「閾，門橛也。」

案：門橛即闑，即門中央所豎短木；閾為門限，門下所置的橫木；兩者不可混為一談，顏說非也。

⑵朱駿聲說文通訓定聲云：「儀禮士冠禮、士喪禮、特牲禮『闑西閾外』注：『閫也，古文皆作㯻。』按㮏之誤字。漢書王莽傳『思不出乎門閾』注：『門橛也。』」

案：朱氏將閾訓為門橛，並以為㯻是㮏（橛）之誤字，都是錯誤的說法。

歷來學者，除了將閾誤解為闑外；還有將闑誤解為閾的，這些都在前一節「闑」裏敘述了。根據文獻上的記載，閾的存在是沒有問題的；然而，迄至目前為止，我們尚無法在漢畫上發現閾的形迹；當然，我們並不能因此而否定了它的存在。

第十三節　塾

塾可分為東塾及西塾。在儀禮裡，提到東塾者有下列七則：

士冠禮曰：擯者玄端，負東塾。

士冠禮曰：若殺則舉鼎陳于門外，直東塾。

聘禮曰：擯者退，負東塾。

聘禮曰：擯者退，負東塾而立。

聘禮曰：有司二人牽馬以從，出門西面于東塾南。

公食大夫禮曰：擯者退，負東塾而立。

士喪禮曰：陳一鼎于寢門外，當東塾，少南。

提到西塾者，有下列八則：

士冠禮曰：筮與席，所卦者，具饌于西塾。

聘禮曰：賓立接西塾。

士喪禮曰：卜人先奠龜于西塾上，南首。

士虞禮曰：匕俎在西塾之西。

士虞禮曰：羞燔俎在內西塾上，南順。

士虞禮曰：賓降，反俎于西塾，復位。

士虞禮曰：祭半尹，在西塾。

特牲饋食禮曰：筮人取筮于西塾。

何謂「塾」？爾雅釋宮曰：「門側之堂謂之塾。」說文曰：「塾，門側堂也。」鄭玄聘禮禮注曰：「門側之堂謂之塾。」門側之堂謂之塾，歷來學者皆無異義。至於「門堂」之謂「塾」，取義何在呢？白虎通義曰：「所以必有塾何？所以飾門，因取其名，明臣下見君當于此熟思其事而後入。」這種說法，大概是附會的。尚書顧命篇曰：「先輅在左塾之前，次輅在右塾之前。」所謂左塾，就是西塾；所謂右塾，就是東塾；猶如左階謂之西階，右階謂之東階（或阼階）；所以孔穎達說：「塾前陳車必以轅向堂，故知左右塾前皆北面也。左塾者謂門內之西，右塾者謂門內之東。」

在儀禮經文裡，我們只發現東塾及西塾之別；可是，到了鄭玄，他不但分為東塾及西塾，而且，再將東塾分為內外兩層，西塾也分為內外兩層。

士冠禮鄭注曰：東塾，門內東堂。

「東塾」既有在「門內」者，那麼，也必有「門外」的。也就是說，東塾既分「門內東堂」，也必有「門外東堂」了。

士冠禮鄭注曰：西塾，門外西堂也。

與上面的情形一樣，既有「門外西堂」，也必有「門內西堂」了。因此，根據鄭玄的意見，塾一詞可以分為四個部位：

①門內東堂；

②門外東堂；

③門內西堂；

④門外西堂。

鄭玄這個意見，後儒皆採納接受；茲引幾家以供參考。

江永鄉黨圖考曰：

塾，夾門堂也。門之內外其東西皆有塾，一門而塾四。其外塾南鄉，內塾北向也。凡門之內，兩塾之間謂之宁。

江永儀禮釋宮增註曰：

釋宮曰：「門側之堂謂之塾。」郭氏曰：「夾門堂也。」門之內外其東西皆有塾。門一而塾四，其外塾南鄉。士虞禮「陳鼎門外之右，匕俎在西塾之西」注曰：「塾有西者，是室南鄉。」又士冠禮「擯者負東塾」注曰：「東塾門內東堂，負之北面。」則內塾北鄉也。

任啟運朝廟宮室考曰：

門左右曰塾，塾有堂有室。內為內塾，外為外塾，中以墉別之。

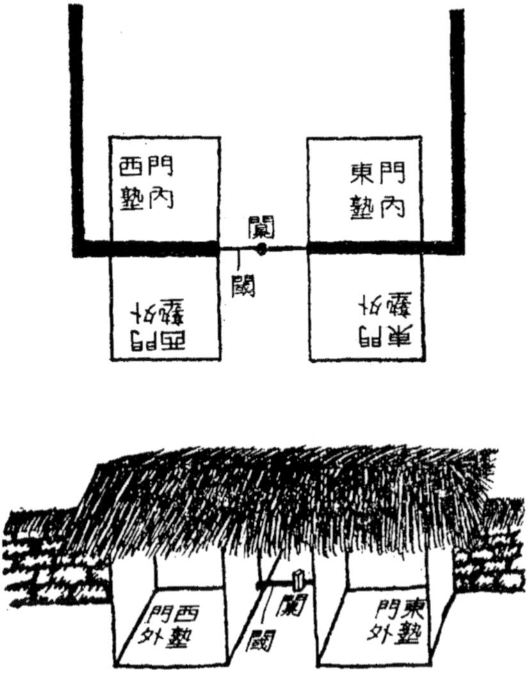

圖十一

張爾岐儀禮句讀（士冠禮）曰：

廟門東西有四塾，內外各二。

廟門或寢門有東西塾，這說法或者是正確的，因為在文獻上還可以發現其他證據，如上文所引的尚書顧命篇，此外周禮考工記也說：「夏后氏世室，堂脩二七，廣四脩一。門堂三之二。」所謂「門堂」，大概就是「塾」了。可是，我們在漢畫上卻沒法發現有「塾」或類似「塾」的建築物的存在；至於如鄭玄所云將塾分成四個部分，那只好等待將來的新資料來證明了。

第十四節　窔

儀禮提到「窔」字，僅只有一次。

既夕禮曰：比奠，舉席；埽室，聚諸窔；布席如初，卒奠。

既然說：「埽室，聚諸窔。」那麼，窔的部位在室中，是可以斷言的。所以，鄭玄的注文說：「室東南隅謂之窔。」爾雅釋工也說：「室東南隅謂之窔。」

東南隅為甚麼叫做窔呢？歷來學者似乎有兩個不同的說法。

說文曰：「宧，戶樞聲也，室之東南隅。从宀，𦣻聲」（窔即窔，釋文曰：「窔，本或作窔。」窔、宧蓋同。）段注曰：「古者戶東牖西，故以戶樞聲名東南隅也。」王紹蘭曰：「室東南有兩戶，一為房戶，一即室戶，其隅在兩戶之間，故東南隅謂之宧，以戶所在宧為戶樞聲，因以名之也。」字從𦣻得聲，其聲正與戶樞聲相同，室的東南角正是戶樞所在之處，故命之為窔。這是第一種說法。

釋名曰：「窔，幽也。」為甚麼訓窔為幽呢？這種訓解和前面幾家明明是不同的。假如我們察看附圖時（圖九），便可以很清楚地領會，當室戶□開時，其戶扉正好掩蓋著東南角；這時，東南角正式一塊幽暗的地方。釋名訓窔為幽，別是一解。這是第二種說法。

儀禮既夕禮云：「埽室，聚諸窔。」將室內不清潔的東西埽聚在東南角，正可以知道東南角不是一塊明亮的地方，而是一塊幽暗的地方。釋名的訓解，似乎比較接近儀禮。

窔的用途，除了上面這一項外；因為沒有文獻可以稽考，所以，無從得知了。

附帶說一句，古人常將窔和奧連用；例如荀子非十二子篇：「奧窔之間，簟席之上。」淮南子主術篇：「責之以閨閤之禮，奧窔之間。」皆其證。

第十五節　西北隅

儀禮提到西北隅三字，僅有三次：

士虞禮曰：祝反之，徹設于西北隅，如其設也。

特牲饋食禮曰：佐食，徹尸；薦俎敦，設于西北隅。

有司徹曰：卒暮，有司官徹饋，饌于室中西北隅，南面。

有司徹既然說：「饌于室中西北隅。」可知西北隅是室中的部位了。

西北角，一名屋漏。詩大雅抑曰：「相在爾室，尚不愧于屋漏。」傳曰：「西北隅謂之屋漏。」疏曰：「屋漏者，室內處所之名，可以施小帳而漏隱之處，正謂西北隅也。」

從儀禮經文看來，西北角是用來設饌布徹的。

第十六節　奧

儀禮提到「奧」字，一共只有五次。

士昏禮曰：媵布席于奧。

又曰：御衽于奧。

注曰：席于庿奧。

士喪禮曰：乃奠，燭升自阼階；祝執巾，席從，設于奧東南。

少牢饋食禮曰：司宮筵于奧，祝設几于筵上，右之。

這五個「奧」字，其中除了士昏禮有一次提的是「庿奧」外；其他四個都是單獨稱舉，它們的意義大概是一樣的。奧，是室中西南角；所以，鄭玄在士昏禮及少牢饋食禮的注文裡都說：「室中西南隅謂之奧。」因此，上面四個「奧」字，都是室中西南角，這大概是不成問題。至於那個「庿奧」，到底是建築的那個部位吧？我想，我們可以從上下文推斷出來。

士昏禮說：

席于庿奧。……祝告，稱婦之姓，曰：「某氏來婦，敢奠嘉菜于皇舅某子。」……婦出，祝闔牖戶。

下文既然說：「祝闔牖戶。」那麼，「庿奧」這部位當然必在室中或在房中，因為只有室及房才有牖、戶。另一方面，婦既是來祭拜先人的，而古人室中的西南角是最尊貴，往往是設神位的地方（見下文），房中似乎不會如此。所以，這裡的「奧」字，依然是指室中西南角，連稱「廇奧」，是明指廟裡的室的西南角。

「奧」字的意義，古來似乎皆無異議。茲引錄數家說法以為證。

(1)爾雅釋宮曰：西南隅謂之奧。

(2)禮記曲禮「居不主奧」鄭玄注曰：室中西南隅謂之奧。

(3)說文曰：奧，宛也；室之西南隅。

(4)釋名釋宮室曰：室中西南隅曰奧。

(5)莊子徐无鬼「吾未嘗為牧而牂生於奧」釋文曰：奧，西南隅。

從第九章的「戶、牖」裡，我們知道，室的東南角有戶，戶的西邊有牖（還不到西南角，見第九章附圖），那麼，奧這個部位應該是一塊隱暗的地方，所以，歷來學者曾進一步地說明，解釋為「秘奧」，茲引數例以為證。

(1)郭璞爾雅釋宮注曰：室中隱奧之處。

(2)釋名釋宮室曰：室中西南隅曰奧，不見戶明，所在秘奧也。

(3)論語「與其媚於奧」皇疏曰：奧，室向東南開戶，西南安牖，牖內隱奧無事。

(4)漢書杜鄴傳顏師古注曰：奧，室中隱奧之處也。

(5)說文段注曰：室之西南隅，宛然深藏。

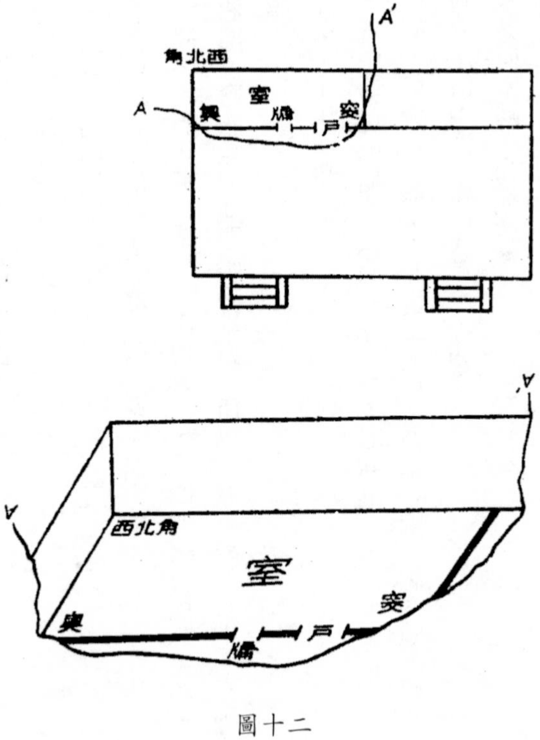

圖十二

從奧得聲的字，似乎都有委曲深隱的意思，例如詩經衛風「瞻彼淇奧」的「奧」字；說文「澳，隈厓也；其內曰澳」的「澳」字，都含有委曲深隱的意義。

因為它是一個陰暗隱秘的部位。所以，時代久了，便演變成為神、鬼所在的地方，又再演變成為室中最尊貴的地方。論語皇侃曰：「奧，恒尊者所居之處也。」說文段注曰：「室之尊處也。」都是相同的說法。因為西南角是神、鬼所在以及尊貴的部位，所以，這個部位以及其隣近的部位都不可以輕率妄動，任意撤改；最早記載有這種傳說的，應該是淮南子了。

淮南子人間篇曰：

魯哀公欲西益宅不祥，哀公作色而怒，左右數諫，不聽。乃以問其傅宰折睢曰：「吾欲（西）益宅而史以為不祥，子以為何如？」宰折睢曰：「天下有三不祥，西益宅不與焉。」哀公不悅而喜，頃復問曰：「何謂三不祥？」對曰：「不行禮義，一不祥也；嗜慾無止，二不祥也；不聽強諫，三不祥也。」哀公默然深念，憒然自反，遂不西益宅。（事又見新序雜事篇、論衡四諱篇及孔子家語正論解）

「西益宅」和「奧」怎麼會有關係呢？

太平御覽一八〇引風俗通曰：

宅不西益。俗說西南為上，上益宅者，防家長也。原其所以不西益者，禮記：「西向北向，西方為上。」爾雅曰：「西南隅謂之隩。」尊長之處也。不西益者，恐動搖之也。

從風俗通的記載，我們可以了解，「西益宅」的忌諱實際上就是原於「奧，恒尊者所居之處」。在儀禮裡，奧這個部位的用途幾乎都是相同的：布席或者設筵。士昏禮曰：「御衽于奧。」鄭注：「衽，臥席也。」可見也是布席的。

第十七節　霤

儀禮全書，「霤」字一共出現了四次。

鄉飲酒禮說：磬階間縮霤，北面，鼓之。

燕禮說：設洗，篚于阼階東南，當東霤。

燕禮說：賓所執脯，以賜鍾人于門內霤，遂出。

公食大夫禮說：賓入門左，沒霤，北面，再拜稽首。

禮記也提到三次，即：

檀弓：掘中霤而浴。

檀弓：池視重霤。

月令：其祀中霤。

「霤」只是一個籠統的名稱，實際上，根據文獻上的記載，可以細分為四類：

(一)東、西霤：

燕禮說：「設洗、篚于阼階東南，當東霤。」既然有「東霤」之稱，當然也必有「西霤」之名，所以賈公彥說：「言東霤，明亦有西霤。」

(二)內霤：

燕禮說：「賓所執脯，以賜鍾人于門內霤，遂出。」鄭玄也提過「內霤」，士昏禮鄭注：「三揖者，至內霤。」此外，公食大夫禮所謂「賓入門左，沒霤」的「霤」字，鄭玄及賈公彥都沒說明甚麼「霤」；既是在門內，大概也是「內霤」罷。有「內霤」，也似乎應該有「外霤」才是，然而，文獻上命沒有記載，所以，只好闕疑了。

（三）縮霤：

鄉飲酒禮說：「磬階間縮霤，北面，鼓之。」

（四）中霤：

禮記檀弓說：「掘中霤而浴。」月令說：「其祀中霤。」釋名：「中央曰中霤。」儀禮本書並沒提到「中霤」二字。

此外，檀弓又說：「池視重霤。」「重霤」二字，似乎是指「霤」本身的構造而言，鄭玄說得很清楚，他說：「重霤者，屋承霤也，以木為之，承於屋，謂此木為重霤也。」並不是指「霤」在整個宮室的部位而言，所以，我們不能將它別立一類。

霤的部位

（一）東、西霤的部位：

我們可以利用經文的對比來辨明東、西霤的部位。燕禮說：「設洗、篚于阼階東南，當東霤。」少牢饋食禮說：「設洗于阼階東南，當東榮。」兩個「洗」都同樣地設在「阼階東南」，前一個說是對著東霤，後一個說是對著東榮，而卻又都在同一部位，所以，東霤和東榮非常接近，或且竟是在一起。鄭玄說：「榮，屋翼也。」從東邊屋翼流下雨水的部位就稱做東霤。至於西霤，文獻上沒提起，賈公彥說：「言東霤，明亦有西霤。」儀禮提到「西榮」卻很多，如士喪禮「設于序西南，當西榮」，又說「設于序西南，直西榮」，序的西南，也就是西階的西南，所以，從西邊屋翼流下雨水的部位就稱為西霤。程瑤田釋宮小記說：「榮與霤，其處蓋同也。」

（二）內霤的部位：

從燕禮「賓所執脯，以賜鍾人于門內霤，遂出。」及公食大夫禮「賓入門左，沒霤」這兩段記載來看，「內霤」在大門之內是可以決定的。然而，在大門內的那一個部位呢？士昏禮鄭玄注說：「入三揖者，至內霤；將曲，揖；既曲，北面，揖；當碑，揖。」從鄭玄這段注文裡，「內霤」和門外曲幾乎非常接近，所以鄭玄在士冠禮注說：「入門將右曲，揖；將北曲，揖；當碑，揖。」鄉飲酒禮注說：「三揖者：將進，揖；當陳，揖；當碑，揖。」聘禮注也說：「入門；將曲，揖；既曲，北面，又揖；當碑，揖。」竟都將「至內霤」三字省卻了，或許就是因為「內霤」和門內曲太接近的緣故。古人大門的屋蓋是兩注屋的，一面屋簷向外，一面屋簷向內，這種情形在漢畫上還可以看得很清楚。向內的屋簷就是內霤所在處，也就是門內右曲的部位。

（三）縮霤的部位：

鄉飲酒禮說：「磬階間縮霤，北面，鼓之。」「縮霤」二字於文獻上僅此一見；鄭玄注說：「縮，從之，霤以東西為從。」含混不清，令人費解。清人程瑤田在釋宮小記裡說：「縮霤，其南翼也，此言堂屋之霤也。」江永在儀禮釋官增注裡說：「階當霤，鄉射禮記磬階間縮霤是也，霤以東西為從，古曰縮霤，此霤謂堂之南霤也。」也說得不太清楚。從鄉飲酒禮經文「階間」兩字來推測，「縮霤」大概是在東、西兩階之間；至於進一步的情形，因為文獻的缺乏，實在是不得而知了。

王引之經義述聞卷十云：

東西可謂之橫，不可謂之從。縮，當從古文作蹙。蹙，近也。磬在兩階之間，其北則霤矣。磬雖不在霤而近於霤，故曰：蹙霤。考工記弓人：「夫角之本，蹙於 而休於氣。」鄭彼注曰：

「蹙，近也。」正與此蹙字同義。縮乃蹙之假借耳。

謹錄之以備一說。

㈣ 中霤的部位：

儀禮全書雖然沒有提到「中霤」二字，但是，文獻上記載「中霤」的卻非常多。如：

a禮記檀弓篇：「掘中霤而浴。」

b禮記月令篇：「其祀中霤。」

c公羊哀公六年：「於是，使力士舉巨囊而至于中霤。」

d淮南子時則篇：「其祀中霤。」

e釋名：「中央曰：中霤。」

歷來：對「中霤」的部位的解釋非常多。

⑴鄭玄禮記月令篇注：「中霤，猶中室也；古者複穴，是以名室為霤。」

⑵孔穎達禮記月令篇疏：「中霤猶中室，乃是開牖象中霤之取明，則其地不當棟，而在室之中央，故喪禮云：『浴於中霤，飯於牖下』，明中霤不關牖下也。復穴皆開其上取名，故雨霤之，是以後因名室為中霤也。」

⑶高誘淮南子時則篇注：「中霤，室中之祭祀后土也。」

⑷何休公羊傳注：「中央曰中霤。」

(5)徐彥公羊傳疏引庾蔚曰：「複地上累，土穴則穿地也，複穴皆開其上取明，故雨霤之，是以，因名中室為中霤也。」

(6)程瑤田釋官小記：「霤之義始於廇，爾雅云：『宗廇謂之梁。』言宮室之上覆者廇然隆起也。當未有宮室之先，民複穴以居地，上累土為之，謂之複；鑿地為之，謂之穴。其上皆必有廇然者覆之，此宮室宗廇之所自始也。開上納明，雨從此下，此則霤之所自始，故字从雨，而从留也。受霤之地，在複穴之中，則中室名中霤之始也。月令『中央土，祀中霤』，祀土神也。土為五行主神，在室之中央，室之中央因於古先納明之霤，故名之曰：中霤。」

程瑤田後來居上，他的說法大致上是可靠的。

霤的形制

鄭玄在禮記檀弓注裡說：「承霤以木為之，用行水，亦宮之飾也。」孔穎達又說：「屋承霤也，以木為之，承於屋，霤入此木中，又從木中而霤於地，故謂此木為重霤也。」鄭玄和孔穎達大概是以今喻古。在儀禮的時代，似乎不會有木製的屋霤；因為迄今我們在漢畫上還見不到這種形制；就是如今出土戰國時代的邯鄲墓，也沒有這種遺物。

霤的階級性

程瑤田在釋宮小記裡說：

按儀禮唯燕禮設洗當東霤，公食大夫禮設洗如饗，饗禮亡，當如燕禮矣。其餘皆大夫、士禮，但言東榮。

江永在釋官增註裡說：

周制：天子、諸侯得為殿屋四注，卿、大夫以下，但為夏屋兩下。四注則南北東西皆有霤，兩下則唯南北有霤，而東西有榮，是以燕禮言東霤而大夫、士禮則言東榮也。

根據程瑤田及江永的說法，在儀禮時代，唯天子、諸侯始有霤，大夫、士皆得有榮，不得有四方之霤。天子、諸侯是四注屋，也就是疏，屋蓋是東西南北向的，所以有東霤、西霤、南霤及北霤之稱；大夫、士是二注屋，屋蓋只有南北方，沒有東西向，所以沒有東西霤，只有東榮及西榮。

他們這種說法是有所本的；

賈公彥在燕禮疏裡說：

漢時殿屋四向流水，故舉漢以況周；言東霤，明亦有西霤，對大夫、士解東榮兩下屋故也。

孔穎達在禮記檀弓疏裡說：

天子則四注，四面而為重霤，諸侯四注重霤則差降去後餘三，大夫唯餘前後二，士唯一在前。

根據賈公彥及孔穎達的意思，他們似乎都認為無論是天子、諸侯、大夫、士的屋蓋都是四注屋的。唯一不同者，天子屋蓋四周都有霤，稱為東霤、西霤、南霤及北霤，諸侯只有三霤，即東霤、西霤及南霤；大夫只有二霤，即南霤及北霤；而士只有一霤，也就是南霤。可是，程瑤田及江永卻將天子、諸侯如大士、士分開，天子諸侯和大夫士的不同是屋蓋四注和二注的不同，而不是霤本身的不同了。於是，他們進一步的意思，就是說大夫、士的建築物士沒有東、西霤。

第三章　深與廣

周禮考工記說：「夏后氏世室，堂脩二七，廣四脩一。」鄭玄注：「堂脩十四步，其廣益以四分脩之一，則堂廣十七步半。」就是說，堂南北深度是十四步，堂東西廣度是十七步半，它們的比例是四比四又四分之一。考工記又說：「門堂，三之二。」鄭注：「門堂，門側之堂，取數於正堂，今堂如上制，則門堂南北九步二尺，東西十一步四尺。」鄭玄推測出門堂是「南北九步二尺，東西十一步四尺」，完全是採用比例的法子，他根據考工記上面所載正堂的深廣度，將它縮小三分之一，也就是說，門堂的深廣恰好是正堂的三分之二。儀禮士昏禮賈公彥疏說：「碑在堂下，三分庭一，在北。」他們並沒有直接地說出碑距離正堂的深度，也沒有直接地說出碑和大門的深度。相反的，他們卻告訴了我們碑在整個庭裡所安置的位置的比例：假如我們從正門看過去，它在庭三分之二的北部；假如從正堂看過來，它正好在庭的三分之一，而且，這三分之一的深度，恰好和正堂的深度相等。

從這三個例子，我們可以了解古人造屋子時對比例的重視。他們往往只說明一兩個比較重要的部份的尺寸，其他部分就靠比例了。清朝沈彤在儀禮小疏裡說：

> 堂之深無明文。陳氏禮書引尚書大傳曰：「士之堂，廣三雉，三分其廣，以二為內。」是堂廣凡九丈，而堂之深，亦未及焉。按考工記云：「周人明堂，度九尺之筵，東西九筵，南北七

筵。」疏引疏傳云：「周人路寢，南北七雉，東西九雉。」知周人度堂寢之深廣，皆以九與七差之也。然則堂廣九丈者，堂深宜七丈也。

沈彤根據考工記和賈公彥的疏，推出堂的深度，正是依靠了比例。因此，要知道廟寢的深廣尺寸，我們首先必需將廟寢各個部份的比例找出來，然後，才可以得到一個比較滿意的結論。

下面就是廟寢各個部份的比例。

（一）堂和庭：

聘禮鄭玄注說：「設碑近如堂深。」換句話說，從碑到堂的南緣的距離，等於從堂的南緣到北壁。士昏禮賈公彥疏又說：「碑在堂下，三分庭一，在北。」換句話說，從正門到碑的距離，恰好等於從碑到堂南緣的距離的兩倍。因此，三個堂的深度恰好等於庭的深度，也就是說，堂和庭的深度是一比三。

（二）房室與堂：

少牢饋食禮鄭玄注說：「室中迫狹。」從鄭玄這句話，我們至少可以推測出室（房）和堂的深度的比例是相差得相當大。士昏禮賈公彥疏說：「凡士之廟，五架為之：棟北一楣下有室戶，中脊為棟。」少牢饋食禮賈公彥疏也說：「大夫士廟皆五架。正中曰棟，棟南兩架，北亦兩架，棟北一架，為室南壁而開戶，即是一架之開廣為室。」朱熹儀禮釋宮說：「後楣以北為室與房。」又說：「後楣之下，以南為堂，以北為室與房，室與房東西相連為之。」根據他們的說法，堂等分成四分，中間這條線的兩端就是棟的位置，往外兩條的兩端就是楣的位置，最外兩條的兩端就是庪的位置；而房室就在北部扆與楣之間了（參看第二章第八節「東房西室」）。那麼，房室與堂的深度恰好是一比四了。

（三）北堂與房：

士昏禮鄭玄注說：「北堂，房中半以北。」有司徹鄭玄注也說：「北堂，中房以北。」也就是說，將房中分為二，北部那一部分就叫做北堂，所以孔廣森在禮學巵言裡很清楚地說：「半者，謂自後楣下中分之也。」那麼，北堂和房的深度是一比一。

由庭而堂，由堂而房室，由房室而北堂，我們不但知道了它們的比例，而且也知道了它們彼此之間的連鎖比例關係；換句話說，只要我們知道其中任何一部份的尺寸，其他各部分的尺寸都可以很容易地推算出來了。

現在我們要談另外一個問題。

周禮考工記賈公彥疏說：「天子城高七雉，隅高九雉；公之城高五雉，隅高七雉；侯伯之城高三雉，隅高五雉。」左傳隱公元年孔穎達疏說：「天子之城方九里，公七里，侯伯五里，子男三里。」古代階級性非常嚴格，城的高及廣都隨著階級的不同而高低大小不一。準此而推測，宮室的大小深廣也必隨著階級而有所不同。

禮記禮器篇說：「有以高為貴者，天子之堂九尺，諸侯七尺，大夫五尺，士三尺。」尚書大傳也說的是堂的廣度，儘管所指的都不同，但是，卻有一個共同點：

①天子和士的堂的大小深廣必定不同；

②天子和士的堂的大小深廣的比例是三比一。

周禮考工記說：「夏后氏世室，堂脩二七，廣四脩一；殷人重屋，堂脩七尋；周人明堂，東西九筵，南北七筵。」世室，重屋及明堂都是當時天子的建築物，假如我們大膽一點，根據上面三比一的論斷（見②），將它們分別縮小三分之二，也許我們能夠得到士的宮室的尺寸。

在縮小以前，有兩點必需加以說明：

a鄭玄及賈公彥除了談及廟寢各部分的比例外，都沒有談及它們的深廣尺寸。我們固然知道世室、重屋及明堂，都是天子的特別建築物，但是，為了復原的工作，我們姑且襲用它們，然後再作合理的考慮。

b我們僅襲用它們正堂的深廣尺寸，因為我們只要知道正堂深廣的尺寸，就可以應用上面的連鎖比例關係，將士的廟寢的其他部分推算出來。

第一種

周禮考工記說：夏后氏世室，堂脩二七，廣四脩一。

根據鄭玄：堂脩二七＝堂南北十四步＝一九．四公尺

當廣西脩一＝堂東西十七步半＝二四．四公尺

（注：一步＝漢六尺；漢一尺＝○．二三一公尺）

根據三比一的比例，士的堂的廣闊當如此：

士堂南北之度＝六．五公尺

東西之度＝八・一公尺

根據這個長度來推算，士的房、室及北堂的廣濶為：

士室南北之度＝一・六二公尺

東西之度＝四・〇五公尺

士房南北之度＝〇・八一公尺

東西之度＝四・〇五公尺（北堂同）

根據三比一的比例，士的庭的廣闊當如此：

士庭南北之度＝一九・四公尺

東西之度＝一〇公尺（大略）

第二種

周禮考工記說：殷人重屋，堂脩七尋。

根據鄭玄：堂脩七尋＝堂南北五丈六尺＝一二・九公尺

堂廣九尋＝堂東西七丈二尺＝一六・六公尺

（注：一尋＝漢八尺）

根據三比一的比例，士的堂的廣闊當如此：

士的堂南北之度＝四・三公尺

東西之度＝五・五四公尺

根據這個長度來推算，士的房、室及北堂的廣闊為：

士室南北之度＝一・一公尺

東西之度＝二・八公尺（北堂同）

根據三比一的比例，士的庭的廣闊當如此：

士庭南北之度＝二二・九公尺

東西之度＝六・五公尺（大略）

第三種

周禮考工記說；周人明堂，九尺之筵，東西九筵，南北七筵。

根據鄭玄：堂休七筵＝堂南北六三尺＝一四・六公尺

堂廣九筵＝堂東西八一尺＝一八・七公尺

（注：一筵＝漢九尺）

根據三比一的比例，士的堂的廣闊當如此：

士堂南北之度＝四・八五公尺

東西之度＝六・二三公尺

根據這個長度來推算，士的房、室及北堂的廣闊為：

士室南北之度＝一・二公尺

東西之度＝三・一公尺

士房南北之度＝〇・六公尺
東西之度＝三・一公尺（北堂同）
根據三比一的比例，士的廣闊當如此：
士庭南北之度＝一四・公尺
東西之度＝七・五公尺（大略）

第四種

尚書大傳卷四：天子之堂，廣九雉……士三雉，三分其廣，以二為內；五分內，以一為高。

據此：

士堂東西之度＝九〇公尺＝二〇・七九公尺
其高＝一二尺＝二・七七公尺

（注：一雉＝三丈＝漢三十尺）

考工記云：「周人明堂，東西九筵，南北七筵。」賈疏：「周人路寢，南北七雉，東西九雉。」我們知道周人堂寢的深廣都是七比九。於是，根據上文：

士堂東西之度＝九十尺，則
南北之度當是七十尺＝一六・一七公尺
根據這個長度來推算，士的房、室及北堂的廣闊為：
室南北之度＝四・〇四公尺

東南之度＝四五公尺

房南北之度＝二・〇二公尺

東西之度＝四五公尺（北堂同）

根據三比一的比例，士的庭的廣闊當如此：

士庭南北之度＝四八・五一公尺

東西之度＝二三公尺（大略）〔據沈彤說〕

第五種

考工記孔疏引書傳說：周人路寢南北七雉，東西九雉，世居一雉。

堂南北七雉＝二一丈＝漢二一〇尺

東西九雉＝二七丈＝漢二七〇尺

（注：一雉＝三丈）

根據三比一的比例，士的堂的廣闊當如此：

士堂南北之度＝七〇尺＝一六・一公尺

東西之度＝一二〇尺＝二七・七公尺

根據這個長度來推算，士的房、室及北堂的廣闊為：

士室南北之度＝四公尺

東西之度＝一三・八公尺（北堂同）

根據三比一的比例，士的庭的廣闊當如此：

士庭南北之度＝四八・三公尺

東西之度＝三六公尺（大略）

現在，我們要比較這五種深廣尺寸。

A第四種是不合理的，不合理的地方有下面幾點：

①高只有二點七公尺，這是最不合理的。

②鄭玄在少牢饋食禮的注文中明明說：「室中迫狹。」可是，現在所得到的室卻是廣四十五公尺，深四公尺；無疑的，這和鄭玄的說法不符了。

B第三種似乎也不太合理：

①室廣只有三公尺，似乎太短了。

②房的深度只有零六公尺，迫狹得連人都擠不進去了。

C第一種、第二種及第三種幾乎一樣，所以，也不合理。

D在不違背鄭玄「室中迫狹」的說法之下，第五種是比較合理；茲下列於後：

堂	一六・一×二七・七（皆以公尺為單位）
室	四×一三・八
房	二×一三・八
北堂	二×一三・八

庭　　四八・三×三六

下面要討論廟門廣闊之問題。

考工記說：「廟門容大扃七個。」鄭玄注：「大扃，生鼎之扃，長三尺；七個，二丈一尺。」天子廟門是二丈一尺，即二十一尺；約四點八公尺。根據三比一，可推得士的廟門是一點六公尺。因為一點六公尺相當狹窄，所以，士昏禮鄭玄注說：「隨入，為門中阨狹。」賈公彥疏也說：「皮接橫執之，士之廟門降殺甚小，故隨入得並也。」

下面要討論正門廣闊的問題。

考工記說：「應門二徹參個。」鄭玄注：「正門謂之應門。」鄭玄說一徹於八尺，那麼，天子的正門是二十四尺。根據三比一的比例，可以推出士的正門是八尺，也就是一點八五公尺了。

茲列其結論如後：

士的廟門廣一・六公尺（寢門同）

正門廣一・八五公尺

儀禮車馬考

（曾永義著）

前　言

民國五十四年東亞學術計劃委員會主任委員李濟之博士倡導用復原實驗的方法，來研究儀禮這部先秦儒家傳授的經典，成立儀禮復原實驗小組，為東亞學術計劃委員會專題研究之一。由臺大中國文學研究所及考古人類學研究所同學從事集體研究，分作若干專題，每人負責一個。孔達生指導，臺靜農師為小組召集人。筆者擔任的題目是儀禮樂器考，儀禮車馬考由黃然偉學長負責。翌年黃學長赴澳進修，由於車馬所關涉的問題很多，並非一年的時間所能完成。所以黃學長在第一年裏面，主要著重於馬車結構的研討。臺、孔二師以為有繼續研究的必要，恰好拙作樂器考已經完成，乃命我接替這個工作。

筆者承黃學長之後，除了增補小屯殷墟、安陽大司空村、張家坡、濬縣辛村等有關馬車結構的發掘報告和比較出土實物與考工記車制、擬定儀禮所用的各種馬車、辨明士人亦應有貳車外，並及車馬飾和駕車馬數的考訂。考訂的方法是先就先秦典籍中有關材料加以論證，然後再結合田野考古發掘的實物來研判，藉此以獲得接近事實的結論。但是利用這種方法，仍然有好些問題，無從得到確切的解決。譬如王五路中的玉路和象路，因為沒有實物出土，其裝飾便無法獲得具體的概念；又車馬飾雖出土很多，而莫知所用和裝飾位置的卻是不少；至於車上所戴的旗幟，文獻上固可以考其制度，但也因為沒有實物出土，所以就是予以復原，也難免失實。這些都是一時不容易解決的困難。

本文寫作期間，多承孔達生師指導，並蒙高曉梅、石璋如兩先生賜教，和東亞學會獎助，使本文能順利完成，現在中華書局又惠予出版，這是筆者在這裡要萬分感謝的。

曾永義謹識
五十九年仲秋

儀禮車馬考目次

前言

壹、儀禮中所使用的馬車 …… 一

一、天子以至庶民所乘用的車馬類別 …… 一

二、士昏禮的車馬 …… 一〇

三、公食大夫禮的車馬 …… 一二

四、覲禮的車馬 …… 一二

五、士喪禮的車馬 …… 一五

六、既夕禮的車馬 …… 一六

七、士亦應有貳車 …… 二四

貳、先秦駕車馬數考 …… 二六

一、士以至天子駕車馬數的擬定 …… 二六

二、前人駕三、駕六之說 …… 三一

叁、馬車的結構 …… 三五

一、馬車的各部名稱 …… 三五

二、阮元所推求的考工車度……三六
三、戴、阮有關考工車制的異同……四〇
四、田野考古所出土的馬車……四二
甲、小屯殷墟車馬坑……四二
乙、安陽大司空村殷周車馬坑……四五
丙、張家坡西周車馬坑……四七
丁、濬縣辛村西周車馬坑……四九
戊、上村嶺東西周虢國墓地車馬坑……四九
己、輝縣琉璃閣戰國車馬坑……五三
庚、長沙漢墓車馬坑……六〇
五、出土實物與考工記車制的比較……六九
六、儀禮所用金車、墨車、棧車……七五
七、再從甲骨金文來觀察馬車的結構……七七
肆、車飾和馬飾……七九
一、阮元的革解與金解……七九
二、金文上所見的車馬飾……八一
三、文獻上所見的車馬飾……八六

目次

儀禮車馬考

壹、儀禮中所使用的車馬

一、天子以至庶民所乘用的車馬類別

先秦典籍中，關於車馬，有著許多不同的名目。這些車馬的名目之所以不同，主要的，除了因為地位身份的高低而乘用的車馬有所等級外，還因為在用途上各有專司，乃附之以專名。其所表現在外的最大差異，大抵可以說只是車馬裝飾的繁簡而以。就車子本身的結構來說，應當是沒有多大分別的。儀禮十七篇中，談到使用車馬的，有士昏禮、公食大夫禮、覲禮、士喪禮、既夕禮等五篇。這五篇裡面，雖然有的已經明言所使用車馬的名目，但是有的卻只提到「車」或「路」的共名而已。因之，若不參以其他的典籍，我們實在無法知道其所屬的類別。而對於自天子以至庶人所使用的車馬類別和體制，說得最完備的，要算周禮巾車一職。鄭注儀禮和禮記中的車馬，也大抵以巾車為根據。因此，我們在考訂儀禮中使用的車馬之前，必須先介紹一下巾車所職掌的車馬種類。巾馬云：

掌公車之政令，辨其用與其旗物而等敘之，以治其出入。王之五路：一曰玉路——錫；樊、纓，十有再就；建大常，十有二斿；以祀。金路——鉤；樊、纓，九就；建大旂；以賓，同姓

以封。象路——朱；樊、纓，七就；建大赤；以朝，異姓以封。革路——龍勒；條（樊）、纓，五就；建大白；以即戎，以封四衛。木路——前樊、鵠纓，建大麾；以田，以封蕃國。王后之五路：重翟——錫面、朱總。厭翟——勒面、繢總。安車——彫面、鷖總，皆有容蓋。翟車——貝面、組總，有握。輦車——組輓，有翣，羽蓋。王之喪車五乘：木車——蒲蔽、犬䄓、尾櫜、疏飾、小服皆疏。素車——棼蔽、犬䄓，素飾、小服皆素。藻車——藻蔽、鹿淺䄓、革飾。駹車——雚蔽、然䄓、髤飾。漆車——藩蔽、䄓豻、雀飾。服車五乘：孤乘夏篆，卿乘夏縵，大夫乘墨車，士乘棧車，庶人乘役車。

這一段話裡面提到了王和王后的五路、王的喪車五乘以及孤、卿、大夫、士、庶人分別所乘的服車五乘。所謂路，據鄭注云：

王在焉曰路。

賈疏云：

謂若路門、路寢、路車、路馬皆稱路。故廣言之云：「王在焉曰路。」路，大也。王之所在。故以大為名，諸侯亦然。……凡言玉路、金路、象路者，皆以玉、金、象為飾。

可見路就是路車，王之五路，就是王所乘用的五種大車。這五種大車顯然是因為其車馬的裝飾和所建的旗幟不同，因而它的用途也就有所分別，它的名稱也就有所差異。據鄭康成注，車上之材的末頭用玉來點綴，馬身上裝束著十二就得樊與纓，馬頭上戴著刻金的當盧，同時在車上又建有畫日月，綴著十二斿的十二常旗，這種車馬就是王用來祭祀的，叫做「玉路」。其次以金飾於車末，馬頷上婁之以鉤，馬身上裝束著九就得樊與纓，車上又建有畫著交龍的大旂旗，這種車馬是王用來會賓客，或者用來封給同姓諸侯的，就叫做「金路」。此外，王用來視朝，且以封給異姓諸侯的車馬就叫做「象路」；它是用象牙來裝飾車末，以朱飾馬勒，其樊、纓七就，所建的旗幟是通帛的大赤旗。「革路」只是鞔之以革而漆之，並沒有其他的裝飾，其馬絡以白黑雜色飾之，樊、纓以絛絲飾之，車上建著大白旗，它是王用來作戰，或是封給四衛諸侯的。「木路」則乘以田獵，或封給九州以外的夷狄之長；它只是漆之而已，並不鞔以革帶，故謂之「木路」；它的樊以淺黑飾之，纓以鵠色為飾；所建的是黑色的大麾旗。書顧命云：

大輅在賓階面，綴輅在阼階面，先輅在左塾之前，次輅在右塾之前。

又禮器云：

大路繁纓一就，次路繁纓七就。

又郊特牲云：

大路繁纓一就，先路三就，次路五就。

鄭注云：

禮器言次路七就，與此乖，字之誤也。

文獻通考卷百十六引陳氏禮書云：

周官馭玉路者謂之大馭，則玉路謂之大路，獨周為然。若夫商之大路，則木路而已。春秋傳與荀卿曰：「大路越席。」禮器與郊特牲曰：「大路繁纓一就。」明堂位曰：「大路商路也。」

孔子曰：「乘殷之路。」皆木路也。然禮器與郊特牲言大路繁纓一就則同，其言次路繁纓五就、七就則不同者，先王之路降殺以兩，反此而加多焉，蓋以兩而已。大路一就，先路三就，則次路有五就、七就者矣！書言次路以兼革木二路，則商之次路五就、七就，庸豈一車耶？鄭氏以七就為誤，是過論也。夫綴路，金路也；以其綴於玉路故也。先路，象路也；以其行道之所先故也。次路，革路、木路也；以其次於象路故也。周官典路若有大祭祀，則出路；大喪、大賓客亦如之。凡會同、軍旅、弔於四方，以路從。蓋王之行也乘玉路，而先之以象路，次之以革路、木路，而金路綴於玉路之後。觀書先路在左塾之前而居西，次路在右塾之前而居東；春秋之時，鄭侯以先路三命之服賜子展，以次路再命之服賜子產，魯以先路三命之服賜晉三帥，以一命之服賜司馬輿師以下；則先路固貴於次路矣。孔安國亦以先路為象路，蓋亦有所受之也。諸侯有先路、後路，亦有大路。樂記亦曰大輅天子之輅，所以贈諸侯。雜記諸侯之賵，有乘黃之路；相襚以後路與冕服、先路與褒衣。蓋諸侯之大輅，則金路謂之大路；猶熊侯謂之大夫侯。

按陳氏之說蓋是。王既然用五路中的四路來封給各等級的諸侯，那麼諸侯平常所乘用的車子也應當是這四種中的一種。不過有一點要注意的是，王用來以祀、以賓、以朝、以即戎，以田的這五種車子，顯然因為用途的不同而有所等級。王封給同姓諸侯，雖然是金路，但同姓諸侯平常所乘用的車子也應當因用途不同而有所差別，也就是作戰時所乘的還是「革路」，田獵時所乘的還是「木路」；其「金路」不過是典禮隆重時，為表明身份時所乘的車子而已。否則，若動則乘以金路，其戎、其田豈不踰越於王？至於異姓諸侯，那麼「象路」便是他所乘用的最高級的車子，若即戎亦當乘革路，田獵亦當乘木路。至於四衛則止於革路，其即戎固亦乘革路，田獵亦當乘木路。蕃國更下之，無論宴饗、即戎、田獵皆只乘木路而已。又王若乘玉路祭祀，則其先路當為象路，次路當為革路、木路，綴路則為金路，車隊行列的次序是象路、革路、木路、玉路、金路。若乘金路會賓客，則其領先之副車依次為象、革、木之屬。以此類推，同姓之諸侯若乘金路，其副車亦當為象、革、木之屬。以此類推，同姓之諸侯若乘金路，其副車亦當為象、革、木之屬。再以此類推，不離難見出其他各階級的副車。

在金文中有許多提到封賜車馬的例子。毛公鼎云：

賜女，……金車，……馬四匹。

又吳彝銘云：

唯二月初吉丁亥，王在周成大室。旦，王格廟，宰朏右作冊。吳入門立中廷，北鄉。王呼史戊冊命吳司旃眔叔金，錫……金車……馬四匹。

又同卣銘云：

隹十有一月天王錫同金車。

又小臣宅彝（小臣宅 銘與之大略相同）銘云：

隹五月壬辰同公在豐，令宅事白懋父，白錫小臣宅，……金車馬兩……子子孫孫，永寶其萬年，用鄉王出入。

又兮甲盤銘云：

隹五年三月既死霸庚寅，王初格，伐玁狁于畧盧，……王錫兮甲馬四匹駒車。

這些銘文中所提到的金車，應當就是五路中的金路。毛公據其銘文所載是周王的族叔，那麼這便和金路以封同姓諸侯的話語很能印證得來。「吳」和「同」，我們雖不能證明他們和天子同姓，但看樣子地位相當高。不過，從小臣宅彝的銘文看來，賜給小臣宅金車馬兩的白懋父，其地位雖高，但究竟是人臣。若此，金車之賜，竟然也可以出自人臣了。這在當時，恐怕是僭禮的吧！春秋時鄭侯以先路賜子展，以次路賜子產，魯以先路賜晉三帥。則路車之賜，事實上以出自諸侯。不過，先路、次路即為象、革、木三路，而非金路。但是，金文中何以但言金車而不及其他諸車的名目？這可能是因為金車乃人臣所乘用最高級的車馬，只有同姓的諸侯才能獲得王的賞賜。那麼，假如異姓以下的臣子，一旦受到王的越等封賞。便覺得是非常榮耀的事，頗足以傳之子孫，示之後人，因之乃競相銘刻於鐘鼎彝器。所以我們今天所看到的，自然都是這些自我誇耀的文辭而鮮有及於象、革、木等車的名目了。否則，所謂五路，便只是儒者一種理想中嚴密的制度而已，當時的人並沒有認真的執行過。又左僖二八年傳謂王賜晉文公以大路之服，定四年傳謂祝鮀言先王分魯、衛、晉以大路，襄十九年謂王賜鄭子蟜以大路，襄二十四年謂王賜叔孫豹以大路。孔疏以賜魯、衛、晉之大路皆金路，賜穆叔、子蟜之大路當是革木二路。其說是否，未能考證。但由此可以看出天子以大路賜諸侯是可信的。

王后之五路，據鄭康成注，以雉鳥的羽毛兩重為車上兩旁之蔽，馬身上飾以錫面、朱總的車馬，就叫做「重翟」，它是從王祭祀時所乘用的。「厭翟」是將雉羽相次，使厭其本以為兩旁之蔽，且飾以勒面、繢總的車馬，王后乘以從王賓饗諸侯。所謂「安車」，則取其坐乘為名。賈疏云：

按曲禮上云：「婦人不可立乘。」是婦人坐乘，男子立乘。曲禮上：「大夫七十而致事，若不得謝，則必賜之几杖乘安車。」則男子坐乘亦謂之安車也。若然，則王后五路皆是坐乘，獨此得安車之名者。以餘者有重翟、厭翟、翟車、輦車之名可稱，此無異物之稱，故獨得安車之名也。

安車飾以彫面、鷖總，蓋為王后朝見於王所乘之車，無蔽。以上重翟、厭翟、安車皆有容蓋以蔽陽光風雨。「翟車」則不重不厭，但以翟飾車之兩側，且以貝面、組總為飾，無蓋而有幄，王后用於出桑。至於「輦車」則組輓、有翣、羽蓋。鄭注云：

> 輦車不言飾，后居宮中，從容所乘，但漆之而已；為輇輪，人輓之以行，有翣所以禦風塵，以羽作小蓋為翳日也。

若此，輦車乃人輓之車，並非馬車。鄭康成以王后之五路與王之五路相較，故謂重翟為王祭祀所乘之車，蓋以與王之玉路並言。以此類推，厭翟與金路為燕饗諸侯所乘之車。王后不視朝，故謂乘安車以朝見於王；王后不即戎，故謂乘翟車以出桑；不田獵故謂乘輦車以從容。詩鄘風干旄有云：

> 孑孑干旄，在浚之郊，素絲紕之，良馬四之，彼姝者子，何以畀之。

「干旄」蓋為美貴婦人之詩，即言「孑孑干旄」，則車上建有旗幟可知，王后之五路雖不明言所建之旗幟，但后與王既為敵體，則其五路所建之旗幟，亦當如王五路所建之旗幟。又衛風碩人有云：

> 碩人敖敖，說于農郊。四牡有驕，朱幩鑣鑣，翟茀以朝。

這一首詩蓋為莊姜嫁時，衛人美之之詩，「翟茀以朝」，可見所乘的必是以翟為蔽的車子。衛為同姓諸侯，莊公結婚時，當乘金車。如此，莊姜所乘之「翟」，必為厭翟。可見諸侯的夫人所乘的車子，應當還視著情況的不同而乘坐厭翟、安車、翟車、輦車等四種車的。因之，若依王之五路來類推，則異姓之諸侯夫人僅能乘坐安車以下三種車子，四衛之夫人僅能乘用翟車、輦車二種，夷狄之君夫人便只能乘用輦車了。不過，當時的實際情況是否如此，那是很難說的，只是典籍無徵，我們也只好姑且言之罷了。

王之喪車五乘：據鄭注「木車」為王始遭喪時所乘之車，故不漆，而以蒲為蔽，以犬皮為覆苓，以犬尾為櫜，以粗布為飾，且備戈戟、刀劒、短兵以防姦臣。「素車」為王卒哭所乘之車，以蒼土堊車，以藻為蔽，以鹿夏皮為覆苓，且以鹿革飾之。「駹車」為王大祥所乘之車，其車之邊側有髹漆之飾，以萑為蔽，以果然之皮為覆苓，且髹飾之。「漆車」為王當禫所乘之車，漆以黑色，以藩為蔽，豻皮為覆苓，以雀色為飾。禮記雜記上云：

端衰、喪車，皆無等。

鄭注云：

喪車，惡車也。喪者衣衰及所乘之車，貴賤同，孝子於親一也。

那麼巾車所說的雖然是王的喪車五乘，但其實上至王，下至庶民所乘用的喪車，都是一的樣。因為人子對於其親的孝心，並無二致，所以無貴賤等級的差別。

服車四乘，鄭注為服事者之車。蓋孤卿以下都是王與諸侯的輔佐之臣，乘其車以服事於上。故謂之服乘。孤乘夏篆、卿乘夏縵，大夫乘墨車，士乘棧車，庶人乘役車。

鄭注云：

故書夏篆為夏緣，鄭司農云：「夏，赤也。緣，綠色。或曰夏篆，篆讀為圭瑑之瑑。夏篆，轂有約也。」玄謂夏篆五采畫轂約也。夏縵亦五采畫、無瑑爾。墨車不畫也。棧車不革輓而漆之。役車方箱可載任器以共役。

賈疏云：

云服車服事者之車者，其孤卿以下皆是輔佐之臣，服事於上，故以服事之車解之也。先鄭云：「夏，赤也。緣，綠色。」後鄭不從者，夏翟是采，五采備乃為夏，而以夏為赤，而從古書篆為色，於義不可。故後鄭解之，以夏為五采也。云或曰夏篆，篆讀為圭瑑之瑑者，以篆為轂約，後鄭琮之。云夏縵亦五采畫，無瑑爾者，言縵者亦如縵帛無文章，故云：「無瑑也。」以其篆為轂約，則言縵者無約也。云墨車不畫也者，言墨漆革車而已，故知不畫也。棧車不革輓而漆之者，此則冬官「棧車欲弇」，恐有坼壞，是不革輓者也。……王后別見車五乘，此卿孤已不見婦人車者，婦人與夫同，故昏禮云：「婦車亦如之。」……知士車有漆飾者，按唐傳云：「古之帝王必有命，民於其君，得命然後得乘飾車、駢馬，衣文駢錦。」注云：「飾，漆之；駢，併也。」是其事云役車方箱，可載任器以共役者，庶人以力役為事，故名車為役車。知方箱者，按冬官乘車、田車，橫廣、前後短；大車、柏車、羊車皆方。故知庶人役車亦方箱。是以唐傳云：「庶人木車單馬，衣布帛。」此役車亦名棧車，以其同無革輓故也。是以何草不黃詩云：「有棧之車，行彼周道。」注云：「棧車，役車是也。」

可見服車五乘主要的差異還是在於裝飾的不同而已。有官階的人才能乘飾車，因此庶人的役車必無漆飾，而且為了載任器以共役，所以車廂是方的，士人的棧車但有漆而無革鞔，所以車箱要做得狹長些，以防坼壞。詩何草不黃「有棧之車」，注謂「役車」，則此「棧車」為庶人之「役車」而非士人之棧車。但是，何以庶人之役車亦稱作棧車呢？這是因為役車與棧車同為不革鞔之車。說文云：「棧，棚也。竹木之車曰棧。」它們的車箱同為木編成的，只是一個有漆一個無漆而已。故役車亦可稱作棧車。又「棧」亦有作「轏」者，左成二年傳：「丑父寢於轏中」是也。又有作「輚」者，儀禮既夕禮鄭注：「今文棧作輚」是也。其實凡木製的車子都可以叫做棧車，因為車子是以木製為最基本的，只是為了分別階級貴賤起見，乃在木車上加上許多裝飾，於是便有玉、金、象、革、夏篆、夏縵、墨車等的名目。上面我們說過，王的木路只是漆之而已，並沒有革鞔。若此豈不與士人之棧車無甚區別了嗎？不，它們還是有所區別的。那就是士人的車狹長而小，木路既稱為「路」，則必是屬於大型的車。此外，主要用以標示等級的，應當在於旗幟。至於墨車，則是革鞔而漆以墨，並無采繪。夏縵乃於轂上施以采畫，只是不雕刻。夏篆，則采繪雕飾矣。

二、士昏禮的車馬

士昏禮經云：「主人爵弁、纁裳、緇　，從者畢玄端。乘墨車，從車二乘。」鄭注云：

主人，壻也。……從者，有司也；乘貳車從行者也。……墨車，漆車。士而乘墨車，攝盛也。

賈疏云：

乘貳車從行也者，以士雖無臣，其僕隸皆曰有司，使乘從壻。大夫以上有貳車，士無貳車，此

二者亦是攝盛也。

據巾車，士人本應乘棧車，但因為結婚，不妨攝盛，故晉而乘墨車。夏官射人云：「大師令有爵者乘王之倅車。」鄭注：「倅車，戎車之副。」禮記少儀云：「乘貳車則式，佐車則否。」鄭注：「貳車、佐車，皆副車也。朝祀之副車曰貳，戎獵之副車曰佐。」此因係婚禮之從車，故稱此副車為貳車。又根據上面對於王及諸侯之貳車的推論，則此從車必較墨車下一等而為棧車。至於士人是否有貳車的問題，且留到下文士喪禮的車馬一節中討論。經又云：

婦車亦如之，有裧。

鄭注云：

亦如之者，車同等。士妻之車，夫家共之。大夫以上嫁女，則自以為送之。裧，車裳幃，周禮謂之容。車有容，則固有蓋。

據此則婦人所乘之車亦為墨車，但有裧而已。「裧」即是「容」，鄭注容云：「謂幨車，山東謂之幃裳，亦曰幢容。」詩衛風氓云：「以爾車來，以我賄遷。」又云：「淇水湯湯，漸車帷裳。」此為棄婦憶其新婚之語，是亦可見婦車必有幃裳。毛傳亦云：「幃裳即童容，亦云容潼。」是容、幨與幢容皆指車帷。蓋以帷障車旁，如裳為容飾，其上有蓋，四旁垂下以隱蔽形容的緣故。又經雖未說明婦車是否有貳車，但以夫婦既為敵體，以應有貳車為是。詩韓奕云：「百兩彭彭，八鸞鏘鏘，不顯其光，諸娣从之，祁祁如雲。」可見新娘出嫁時，是有諸娣隨从的，那麼諸娣所乘坐的車，應當就是新娘的

貳車了。其制當如新娘之貳車，亦屬棧車，但多幃裳而已。

三、公食大夫禮的車馬

公食大夫禮記云：「賓之乘車，在大門外，西方北面立。」胡培翬正義云：

賓之乘車，謂大夫入朝所乘之車。

案公食第九鄭目錄云：「主國君以禮食小聘大夫之禮，於五禮屬嘉禮。」經既云賓之乘車，則此賓必為小聘之大夫無疑。其所乘之車，自亦應屬墨車。經文、記文雖未說明有貳車，但大夫出使，按理應當有貳車兩乘隨從才是。此貳車自然是棧車。

四、覲禮的車馬

覲禮經云：「侯氏裨冕于禰。乘墨車，載龍旂弧韣，乃朝以瑞玉，有繅。」鄭注云：

墨車，大夫制也。乘之者，入天子之國，車服不可盡同也。交龍為旂，諸侯之所建。弧，所以張縿之弓也，弓衣曰韣。

敖繼公儀禮集說云：

乘墨車者，屈也；載龍旂不沒其實也。晉韓宣子聘于周，自稱曰士；大國之卿自比天子之士，則其君自比於大夫亦宜也。

胡培翬儀禮正義云：

王氏士讓云：「墨車加黑色而漆之，不畫者也。自士昏乘之為攝盛，自入覲乘之則為屈也。」

張爾岐儀禮句讀云：

案巾車云同姓金路，異姓象路，四衛革路，各得天子五路之一。今乃乘大夫之墨車者，以金、象等路皆在本國所乘，既入天子之國，方服裨冕以朝，不可更乘此車同於王者，故注云車服不可盡同也。

案經謂載龍旂，此為九旗中之大旂，據巾車則為金路所載。且天子賜舍侯氏之辭曰：「伯父，女順命于王所，賜伯父舍。」又天子使大夫戒覲期之辭曰：「某日，伯父帥乃初事。」又侯氏執瑞玉行覲禮之時，天子曰：「非他，伯父實來，予一人嘉之，伯父其入，予一人將受之。」經又云：「同姓大國，則曰伯父，其異姓則曰伯舅。同姓小邦則曰叔父，其異姓小邦則曰叔舅。」可見覲禮所敘述的，實以同姓大國諸侯之入覲為例。其所以乘墨車而不乘金路的緣故，蓋如記文所云：「偏駕不入王門。」而所謂「偏駕」，據鄭注云：

在旁與已同曰偏，同姓金路，異姓象路、四衛革路、蕃國木路，駕之與王同，謂之偏駕。不入王門，乘墨車以朝是也。偏駕之車，舍之於館與？

就因為諸侯若乘路車入國門，則與天子所乘相同，便沒有什麼尊卑的分別。所以諸侯大概將他的路車放置在館舍，而在進入國門的時候，改乘墨車以避王。經又云：

天子賜侯氏以車，迎于外門，再拜。

鄭注云：

賜車者，同姓以金路，異姓以象路。

案覲禮既以同姓諸侯為例，故所賜之車，自應為金路。經又云：

天子乘龍，載大旂，象日月升龍降龍，出拜於東門之外，反祀方明。

鄭注云：

此謂會同以春者也。馬八尺以上為龍。大旂，大常也。王建大常，縿首畫日月，其下及旒，交畫升龍降龍。朝事儀曰：「天子冕而執鎮圭，尺有二寸，繅藉尺有二寸。搢大圭，乘大路，建大常十有二旒，樊纓十有二就，貳車十有二乘。帥諸侯而朝日於東郊，所以教尊尊也。退而朝諸侯。」由此二者言之，以祀方明，乃以會同之禮見諸侯也。

按此天子朝日於東郊以祀，則其乘車當為玉路而建大常之旗。經所以云載大旂而不云大常者，賈疏云：

云大旂大常也者，案周禮司常云：「日月為常，交龍為旂。」則旂與常別。此云大旂、大常者，對文異，散則通。桓二年左傳：「三辰旂旗。」服氏注云：「九旂之總名。」是九旂總名旂旗，故常亦得稱旂。云縿首畫日月，其下及旒交畫升龍、降龍者，白虎通引禮記曰：「天子乘龍，載大旂，象日月升龍。」傳曰：「天子升龍，諸侯降龍。」是日月、升龍、降龍皆畫於旂也。旂之正幅為縿，下屬為旒，爾雅：「纁，帛縿。」郭注云：「縿，眾旒所著。」是旒屬於縿也。經先言日月，次言升龍、降龍，故知日月畫於縿首，而其下及旒畫升龍、降龍也。郊特牲曰：「旂有十二旒，龍章而設日月，謂此也。」司常但云日月，不云升龍、降龍者，九旂之制上得兼下，下不得兼上，故以日月與交龍對言也。引大載禮朝事儀者，以朝日之事與此同，故引為證。

若此，則天子所乘之玉路，其上所載之大旂實為大常，大常本只畫日月，今又兼有升龍、降龍之象，蓋因九旂之制，上得兼下的緣故。又據朝事儀，王出拜日於東郊應當有副車十二乘。案周禮典路謂「凡會同、軍旅、弔于四方，以路從。」鄭注云：「王乘一路，典路以其餘路從行。」則此副車十二乘蓋為金、象、革、木之屬。

五、士喪禮的車馬

士喪禮經云：「君若有賜焉，則視斂，既布衣。君至，主人出迎于外門外，見馬首，不哭，……君出門，廟中哭，主人不哭。辟，……君式之。貳車畢乘，主人哭拜送。」鄭注云：

貳車，副車也。其數各視其命之等，君出，使異姓之士乘之在後，君弔蓋乘象輅。曲禮曰：「乘君之乘車，不敢曠左，左必式。」

賈疏云：

云其數各視其命之等者：周禮典命：「上公九命，侯伯七命，子男五命。」大行人：「上公貳車九乘，侯伯七乘，子男五乘。」是車數如命數也。云君出使異姓之士乘之在後者：據坊記：「君不與同姓同車，與異姓同車」推之，謂貳車亦使異姓乘之在後以為備也。云君弔蓋乘象輅者：諸侯以金路為第一等車，象路次之，注意殆謂弔則乘次等車，亦約略言之耳。

按君臨視大斂所乘之車，經無明文，鄭謂象路，亦約略言之而已。雖然，必乘路車無疑。又曲禮有「乘君之車」，周禮戎右亦有「會同充革車」之語。則臣固可乘君之車以為貳車。故此貳車，若君乘象路，則當為革、木之屬。如果國君的爵位是侯伯，則貳車為七乘。

六、既夕禮的車馬

既夕禮經云：「薦車，直東榮，北輈。」鄭注云：「薦，進也。進車者，象生時將行陳駕也，今時謂之魂車。」胡培翬正義云：

云薦，進也。爾雅釋詁文云：「進車者，象生時將行陳駕也。」今時謂之魂車者，案車即不記乘車、道車、槀車也。以生時將行陳駕，故進此車於庭而陳之，象生時也。此車平日所乘，靈魂憑之，故謂之魂車，蓋漢時有此名也。蔡氏德晉云：「敖氏謂此即遣車，非也。遣車乃是載遣奠之包牲者，即檀弓所云塗車也。今案雜記注云：『大夫以上乃有遣車。』則士無也。此所薦之三車，殆曲禮所謂祥車耳。非遣車、亦非載柩之車。載柩之車，即下記遂匠納車于階閒之車，所謂蜃車也。」

案蔡氏之說是也。此所薦之車，應即為祥車。曲禮上云：「祥車曠左。」注云：「祥車，葬之乘車。」孔疏云：

祥，猶言吉也，吉車為平生所乘也；死葬時因為魂車。鬼神尚吉，故葬，魂乘吉車也。

祥車既為葬時死者靈魂所乘之車，有如死者生時之所乘，則天子、諸侯之祥車為路車，大夫為墨車，而士則為棧車矣。經又云：

賓奠幣于棧左服。

鄭注云：

棧，謂柩車也。凡士制無漆飾。服，車箱。

案禮記雜記云：「大夫死於道，……載以蜃車。」鄭注云：

蜃讀為輇。許氏說文解字曰：「有輻曰輪，無輻曰輇。」周禮又有蜃車，天子以載柩。蜃、輇聲相近，其制同乎？

孔疏云：

凡在路載柩，天子以下至士，皆用蜃車，與輴車同。

孫希哲集解云：

戴氏震曰：「蜃車四輪迫地而行，其輪無輻；然鄭以為即輇，亦非也。蜃者車之名，輇者輪之名。」蜃車即輴車，蜃乃假借字，輴其本字也。

又周禮地官遂師云：

大喪，共丘籠，及蜃車之役。

鄭注云：

蜃車，柩路也。柩路載柳，四輪迫地而行，有似以蜃，因取名焉。

若此，則輴車與蜃車同為載柩車之異名，其制則四輪迫地而行。而凡在路載柩，天子以至士皆用蜃車，與輲車同。則士人之柩車亦應即為蜃車或輲車。只是沒有漆飾而已。因之，柩車便有四個輪子，且其輪是無輻的。但是，四輪的馬車不但在先秦文獻上未見過記載，就是近數十年來的田野考古上，也是未曾發現過的。雖然在蘇俄巴澤雷克第五號墓中，曾經發現過一部四馬四輪的車子（圖版壹左下）。其時代據推測是在春秋中葉。然而，春秋、戰國時代，我中華民族的勢力，根本尚未伸展到蘇俄境內，因此他實在不能代表我國春秋、戰國時代中的一種馬車式樣。又何況四輪的車子，應當算是一種較為進步的形制，假如說喪葬載運棺柩的車子已經運用四輪，以取其平穩且省馬力的話，何以田野考古所發掘的許多車馬坑中，尚且沒有一個四輪馬車的例子呢？因之，所謂蜃車四輪迫地而行，或許就是鄭康成所處的東漢時代，社會所流行的柩車形制吧！鄭氏蓋以之附會經文，並未有確鑿的證據。四輪的車子，在漢代就已使用過，是沒什麼問題的。因為銅山縣洪樓地區出土的畫象石，上刻樂舞百戲，前有一人導引，後列龜戲、象戲、魚龍拖車、轉石戲、彩袖舞等（圖版壹左上所示，僅該畫象石之後半部）。其中由魚龍所拖的車子，都是四輪的，其形制又與普通漢畫象所顯示的車制大相逕庭；它的輪子並無輻，與鄭氏所謂「輇」的說法頗為脗合。但是，它卻是用來表演歌舞百戲的，而不是用以載運棺材。藝人在車上表演雜技，車身必須平穩，非用四輪不可。大概是載棺材的車子要取其平穩，所以在當時用這種四輪的車子，也因此鄭氏注經便以四輪迫地而行來說明蜃車的形制了。不過，有一點需要注意的是，這種四輪馬車的圖象，在近代地下考古發掘中，例子很少。我們知道，四輪馬車固然有載重、省力和平穩的優點，但卻是很不靈活的，同時又不適宜於在高低不平的山路上行走。銅山縣正在黃淮平原上，所以四輪馬車的使用，自屬可能。據此我們似乎可以這麼說，四輪馬車在漢代已經被使用，但大抵只限於平原而已。至於春秋、戰國之際，雖不敢說絕對沒有，不過相信即使有，也是極其少見的例子。這種情形在漢代，應當還是如此。因之竊以為蜃車或者就是裝飾著貝殼的車子，它所以名作蜃車，就好像玉、金、象、重翟、厭翟、翟車、夏篆、夏縵等，皆以它們車上的裝飾而命名一樣。在田野考古出土車子的墳墓中，曾有貝殼製成的車飾，不知是否就是這種叫做「蜃車」的裝飾品。然而，載柩的車子應當是一部何等樣的車呢？經文既然謂之「棧」，則應當屬於「棧車」一類的，它大概也不上漆，純以竹木構之而已。經又云：

> 主人乘惡車，白狗幦，蒲蔽。御以蒲菆，木錧，約轡，木鑣，馬不齊髦。

鄭注云：

> 拜君命、拜眾賓及有故行所乘也。雜記曰：「端衰、喪車皆無等。」然則此惡車，王喪之木車也。古文惡作堊。

就因為喪車並無貴賤等級的差別，所以王的木車和士人的惡車應當同一體制。「木車」蓋因其不漆為名。「惡」古文即作堊，疑惡為堊形近之誤；則惡車，實應作堊車，亦即堊飾之車。巾車中所記載「木車」的裝飾是蒲蔽、犬𧜵、尾櫜、疏飾、小服皆疏。鄭注云：

> 鄭司農云：「蒲蔽謂贏蘭，車以蒲為蔽，天子喪服之車，漢儀亦然。犬𧜵以犬皮為覆笭，故書疏為揟。杜子春讀揟為沙。」玄謂蔽，車旁禦風塵者；犬，白犬皮。既以皮為覆笭，又以其尾為戈戟之弢。麤布飾二物之側為之緣，若攝服云。服讀為箙。小箙，刀劍、短兵之衣。此始遭喪所乘，為君之道尚微，備姦臣也。書曰：「以虎賁百人逆子釗。」亦為備焉。

士人堊車的裝飾是白狗幦、蒲蔽等。鄭注云：

未成豪狗。幦，覆笭也；以狗皮為之，取其臑也。白，於喪飾宜；古文幦為冪。蔽，藩；不在於驅馳。蒲蔽，牡蒲莖也；古文蔽作韍。笭間兵服，以犬為之，取堅也；亦白。金文錧為轄。約，繩；綏，所以引升車。古文鑣為苞。齊，翦也。今文髦為毛。主人之堊車，如王之木車。則齊衰以下，其乘素車、繅車、駹車、漆車與？

比較周禮巾車的「木車」和儀禮士喪禮的「堊車」，它們同有「蒲蔽」，犬複也就是白狗幦，都是覆在車軾上的犬皮。小服亦即犬服，是用來裝刀劍、短兵的袋子。只是小服是用疏布做的，犬服則用犬皮為之。案士人之小服用犬皮，天子反以疏布為之，蓋緣於儒者主張不同。否則，豈有天子反下於士人者？士人服喪大概用不著戈戟，所以並沒有尾櫜。至於策馬用的蒲菆、用繩子做的綏和轡、木材做的鑣以及所謂「馬不齊毛」，巾車的「木車」都沒有提及。但既然喪車是貴賤同制的，那麼木車上也應當和堊車同樣有這些裝飾。記又云：

主婦之車亦如之，疏布裧。

鄭注云：

裧者，車裳帷，於蓋弓垂之。

若此，則主婦之車應當和主人的堊車同制，只是多了疏布做成的幃裳。這幃裳是從車蓋上垂下來的。

記又云：

貳車，白狗攝服。其他皆如乘車。

鄭注云：

貳，副也。攝猶緣也。狗皮緣服差飾。其他如所乘惡車。

賈疏云：

依正禮，大夫以上有貳車，士卑無貳車，但以在喪可有副貳之車，非常法則。

胡培翬正義云：

敖氏云：「主人、婦人皆有貳車，各得開二乘，與其所乘者而三，士昏禮從車二乘是其數也。……此貳車亦惡車也。」吳氏紱云：「昏與喪皆大禮，昏則攝盛，喪中拜君命、拜賓，重其事，故出必備貳車。」

案敖氏之說蓋是。主婦亦當有貳車以載女眷，其制亦當如主人之貳車，唯有疏布裧稍異。主人之貳車除以白狗皮緣飾小服外，其他與主人所乘之堊車並無二致。記又云：

薦乘車，鹿淺幦、干、笮、革靾、載旜、載皮弁服。纓轡、貝勒，縣于衡。

鄭注云：

士乘棧車。鹿淺，鹿夏毛也。幦，覆笭。玉藻曰：「士齊車，鹿幦豹犆。」干，盾也。笮，矢箙也。靾，韁也。旜，旌旗之屬；通帛為旜，孤卿之所建，亦攝焉。皮弁服者，視朔之服。貝勒，貝飾勒。有干無兵，有箙無弓矢，明不用。古文靾為殺，旜為膳。

賈疏云：

此乘車及下道車、槀車，皆所謂魂車也。經於祖廟但云「薦車直東榮北輈」，未言車有三及所載物，故記詳之。

胡培翬正義云：

周禮司常孤卿建旜，大夫士建物，此士用而旜是攝盛也。釋例云：「喪有攝盛之禮，士喪禮復者以爵弁服。又陳襲事于房中纊極二，考極唯公射有之，此攝盛也。既夕禮大遣奠陳鼎五于門外，注云：『士禮特牲三鼎，盛葬奠加一等。』注謂盛葬奠即攝盛也。」然則此注云亦攝者，承上數者而言也。

就因為喪禮常有攝盛的例子，所以禮經釋例便懷疑此乘車亦當攝盛而為墨車。釋例云：

注說疑非，此乘車當亦攝盛用墨車。君賵，賓奠幣于棧，此謂柩車，非乘車也。

柩車用棧車，並不一定乘車就不能用棧車。此乘車既然是魂車，為死者之靈魂所憑依，則其制當如其生時所乘之車，而為棧車才是。此棧車蓋以鹿夏淺毛之皮覆車軾，備有盾與矢箙，馬轠以革為之。又經云：「馬纓三就」，則此夾馬頸以駕馬之馬鞅，為三重三匝。另外其勒頭是以貝殼為飾。由此亦可見，士人棧車至少有這些裝飾和配件。記又云：

道車載朝服。

鄭注云：

道車朝夕及燕出入車。朝服日視朝之服也，玄衣素裳。

賈疏云：

知道車朝夕及燕出入之車者，但士乘棧車更無別車，而上云乘車，下云槀車，此云道車，雖有一車，所用各異；故有乘車、道車、槀車之名。知道車朝夕者，案玉藻云：「朝玄端，夕深衣。」鄭注云：「謂大夫士也，私朝之服。春秋左氏傳云：『朝而不夕。』據朝於君是有朝無夕。」若然，云朝夕者，士家朝朝暮夕當家私朝之車。又云及燕出入者，謂士家游燕出入之車。案周禮夏官有道右、道僕，皆據象路而言道。又案司常云：「道車載旞。」鄭注云：「王以朝夕燕出入。」與此道車同，則士乘棧車與王乘象路同名道。

案賈氏之說是也。道車亦當為棧車，其用在於朝夕及燕出入時乘之。正義引吳氏廷華云：「道車次于乘車，故載朝服，其飾亦當小殺也。」道車和乘車、槀車之間的差別，應當也只在於裝飾的不同而已。只是究竟不同在那裡，那就很難考訂了。不過，道車和槀車只能建物而不能載旜以攝盛，這是可以確定的。記又云：

槀車載簑笠。

鄭注云：

槀，猶散也。散車以田以鄙之車。簑笠備雨服。今文槀為潦，凡道車、槀車之纓轡及勒亦縣于衡也。

賈疏云：

槀，猶散也者：案上乘車、道車皆據人之乘用為名，不取車上生稱，則此散車亦據人乘為號。知散車以田以鄙之車者：案司常云：「斿車載旌。」注云：「斿車，木路也。王以田以鄙。」謂王行小小田獵，巡行縣鄙。此散車與彼斿車同是游散所乘，故與斿車同解。若然，士亦與王同有以田以鄙者，亦謂從王以田以也。若正田獵，自用冠弁服、乘棧車也。……云今文稾為潦者，案周禮輸入為蓋，鄭云：「禮所謂潦車謂蓋車與？」若然，彼注此文則為稾車者，義亦通矣。

案周禮巾車「凡良車、散車不在等，其用無常。」賈疏云：「云凡者，以其眾多故也，此良車、散車二者皆不在於服車五乘之等列，作之有精粗，故有良散之名。」是此稾車不在服車五乘之列，蓋因其製作粗陋，故列之於乘車、道車之下而以為田獵之車。其車亦當為棧車之屬，唯更較道車粗劣。稾車既又云潦車，則應有車蓋。

七、士亦應有貳車

以上對於乘車、道車、稾車，大抵依據前人的論點加以敘說。由於經典沒有詳細的記載，我們對於士人道車、稾車的制度，實在很模糊。筆者以為，這三種車子既然是士人的魂車，是死者在世時平常所乘用的車子，那麼也實在可以說，士人平常所乘用的車子就是這三種。在士昏禮中，主人有副車二乘，士喪禮也有副車，應當也是二乘。我很懷疑所謂道車和稾車，其實就是士人平居乘乘車時，所隨從的兩部副車。「大夫以上有貳車，士卑無貳車」的說法，恐怕不足信。

我們在上文論說過，王若乘玉路，則以金、象、革、木四路為貳車；若乘金路，則以下三種貳車，諸侯當亦已類推。平常王乘金路的機會為多，大抵都以象路為開導的貳車，故以之稱為「先路」；鄭注「道車」也認為就是象路。應邵漢官儀謂「甘泉鹵簿，有道車五乘、遊車九乘在輿前。」

道車在輿前，說文「旞」字注云：「導車所以載全羽，以為允允進也。」又司常云：「道車載旞，斿車載旌。」是道車即導車矣！其所以名為「道車」，蓋為行路之先導也。鄭謂「行道德之車」，乃意會之辭，不足以為據。若此，士之「道車」亦應為士之「乘車」之「先導車」也。其制又比「乘車」下一等，即如王乘「金路」而以「象路」為道車一樣。至於「槀車」，就應當如賈疏所謂的「斿車」了。說文無「斿」字，玉篇「斿」或作「游」，是「斿車」亦即「游車」，據應邵漢官儀，它正是居於道車之後乘輿之前的貳車，周禮司常，鄭注遊車為木路，是王五路中最差的一種車子，因之用於田獵和巡行縣鄙。那麼，士人的「槀車」，就應當等於王的「木路」了。大概是因為以枯槁粗劣的木材所製成的，所以名之為「槀車」。

　　總觀以上所論，那麼我們對於士人的乘車、道車和槀車，可以這麼說明：當士人乘「乘車」以視朔時，在乘車之前就有道車和槀車以為貳車。士喪禮蓋以良散與否來序列這三種車子的，所以依著乘車、道車、槀車的秩序來序說。而當士人朝夕或遊宴出入的時候，就乘坐道車，以田以鄙時，就乘用槀車。這就好像王的五路各有其不同的用途。若此，所謂「士無貳車」之說，實在是有重新考慮的必要了。

貳、先秦駕車馬數考

一、士以至天子駕車馬數的擬定

由於上一章的考證，我們知道士昏禮的新郎和新娘都乘墨車以攝盛，其貳車應仍為棧車。公食大夫禮中的大夫也乘墨車，其副車或當屬棧車。覲禮之同姓諸侯始乘金路，其副車則為象、革、木之屬。及入國門為避王，乃改乘墨車，其副車自亦降為墨車。王賜同姓諸侯以金路。王朝日於東郊以祀，所乘之車為玉路，其副車為金、象、革、木之屬。士喪禮君往視斂所乘之車為象路，其貳車為革、木之屬。主人主婦乘堊車，其貳車亦為堊車。此外，乘車、道車、槀車、柩車、皆為棧車之屬。以上這些車子，究竟駕馭幾匹馬？這也是個很重要的問題。縱觀文獻記載，其間還是因身份階級而有所差別。請從士人說起。既夕禮云：

公賵玄纁束，馬兩。

鄭注云：

公，國君也。賵，所以助主人送葬。兩馬，士制也。

國君助主人送葬，賜之以馬，必如其制。因之，士人駕二馬大概沒什麼問題。不過，所謂駕兩馬，只是士人家居常乘之法，如果奉命出使，或征伐，為實際需要，則可以駕四馬。小雅北山云：

陟彼北山，言采其杞，偕偕士子，朝夕從事。王事靡盬，憂我父母。溥天之下，莫非王土，率土之濱，莫非王臣。大夫不均，我從事獨賢。四牡彭彭，王事傍傍。嘉我未老，鮮我方將，旅力方剛，經營四方。

這首詩中既言「偕偕士子」，又言「大夫不均，我從事獨賢。」則作者身份必為士人無疑。此蓋士人勞於王事，憂其不得孝養父母之詩。「四牡彭彭」，可見其四馬。又小雅杕杜云：

陟彼北山，言采其　。王事靡盬，憂我父母。檀車幝幝，四牡痯痯，征夫不遠。

此「征夫」雖未必為士，但士的可能性很大。因為當時士的主要任務在於作戰。據此可見士人之兵車所駕為四馬。至於大夫所駕，詩陳風株林云：

駕我乘馬，說于株野。乘我乘駒，朝食于株。

傳云：

大夫乘駒。

箋云：

馬六尺以下曰駒。

正義云：

皇皇者華說大夫出使，經云：「我馬唯駒」，是大夫之制，禮當乘駒。

按皇皇者華又有「六轡如濡」之語，可見亦駕四駒。史記孔子世家云：

魯君與之一乘兩馬。

左氏哀公十七年傳云：

春，衛侯為虎幄於藉圃。成求令名者，而與之始食焉。大子請使良夫，良夫乘衷甸兩馬，紫衣狐裘。

杜注云：

衷甸一轅車也。

孔疏云：

甸即乘也。四丘為甸，出車一乘，故以甸為名，是古者乘、甸同也。衛侯本許良夫服冕乘軒，則衛侯即入良夫為大夫矣。傳特言乘衷甸兩牡，則良夫不合乘之，故知為卿車也。兵車一轅，而二馬夾之，其外更有二驂，是為四馬。今止乘兩牡而謂之衷乘者，衷、中也。蓋以四馬為上乘，兩馬為中乘。大事駕四，小事駕二為等差故也。知大事駕四者，異義古毛詩說，天子之大夫皆駕四，故詩云：「四牡騑騑，周道倭遲」是也。如今乘輿有大駕、中駕、小駕，為行之等差也。其諸侯之大夫士唯駕二無四？二十七年陳成子以乘車兩馬賜顏涿聚之子。士喪禮云：「賵以兩馬。」是唯得駕兩無上乘也。下文大子數之三罪，衷甸不在其數。而傳言之者，積其奢僭多也。

案哀公二十七年傳「晉荀瑤帥師伐鄭，次于桐丘，鄭駟弘請救于齊，齊師將興，陳成子屬孤子三日朝，設乘車兩馬繫五邑焉。」杜注云：「乘車兩馬，大夫服，又加之五邑。」又魯君賜給孔子的，還是一乘兩馬。孔子、顏涿聚之子、衛良夫的身份都是諸侯大夫，其所乘車接駕二馬。可見諸侯的大夫平常都是駕兩馬的。但若遇大事，則可駕四馬。至於王的大夫，那可能是駕四馬的。如「皇皇者華」與「四牡」皆是。又覲禮侯氏以束帛乘馬儐使者，此使者雖不明言其身份，但很可能是天子的大夫。因之侯氏儐以四馬。毛傳以陳風株林所謂「乘我乘駒」為孔寧父所駕，故以為大夫之制，禮當乘駒而駕四。但此乘「乘駒」之人，恐未必是大夫。詩序云：「株林，刺靈公也。淫乎夏姬，驅馳而往，朝夕不休息焉。」則很可能指陳靈公，那麼自不能以「乘駒」來說明大夫之制了。

諸侯以上之路車駕四馬應當是沒什麼問題的。詩經中就有許多這種例證。諸如秦風「載驅」詠齊襄公與文姜聚會之詩，「駟鐵」詠秦君田獵之詩，「渭陽」詠秦康公送晉文公返國之詩，小雅「采菽」詠諸侯來朝，王賜以路車之詩，「烝民」為宣王命仲山甫築城於齊之詩，「韓奕」為韓侯入覲，王賜以車馬之詩，魯頌「有駜」、「泮水」、「閟宮」皆為美魯僖公之詩。以上諸詩所歌詠的對象都是諸侯，其乘車所駕，詩中皆言四馬。又覲禮云：

路先設，西上。路下西，亞之。

鄭注云：

路謂車也。凡君所乘車曰路。路下西，謂乘馬也。

這裡所謂的路車，是天子賜給同姓諸侯的金路，既言路下西，則路車駕四馬可知。因此，諸侯駕四馬是毫無疑問的。又小雅鴛鴦云：

乘馬在廐，摧之秣之。君子萬年，福祿艾之。

又周禮校人云：

掌王馬之政，辨六馬之屬。種馬一物，戎馬一物，齊馬一物，道馬一物，田馬一物，駑馬一物。凡頒良馬兒養，乘之乘馬，一師四圉。

鄭注云：

種謂上善似母者，以次差之。玉路駕種馬，戎路駕戎馬，金路駕齊馬，象路駕道馬，田路駕田馬。駑馬給宮中之役，……鄭思農云：「四疋為乘，養馬為圉。」

以上「鴛鴦」蓋為頌美天子之詩，其中說到「乘馬在廄」，可見天子所駕，一車亦為四馬。校人所掌，辨六馬之屬，可見各種車輛所駕之馬亦有所分別。王之良馬每匹養於一圉，乘馬養於四圉而由一師監之，亦可見王每車駕四馬。

由於前面的論述，我們知道天子、諸侯每車駕四馬，諸侯的大夫、士平常駕兩馬，有大事時亦可以駕四馬。若此，假如我們要決定儀禮諸篇各種車輛所駕馬數的話，那麼士喪禮的堊車、副車、婦車、乘車、道車、槀車以其皆屬士，故駕馬二匹，君視斂所乘之象路，自是駕四馬無疑。公食大夫禮的大夫，以其出使他國，當屬大事，故亦駕四馬。婚禮乘墨車以攝盛，亦屬大事，因此壻及婦車恐怕也有駕四的可能。詩小雅車舝「四牡騑騑，六轡如琴；覯爾新昏，以慰我心。」雖不能確定其身份，但若按照小雅為士大夫之詩的說法，則結婚的人不過大夫，大夫平常駕二馬，與士人同，遇大事乃駕四馬。則士人結婚時，亦應當攝盛駕四馬。其副車係屬棧車，因之當駕二馬。覲禮侯氏初乘金路，自然駕四無疑；次乘墨車入國門，亦當駕四馬，其副車如之。天子乘玉路朝日東郊，其副車十二乘，亦應皆駕四馬。

二、前人駕三、駕六之說

前人對於駕馬的問題，頗有不同的看法。詩干旄云：

子孑干旄，在浚之郊，素絲紕之，良馬四之。彼姝者子，何以畀之？孑孑干旟，在浚之都，素絲組之，良馬五之，彼姝者子，何以予之？孑孑干旌在浚之城，素絲祝之，良馬六之，……

毛傳略云：「四之，御四馬也。五之，驂馬五轡也。六之，四馬六轡也。」這種解釋法是大有考究餘地的。因為假如「四之」是「御四馬」的話，那麼在語法上，「五之」、「六之」的語法和「四之」並沒有兩樣。就應當是駕五馬、六馬了。但是，毛公大概認為從未有一車駕五馬或六馬的，因之，乃以五轡、六轡強解之。其實所謂四之、五之、六之，都只是詩人趁韻，以喻駕馬之盛而已，並未可以之強求其數也。即如詩中所謂「在浚之郊」、「之都」、「之城」，與所謂「孑孑干旄」、「干旟」、「干旌」亦皆因詩歌反覆吟詠為趁韻而改動字眼，我們也不必在「旄」、「旟」、「旌」上求其異同。

雖然，所謂『驂馬五轡』，則毛公已有駕三之說矣！干旄孔疏云：

王肅云：「古者一轅之車駕三馬則五轡，其大夫皆一轅車。夏后氏駕兩謂之麗，殷益以一騑謂之驂，周人又益一騑謂之駟，本從一驂而來，亦謂之驂。經言驂，則三馬之名。」又孔晁云：「作者歷言三王之法，此似述傳非毛旨也。何者？馬以引重，左右當均，一轅車以兩馬為服，傍以一馬驂之，則偏而不調，非人情也。株林曰：『乘我乘駒』，傳曰：『大夫乘駒』，則毛以大夫亦駕四也。且殷之制亦駕四。故王基云：『商頌曰：約軝錯衡，八鸞鏘鏘。是則殷駕四不駕三也』」。又異義天子駕數，易孟京、春秋公羊說天子駕六，毛詩說天子至大夫同駕四，士駕二。詩云「四牡彭彭」，武王所乘；「龍旂承祀，六轡耳耳」，魯僖所乘。「四牡騑騑，周道倭遲。」大夫所乘。謹案禮王度記曰：「天子駕六，諸侯與卿同駕四，大夫駕三，士駕二，庶人駕一。」說與易春秋同互之聞也。周禮校人掌王馬之政，凡頒良馬兒養，乘之乘馬，一師四圉，四馬為乘，此一圉者，養一馬兒一師監之也。尚書顧命，諸侯入應門皆布乘黃朱，言獻四黃馬朱鬣也。既實周天子駕六，校人則何不以馬與圉以六為數。顧命諸侯何以不獻六馬。王度記曰大夫駕三，經傳無所言，是自古無駕三之制也。

又說文：「驂，駕三馬也。」王筠說文句讀云：

左桓三年傳：「驂絓而止」。注云：「驂，騑馬。」正義云：『說文云：『騑、驂，旁馬。』是騑、驂為一也。初駕馬者，以二馬夾轅而已，又駕一馬，與兩服為參，故謂之驂；又駕一馬乃謂之駟。故說文云：『驂，駕三馬也。駟，一乘也。』兩服為主，以漸參之兩旁，二馬遂名為驂，故總舉一乘則謂之肆，專指騑馬則謂之驂。』筠案鄭風指言兩驂（義案鄭風大叔于田云：「叔于田，乘乘黃；兩服上襄，兩驂雁行。」）是孔疏確乎可信。然周時仍有駕三馬之制，則訓詁家所未言也。筠清館史頌敦曰：「馬三匹」，積古齋吳彝亦云，皆言王所賜也。吳彝上文云：「⿱矩鬯鬯、一卣、元袞衣、赤舄、金車。」則與分陝之周召相似，而馬止於一匹，不似文侯之命。馬四匹者，蓋周初體制固然。吳彝上文又云：「王在周成大室。」史頌敦亦曰：「在宗周」。知是時必在康、穆、昭之朝。否則亦在西周之世。頌之官曰史，則卑于吳，而亦曰三匹。且二器搨本，我皆有之，三字甚明白也。毛詩惟「四牡騑騑」是西周詩，「四黃」、「駟驖」皆東周詩，似西周賜馬皆止于三匹，東周賜給馬始四匹也。然左莊十八年傳曰虢公晉侯朝王，皆賜馬三匹。旁馬曰驂（元應四引皆有此及下二句，先言旁馬、與騑下說明相應，詩大叔于田，兩驂如舞，傳云：在旁曰驂。）居右為乘者，備非常也。（此說為別義，居當作車，史記衛世家，靈公與夫人同車，宦者雍渠參乘。項羽本紀沛公之參乘，樊噲者也。字皆作參。）

案左莊十八年傳云：

十八年春，虢公、晉侯朝王。王饗禮，命之宥，皆賜玉五瑴，馬三匹，非禮也。王命諸侯，名位不同，禮亦異數，不以禮假人。

左傳會箋云：

覲禮天子賜侯氏以車服四，亞之重賜無數。注四謂乘馬也。所加賜善物多少由恩也。……古無以三馬賜人者，三當作≡，≡古四字，脫一畫耳。文侯之命曰：「用賚爾馬四匹。」小雅采菽曰：「君子來朝，何錫予之？雖無予之，路車乘馬。」乘馬，四馬也。竹書紀年，武乙三十四年，周公季歷來朝，王賜玉十瑴、馬八匹。然則賜玉五瑴者，馬當四匹矣。虢當公爵，虢仲、虢叔，王季之子，則周當貴其位耳。

關於一車駕三馬的問題，可見前人已有所爭論。毛氏駕驂之說，與王肅駕三、易孟京駕六之說，蓋本漢制或當時制度立論。在漢畫像石裡面，我們雖然常可見到一車駕三馬的例子（如四川漢畫象磚第五圖「維蓋軺車」與徐州茅村漢墓畫象石圖版陸上之『軺車』皆駕三馬。）但這究竟是漢朝以後的事，在先秦，應當尚沒有這種情形。詩孔疏之論應當是很正確的。然而，何以吳彝、史頌敦之銘與左莊十八年傳都有三馬之說呢？其實這是因為一個錯字所引起的問題。吳彝、史頌敦所謂三馬的銘文是作這個樣子的：「〓」。所以金文家把它翻成「三馬」，但是毛公鼎所謂「四馬」的銘文，亦作「〓」。可見對於「〓」這個字，金文學者已經有不同的見解，蓋「四」字金文作「亖」。至若「四匹」如以合文書之，則為「〓」。我們再注意一下其銘文的體例，凡是作「〓」的，「亖」和「〓」兩字都很靠近，毛公鼎的「四月」二字，其間便有一個相當的距離。因之，所謂「〓」，我們可以說，其實就是「四匹」的合文，作為三匹應當是一種誤解。「毛公」為周王之族叔，算是個很尊貴的諸侯，其駕四馬應當是很自然的。又「吳」與「史頌」的身份也不算低，其駕四馬也並不算什麼僭越。那麼，左莊十八年傳所說的「三馬」，自然也是「三」與「四」之誤了。其致誤之故，當如後人解吳彝與史頌簋，以「〓」為三匹，而不是如會箋所說的由古四字「亖」脫一畫而來。如此說來，一車駕三馬，先秦根本無其制了。

叁、馬車的結構

在先秦典籍中，對於馬車的結構、形制記載得最為詳盡的，要算周禮考工記的輪人、輈人和輿人三職。但是，由於記文過於簡略，鄭注、賈疏亦時有誤解。因之考工記的車制，始終未能得到正確的解決。清代的學者像戴震考工記圖、程瑤田考工創物小記、阮元考工記車制圖解和錢坫車制考等於考工記的車制，都曾下過一番考訂的工夫。其中戴、阮二家成就較大，而尤以阮氏之說為精密。因之，我們若要了解考工記的車制，那麼參酌戴、阮二家的說法也就差不多了。底下我們且根據二家的說法略述馬車的各部名稱，同時列舉阮元推求車度所得的結論。並比較二家車制的異同。然後再根據田野考古所獲得的材料，來和考工記的車制印證，藉此求得一點結論。至於二家有關車制的論證，則俱見於皇清經解，此書隨處可得，我們無庸徵引贅述。

一、馬車的各部名稱

一部馬車的結構，可以分作輪、輿、輈、蓋四大部分。車上的各部名稱，也就以這四大部分做綱領來敘述。其中輪、輿、輈各細部名稱，依阮元氏車制圖解（皇清經解卷五十五）；蓋則依戴氏考工記圖。

1輪：輪網謂之牙，大車之牙謂之渠。輪輮謂之輻，轂者輻所湊，轂中空謂之藪。藪由輻以內為大穿，由輻以外為小穿；大穿謂之賢，小穿謂之軹。入轂謂之菑，入牙謂之蚤。輻近轂謂之股，近牙謂之骹不滿牙曰綆。

2輿：車上受物曰輿，輿下四面材謂之軫，軫謂之收。輿前橫木謂之式，左右板謂之輢，輢之反出謂之輒，輢立木達輒謂之較。車轖謂之軨。轛，橫軨也；軹，直軨也。輿下鉤軸者為轐，轐謂之輹，輹謂之伏兔。當式下圍輈者曰軓。所以揜軓謂之陰。

3輈：曲轅駕馬者謂之輈。輈由軓以上為疾，疾謂之頸。輈後投任正，謂之踵；當伏兔者為當兔。輈兩端木為任木，前端駕馬為衡，任後端持輿為任正。衡高下扼馬者曰軶，軶謂之鳥啄，衡下兩軶曰兩軥。所以貫轂謂之軸，軸末謂之軎，或作轊，軎謂之軌，軌謂之軹，軎上鍵謂之舝，舝謂之軨。又謂之轄。

4蓋：蓋施於輿上所以避雨淋日晒。蓋斗曰部，其柄謂之達常，蓋杠謂之桯，達常下入桯中。弓者蓋橑，長六尺謂之庇軹，五尺謂之庇輪，四尺謂之庇軫。

二、阮元所推求的考工車度

此節為阮元根據他的車制圖解所推求出來的車身尺度，茲錄其結論如下，至於其推求之過程，則一概略去。「鄭」表示鄭康成所推求之尺度。

輪崇：六尺——合一四〇・五八公分（一尺等於〇・二一三公尺）

輪周：二丈零七寸三分四釐——合四四一・六三四二公分

軌長：八尺
牙面：一尺一寸——合二三・四三公分（牙圍）
牙面漆者：七寸三分三釐三毫——合一五・六一九二九公分。
不漆者：三寸六分六釐六毫——合七・八〇八五八公分
牙厚二寸：四・二六公分
轂長：二尺九寸三分三釐三毫（鄭：三尺二寸）——合六二・四七九二九公分
轂圍：二尺九寸三分三釐三毫——合六二・四七九二九公分。
轂徑：九寸三分三釐七豪（鄭：一尺三公寸之二）——一九・九八七二一公分
賢圍：一尺七寸六分
軹圍：一尺一寸七分三釐三毫
賢徑：五寸七分零四毫（鄭：六寸五分之二）
軹徑：三寸七分三釐四毫（鄭：四寸十五分寸之四）
小穿長：一尺八寸二分二釐二毫（鄭：一尺九寸）
大穿長：九寸一分一釐一毫（鄭：九寸半）
輻數：三十
輻長：一尺七寸三分三釐一毫
輻博：二寸（鄭：不得過三寸）

輻厚：六分六釐六毫（鄭：一寸奇）
輻股長：一尺一寸八分八釐四毫
輻骹長：五寸七分七釐七毫
股圍：五寸一分四釐一毫
骹圍：三寸四分二釐六毫
綆：六分六釐六毫
弱長：三寸
蚤長：三寸
輿廣：六尺六寸
隧深：四尺四寸
式深：一尺四寸六分六釐六毫
輢較深：二尺九寸三分三釐三毫
式長：六尺六寸（鄭：九尺五寸三分寸之一）
式崇：三尺三寸
較崇于式二尺二寸，通高：五尺五寸
四軫圍：一尺一寸
式圍：七寸三分三釐毫

較圍：四寸八分八釐八毫
軹圍：三寸二分五釐九毫
轛圍：二寸一分七釐二毫
輈身中心長：一丈五尺二寸三分六釐六毫
田馬輈身中心長：一丈四尺三寸四分四釐一毫
駑馬輈身中心長：一丈二尺八寸零一毫
當兎圍：一尺五寸二分三釐六毫
頸圍：一尺零一分五釐零
踵圍：八寸一分二釐
衡長：六尺六寸
衡圍：一尺三寸二分
任正長：六尺六寸
任正圍：一尺五寸二分三釐六毫
軸長：一丈二尺
軸圍：一尺三寸二分
鐗金厚：七分四釐九毫

三、戴、阮有關考工車制的異同

近人羅鏞氏曾撰「模制考工記車制記」。略述其製作考工之車，乃依據「戴東原考工記圖」與「阮元車制圖解」二家之說。而戴、阮之說，各有異同，羅氏於文中列舉其較著者，共計八點，茲錄之於後，並略加按語，以供參考。

(一)鄭注牙圍，戴氏以為是牙四面之度；阮氏則謂牙圍尺一寸者，即牙大圜面寬一尺一寸，立五證以難鄭義。據是則轂長、轂圍皆與戴異，今依其說，令牙大圜面寬一尺一寸，牙厚二寸，以成其說。

義按：記文「參分其牙圍而漆其二」，鄭注云：「不漆其踐地者也。漆者七寸三分寸之一。不漆者三寸三分之二。令牙厚一寸三分寸之二，則內外面不漆者各一寸也。」細繹鄭氏此義，蓋以牙圍一尺一寸為牙內外二面及建輻一邊，踐地一邊，共四面之圍。但牙厚與牙寬之度無以定之，所謂牙厚一寸三分寸之二，乃鄭氏假說之辭，毫無根據。因之，阮氏別以「牙圍」為「輞牙周帀之大圜圍」解之，是以此周帀之大圜圍一尺一寸為牙寬矣。不過這個數字和地下出土的實物比較起來相差甚大，也就是說從未有過這麼寬的車牙。因此阮氏之說，頗可商榷。（詳下文出土實物與考工記車制的比較一節）。

(二)鄭注訓以其圍之防捎其藪，防為三分之一，是賢軹之中轂空之長，阮氏之藪為轂中空之通名，是則轂中自大穿至小穿以漸而狹；但阮氏既無明文，不敢臆度，約略制就，尚待考定。

義案：考工記「椁其漆內而中詘之以為之轂長，以其長為之圍。」鄭注云：六尺六寸之輪，漆內六尺四寸（義案：以其上下不漆者各一寸。）是為轂長三尺二寸，圍徑一尺三寸之二也。」因為對于

「牙圍」的見解不同，所以鄭氏和阮氏所推求出來的轂長和轂圍也就有所差異。而大穿、小穿之徑又由轂長求得，所以鄭氏推求出來的是大穿徑六寸十分寸之一強，小穿徑四寸四十分寸之三弱（此據戴氏密率改正之。）至於孰是孰非，請詳下文以實物論證之。

（三）鄭注今輻廣三寸，戴氏以為太寬，宜不得過三寸，實則即今輻廣殺於三寸，其出牙外者仍一寸餘，倍牙之厚。阮氏以為輻骹不滿牙曰綆，今服之不殺者視之，正與牙平，並不出外，由是定為牙厚二寸，今據制之。

（四）戴氏就通說輢為直立，阮氏以為軒車、棧車之異，唯在車耳之有無，定騎上反出謂之輒，然反出之度，阮無明文，今據圖約略定之。

（五）軓陰之制，戴未詳言，阮氏為圖以明之，較確鑿矣！尺度仍無確數，今約略以任正之半為軓之高，俾輈在輿下無低昂之差，陰板高下亦據圖比擬為之。

（六）戴據鄭注定輈投高長之度，阮氏以為衡軓之間太短，不能容馬，頸過高，為馬首所不及，因據記算之，定為四尺七寸，輈深為輈中半圓之度，軓前十尺為自軓至頸之通徑，因以羸朒二數求得輈心之長，其說似矣！然以實驗考之，輈背過節，出於軾上，苟駕而行，必且危殆不安，但阮說如是，今據製之。

（七）據戴說輿前無軓，後無任正，輈無所附。阮氏以為十分輈，以一為任正，應與輿廣等，橫安車後，較戴為密，然阮氏於牙圍謂記文中所謂圍皆指圓言，故與下四面之收皆為圓木。設任木亦為圓木者，必且無術使後軫相固，即設法釘固，行且脫離。其後略為通變，使輿上四面之軫皆不復圓，任正亦為方木，乃始膠固，但背阮元所明圍之通義矣。

（八）戴氏以為軥軶即在衡中，故其所圖，於衡上缺兩端使成軶狀。阮氏以為軥軶本另為一物，束之於衡，而軶之大小未有明文，今約略據圖製而束之。

案上舉羅氏所列戴、阮二氏之異同各點，詳見國立中山大學語言歷史研究所周刊四集四八期。（期復原圖見圖版壹右上、右下）

四、田野考古所出土的車馬

民國以來，在田野考古上，發掘了許多的車馬坑，如小屯殷墟車馬坑（見中國考古學報第二冊），安陽大司空村殷周車馬坑（見考古學報一九五五年第九期）、張家坡西周車馬坑（見考古一九五九年第一〇期）、濬縣辛村西周車馬坑（見考古學專刊乙種第一三號濬縣辛村）、上村嶺東西周虢國墓地車馬坑（見上村嶺虢國墓地發掘報告）、輝縣琉璃閣戰國車馬坑（見輝縣發掘報告）、長沙西漢車馬坑（見長沙發掘報告）。這些車馬坑所屬的年代自殷商至西漢，由此我們不難領會到從商代至西漢這一千多年間車子的具體形制，同時也可以觀察出，其間車制遞變的種種迹象。上面對於考工記的車制，我們已經有了簡略的提示。那麼，現在我們又可以拿這些地下出土的馬車來和考工記所記載的馬車形制相為印證，藉此來考驗考工記的可靠性，和它所記述的車制究竟代表那一個時代。為此，請先略述各車馬坑的發掘報告。

甲、小屯殷墟車馬坑：

在洹北侯家莊西北岡發掘的時候，發現了許多像車上的用品，附近並有馬坑，所以我們叫它車器。第十三次在小屯發掘，也發現了與西北岡相同的車器，而整個的形制確與甲骨金文等車字相像，所以我們便叫它「車」。車坑共有五處：四處經過了後代墓葬的破壞和擾亂，僅殘遺些少數的銅泡和馬骨。一處尚稱完整，其中也只埋著一輛車。雖然為數只有一輛，但在埋葬時，經填土的動力的摧毀，和打夯的壓力的下軋，已由立體的形制，變為平面的堆積，且木質均已腐朽，僅餘不相連續的銅飾，各種裝飾品的部位，也非絕對正確，所以精確的結構如何，很難復原。

坑形長方，南北長約二・八〇公尺，東西寬約二公尺，深度約地面下〇・八〇工尺，在坑的南端並排著四匹馬，口齒齊向東南，頭部清晰，並有羈飾。由羈飾排列樣子，可以知道羈的形狀，由飾上附著之纖維觀察，似係皮質。羈飾分銅、貝二種，銅的為圓泡，以一個為單位，每羈約五十多個，泡上有星形獸頭等不同的花紋；以兩個為單位，每羈約百餘個，多為稍加琢磨之天然貝。接近口部則羈分叉的穿入鑣的兩孔中，鑣後有鼻，可穿繩連在馬嘴的下部，或為繁纓之用，鑣中有孔可以銜（一九——二二），杏葉形的銅器叫「當盧」（一五——一八），有大小兩種各二個。羈與當盧各四具，本當連在馬頭上，但現在有一部分已與馬頭離開，銅鈴四個，兩個接近馬頭（二四、二五），一個在輿內的東南隅（二六），一個在坑的西北角（二七）。在四匹馬的頸上有東西一行銅泡，想係衡上的裝飾品（六五），由裝飾品的範圍測量，可以推知衡長約一公尺四・二，軛之銅飾與衡成直角相接（九、一一）兩軛首相距約八公寸五。軛飾由三部合成，一個軛首，兩個軛腳，腳的下部為管狀，並有一孔可穿繩，上部為半管狀，其中有木質，其上並有精美的松綠石星形紋飾。

由軛首到軛腳共長〇．五〇公尺，兩腳相距，據相存的殘跡，為〇．三二公尺到〇．四五公尺，又有兩個軛首（一三、一四），沒有軛腳，它的放置是參雜在銅軛的中間，與馬有相當的關係。一個大形的銅質獸頭（二三）側放在坑的東南隅。很顯明的是被動力摧毀後的現象，據我們推測乃當為最前方之轅頭飾。

居中為輿，呈簸箕形，狹而向前，據而向後，周圍以四十個銅泡所組成（三〇——三一）輿的正前方為一個長方形銅質獸面（二八）。面部向上，弧度與輿身相符合，下面呈瓦凹形，似附著於轅上，其中有很厚的木質痕跡，裡面有二鼻可牢結於轅輿。輿後為一個側置的長方形銅片，面上有兩個突起的圓泡，向著正後方（二九）。四個長方形的杠頭排列得不很規律（五——八），也不知它的用途。輿的西北隅的一件器物（四四），想係車的後尾，輿的西南隅的一件器物（四五），或為軸飾。由輿底到馬頸兩面各有一行銅泡，想係引飾（六三、六四）。

輿的內外分布著三套武器；第一套計馬頭刀一把（四〇）、石戈一件、石鏃十個（三四）、弓形飾一個（三二）、礪石二塊（三六、三七）等五種，附帶的有璧一個（三三），石獸頭一個（三一）……這三套武器可分為兩類：一類精工，即第一套；第二類即二、三套，不若前一套精工。由這些武器的啟示，顯然有主僕之分；由第二、三套武器的量的啓示，有御射之別；那麼這個現象或者是戰士三人，一主一僕；僕從二人，一御一射。根據這個想像，可以推知這是戰國的用品，且是一個單位，而一個單位的戰備需：車一輛、馬四匹、戰士三名，武器三套。

按小屯出土的這種兵車，石璋如先生已經予以復原，並製成模型。石先生曾向筆者說，近來再仔細研究後，又有些新的發現，見解和當年寫發掘報告時略有出入。石先生已撰為論文，惜未及採錄，這裡姑且照錄其原來之發掘報告。

乙、安陽大司空村殷周車馬坑

一九五二年秋，在洛陽東郊發掘了一個殷周間的車馬坑。有車一輛、馬二匹，與車馬人連帶埋葬的，還有車飾、貝飾、馬飾、金飾、骨飾及兵器等。此車的木質雖已腐朽，而賴土槽保護，所印上的車子痕跡還很清楚，根據這些遺痕雖不能辨明它的詳細結構，但是大體的形制還可以看出來，是由二輪、一軸、一輈、一輿四部分構成的，各部分殘存的情形如下：

輪兩個，相距二・一五公尺（從兩輪的內面量起）右側一輪因土槽寬大，木質腐朽後均剝落於槽底，其結構已不詳，左側的輪，因土槽窄小，在槽內的一半腐朽，輪形仍貼立於槽的壁上，輞（或牙）、輻、轂等遺痕都很清楚，輪徑一・四六公尺，輞的斷面為〇・六六公尺的滿圓形木條，顯然是由一根或數段揉曲相接而成的，輻所存的痕跡（大半圓）有一〇根，□兩輻相對的直線來分，半輪佔九根，全輪的輻數當是一八根，輻長〇・五四公尺，近輞端寬〇・〇五公尺，近轂端寬〇・〇三五公尺，輻的斷面呈橢圓形，轂殘長約〇・二二公尺，直徑約〇・二六公尺，藪（孔）徑約〇・一四公尺，轂的賢端長約〇・一二公尺，軹端殘存長〇・〇四公尺（一部分腐朽後落於槽底），賢軹之間建輻處，寬為〇・〇四公尺。

軸橫貫兩輪之中，長三公尺，中部遺痕寬〇・〇七公尺，軸端由□內所存之木側知其徑為〇・〇四一公尺，由於兩□所在位置比較正確，所以軸的長度亦較可靠，但因灰痕太薄，其截徑正確形狀則無法測知。

輈在車前的正中，與軸相交成十字形，通長約二・八公尺，在輿前有長約○・七五公尺的一段，保存較好，斷面呈圓形，直徑○・一一公尺，輈的後端（輿後）長約○・四七公尺的一段，斜向右方，可能是因為輈木不直所致。放輈的土槽，成斜坡形，輈前端的槽身○・三二公尺，愈向北則愈淺，至輿後僅深○・一五公尺，這種現象說明輈的前部高於輈的後部，是向上翹起的，為了使輈與坑底平實，挖槽時特將前端挖深。一九五二年秋洛陽發掘的西周墓（墓一五一）所出車輈的前端也向上翹起，一九五○年輝縣發掘的戰國時代的車也是如此。衡的腐朽遺跡在輈端兩側及馬頸的附近，因木質痕跡已散成一片，其尺寸無法求知，但从橫排的銅泡來看，其長度可能是一・二公尺左右（兩馬頭後邊橫排的小銅泡可能即是衡飾）。

輿在兩輪中間，兩側各距○・六公尺，因木質的痕跡太薄，詳細結構無法得知。僅在軸、輈之上有一寬○・九四公尺，長○・七五公尺的長方形樞形的土槽，當是輿底四軫木的遺痕。軫木寬○・○五公尺，深○・○四公尺，下平截面作方形，軫木所圍的方樞，若與車的全體相比較，似乎略小些，至於輿上的車欄，已無法從灰痕中看出。

根據輪、軸、輈、輿等各部的遺痕和土槽的深淺，可以可出它們的結合與相重疊的情形，軸的槽最深，輈的槽次之，輿槽（軫）最淺，也就是軸在最下，輈壓於軸上，而輿又在輈之上。這樣是與車的結構相符合的。至於車的細部結構究竟是以榫木相接，還是用皮條或繩索縛繫，現尚無法推知。

上述各部分的尺寸，均係按出土時的遺痕實地測得的，與原來車的尺度可能有一些出入，但不會差得太遠。復原的車圖的輪、軸、輿等部，都是根據出土的實際情形而製，而輈上翹的彎度，係據土槽深淺的情形及洛陽輝縣出土的西周和戰國時代的輈形復原的，這可能有些出入。

丙、張家坡西周車馬坑

在張家坡發掘了四座車馬坑，另外已經探明而尚未發掘的還有三座，這些車馬坑都集中在幾百平方米的範圍內，它們很可能都是同一家族的。

已經發掘的四座車馬坑中，最少的埋一輛車，二匹馬。最多的是三輛車，八匹馬，在每一座車馬坑中都有一個殉葬人。

車馬埋葬的情形大致相同，在坑座相當車輪的地方挖兩個半輪深的土槽，輪子的下半段就放在土槽內，車軸和車轅就貼在坑底上，車箱就不懸空了。

在車轅的兩邊各有一個橢圓形的淺土槽，每個土槽裡放一匹或二匹馬，馬的四肢踡屈，像是跪伏著一樣，顯然是弄死以後再擺佈的，馬骨的上下都鋪蓋蓆子，馬頭都伸在土槽的外面。

殉葬人有的壓在車箱下面，有的在車箱後面橫掏一個龕，把人架塞在裡面，殉葬人的葬式除去一具因沒有完全剝出而不明以外，其他三個都是俯身伸直葬，頭都向車子的右邊。

在四座車馬坑中，保存最好，包含最豐富的是第二號車馬坑（見圖版貳上）。

第二號車馬坑長五·六公尺，寬三·四公尺，深二·六公尺，坑內有二輛車，南北並列，車轅都向東，南邊的編為第一號車，駕四匹馬，北邊的編為第二號車，駕二匹馬，殉葬人被壓在第一號車的車廂下面。

車子都是一根輈子，和過去發掘的殷代或東周時期的車子，在基本構造上是相同的，第二號車比較別緻，用它為例子，說明車子的結構。（見圖版肆右上）

車輪的直徑一三五公分，輪子中間的車轂長四八公分，轂中間的直徑較粗，兩端漸細而箍以銅輨，輻條二一根，兩個輪子間的距離為二二〇公分。

車軸全長二九四公分，軸兩端套銅的軎和轄，車軸上有兩個橢圓形的伏兔，墊在車箱的兩側下。

車轅壓在車軸上，全長二九〇公分，在車箱前面的一段微微向上揚起。

車箱平面呈六角形，左右寬一四〇公分，前後長六〇公分，車箱前面很矮，只高八公分，輢較高約二〇公分，在靠近車箱的前方，有一根橫貫車箱的軾，高與輢相等。車門在車箱的後面，車箱底部是鋪木板還是穿皮條，痕跡不清。

車衡壓在轅頭上，這個車的衡長一九〇公分，比一般的車衡長出很多，衡的兩端逐漸變細，向上翹起兩端各插一件銅矛，還垂著用朱色織物串土貝蚌而成的飾物，在靠近轅兩側的衡上，有用蚌泡和貝組成的花朵狀裝飾，且和轡帶相連，可能是安轙的地方。

軛縛在衡的後邊，軛上端各套有一個橢圓的銅箍，銅箍上有兩個鼻，馬背上的皮帶，大概就結在鼻上。

第一號車的車箱略有不同，車箱是長方形的，寬一三八公分，長六八公分，四角的立柱高在四五公分以上，車箱的前面有很矮的闌干，用豎的小木條編成。兩側的闌干，似略高一些，車門在車箱後面，寬四〇公分，車門兩邊是高三二公分的闌干，也是用豎木條編成的。

丁、濬縣辛村西周車馬坑

一九三三年四月至十二月前後四次，在河南省濬縣辛村發掘了許多年代大約屬於西周至東周初年的貴族墓地。其中有車馬坑兩座，馬坑十二座。

第三號大型車馬坑在第一七號大型墓東南約四二公尺處，坑內出車約一二輛，馬骨七二架，犬骨八架，規模頗大。因為這車馬坑接近一七號大型墓，所以很可能是它的車棚馬廄。根據現存狀況推測，馬入葬時皆無絡頭繮繩，犬亦只帶項圈環鈴，故下坑頗為自由。及至埋葬時，先掩墟土一層，犬馬皆集中墓室南半壁躲避，再將車器、輪、輈、衡、軛拆散投入，皆壓在馬身上。故出土馬骨，互相擠壓，狀至雜亂。車器因系拆散投入，致成對之物，往往相距甚遠，必以形制相符始能配合；但成組之物，如衡之于軛，枒之于輪，賴有本身本質聯係未亂，故今日得因距離或形狀而分爺予以組合或復原。

第二五號大型車馬坑在第一號大墓正西一五公尺，葬淺而大盜挖掘最甚，因之車馬坑破壞殘缺。其遺存物較之第三號車馬坑所出相差甚遠。但按此坑面積之大及雜亂眾多的馬骨來推證，倘不被破壞，至少應有車七、八輛，馬骨三、四十架，規模不可謂小。

按以上兩座車馬坑沒有具體的馬車出現，所出土的只是零星的車馬飾和馬車的部分結構，茲將其車馬飾附於下文敘述，此不更贅。

戊、上村嶺東西周虢國墓地車馬坑

上村嶺虢國墓地，在河南省三門峽市。一九五九年開始發掘，得有車馬坑，其所屬時代為東西周之際。車馬坑有三處，共出土車二十五輛、馬五十匹，其中編號為一七二七之車馬坑，出車五輛、馬十匹。一〇五一出車十輛、馬二十匹。一八一出車十輛、馬二十匹，茲分述如次：

一七二七號車馬坑中之第三號車子結構：車兩輪的外沿相距（即軌寬）一八四公分。車輪直徑經復原結果為一二六公分，半徑為六三公分（其絕對值當為六三・〇二四）。牙高與牙寬皆為六公分。

轂外形如削去尖端的欖核，全長三五公分（AB）。露出輪外部分為十二公分（AC）；露出輪裡部分為十七公分（DB）。容輻處最大，直徑一八・七公分（轂半徑），外端直徑一三・一公分（AE），內端直徑一四・七公分（FG）。

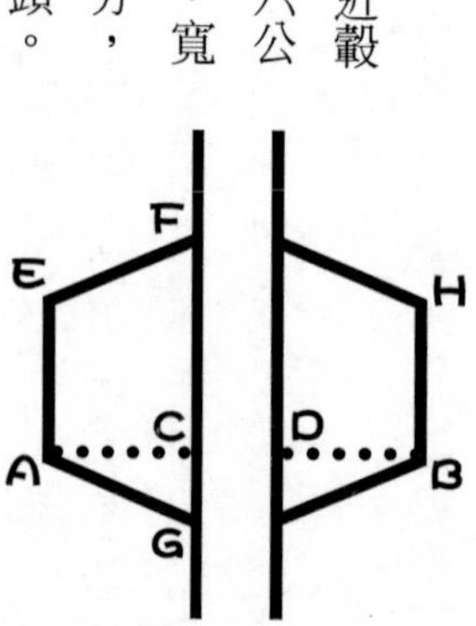

轂距牙輪四七公分，中間安置二五根輻條。輻條的剖面作長方形。近轂處高一公分，寬三・七公分，比鄰兩輻距離一・五公分，近牙處高一・六公分，寬二・七公分，比鄰兩輻相距離一・五公分，近牙處高一・六公分，寬二・七公分，比鄰兩輻相距一二公分。兩轂間貫以車軸。軸長二二二公分，剖面作圓形，直徑六・七公分。軸靠近兩轂內端處，各有一塊長方形木頭。長一五公分，寬七公分，高三公分，可能是伏兔。軸木正中處上面壓著一根輈目，相交處至輈後端距離為四十公分。輈目前端被壓在第二號車箱下，露出部分長二五〇公分。輈剖面作圓形，後端直徑七・八公分；嚼於前軫處直徑八・二公分；距後端二五〇公分處直徑為五・五公分。輈處前後軫交接處都有凹入的印槽。輈木壓在車箱下面部分與車底座平行，出車底後，逐漸向上作弧線彎曲，到距後端二三五公分處，曲線又漸走向水平，整個外形如草書「之」字之形。

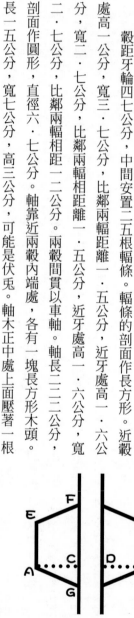

（見圖版叁下）

第三號車的衡、軛都被壓在第二號車的車廂下，形制不詳。

車箱（輿），放在轅木和帶狀伏兎的軸木上。車箱位置稍微向前，以軸的中線為準，距車箱底部的前沿四六公分，後沿四〇公分。車箱底部的後沿和轅的後端平齊。輿之底部由四根木條湊成外框，作圓角長方形，前後深入六公分，左右寬一三〇公分。這四根軫木高四・三公分，寬三・三公分，下邊齊平，上邊外緣轉角處成弧形，內緣向下凹陷。凹下部分寬二・四公分，深一公分，用以容納四周欄干的直處和放置底板。為著安插欄干，除四角各有一柱孔外，前軫又有十六，左右軫各有九，後軫十二。柱孔作圓柱形，後軫靠門的兩個柱孔較大，其餘的孔徑〇・九公分，深〇・六公分，比鄰兩孔相距六公分。（見圖版陸右上）

底座兩側距左右軫二九公分處，有兩根前後平行的圓木條，每條露出部分長七八・五公分，直徑五公分。車箱四面都有欄干，後面欄干正中有寬三四公分的缺口，作為乘車升降之門。每面欄干的形制、尺寸和結構，都大致相同。欄干除軫木外，有四根橫條，其距底座之高度是七・五公分、一五公分、二二・五公分、三〇公分。

前軾的橫條長一三〇公分；兩側輢的橫條長八六公分，後面左右遮欄的橫條各長四八公分，四面的轉角處為圓角。橫條的剖面作橢圓形，最上一根較粗，高一・三公分，寬二・三公分。其他三根較細，高〇・九公分，寬一・九公分。橫條都有柱孔，數目與底座四軫孔數相同。最上一根柱孔不貫穿，孔徑寬〇・六公分，深〇・八公分。其他三根柱孔皆貫穿，孔徑〇・九厘米。直柱的數目和四面橫條的柱孔相同。直柱每根長三〇公分，剖面作圓形，直徑〇．九公分，上端較細，直徑〇．六公分，直柱的上下兩端分別插入最上一根橫條和底座四周軫木的柱孔內，中間則貫穿其餘三根橫條的柱孔。（見圖版陸右上）

距前軾三二公分處安有橫軾。橫軾橫跨車箱，兩端向下彎曲，沿左右輢插入車底（見圖版叁下）橫軾跨長一三六公分，高出車底五五公分，剖面作圓形，直徑三公分。橫軾正中處有一根支柱，支柱上端插入橫軾，上端到二八公分一段上下垂直。從二八公分處折為水平方向，交于前軾最高的一根橫條，然後越過前軾，向下斜入距車箱前沿十一公分的輈木上。支柱的剖面作圓形，交于橫軾處直徑三公分，交前軾處直徑二．七公分（見圖版叁下）。

以下的輈、衡、軛結構，是根據二號車的尺寸，其形制並見圖版叁下。

輈：全木二九六公分，輈之後端作圓形，後端直徑七．八公分，交于前軫處直徑為八公分，前端直徑五．五公分。輈木壓在車箱下面的部分和車的底座平行，出車底座後，逐漸向上作弧線彎曲，到距離後端二三五公分處，曲線又逐漸趨向水平。輈的上端向上翹起十七公分。如將車箱扶正，使底座成水平，按輈木彎曲的度數推算。則輈的前端當距地面高一一五公分，這高度是很適合于駕馭馬匹。

衡木橫壓在輈木上，交于距輈木前端十八公分，衡木長一四〇公分，剖面作圓形，直徑三．八公分。

軛有軛木兩個，分別交于衡木後側。軛的頂部已毀，現存高為三五公分，空處高二四公分，全寬三七公分，空處寬十九公分，兩股剖面略作為馬蹄形，外邊弧形，內則平直，徑三五公分，下端卷曲，徑三公分。

第一〇五一號車馬坑：

坑內有十輛車和二十匹馬。各車結構和一七二七號車馬坑大致相同。較為特殊者為第七號車，車之軸木、軛木上都附有青銅制的車飾。每輪的牙上都釘有U字形牙飾，位置恰在車輪直徑的兩端。軛木有兩個，全高五二公分，空處高二七公分，全寬三六．五公分，空處寬十二公分，頂部高二四公分，上窄下寬，上端剖面作橢圓形，寬五公分，厚二．五公分。安有銅軛首飾，軛首飾高六．四公分，下端剖面略作圓角長方形，寬一五．三公分，厚三．五公分。兩股上端剖面作橢圓形，寬六．三公分，厚三公分，每股外側各有一件銅圈，徑五．一公分，末端向外卷曲，剖面略作橢圓形，寬三公分，厚二公分，安有銅飾軛腳，軛腳飾五．五公分。

第一八一一號車坑：坑內有十輛車，馬二十匹。各車的結構與一七二七車馬坑的車子大致相同。

己、輝縣琉璃閣戰國車馬坑

這是一九五〇年秋所發掘的車馬坑，它原屬貴族的墓地，屬於戰國時代。（見圖版貳下，圖版叁上）

車馬坑的形制：在一三七平方尺面積內，放置十九輛木構的車子。這些車子排列得很整齊，分做兩列，北列十一輛，南列八輛，各輛車都朝向東方。北列最東一輛車子（即一號車有銅飾，是十九輛中唯一有銅飾的車子，當事葬時在車子行列中走在最前面的一輛）。設有鸞鈴，似即周禮春官冢人所提及的送葬的鸞車。第二號至十七號的車箱都是寬而短的，但十八和十九號卻是狹而長的。這第十九號便是最後的一輛，他的附近有車蓬的遺留，當是屬於它的。這一車在舉發葬時當是走在車子行列的最末尾，但放置入車坑時，因為行列中間所留的空隙很狹，南半一系列的車子，次序當顛倒過來，將後面的先放進去。這最末的一輛，也許是運靈柩的車子——喪輲車。釋名釋制說：「輿棺之車曰輲，其蓋曰柳，亦曰鼈甲，似鼈甲然也。」這一輛車子，長為一．九×一．二米。如果棺木向固圍村第一墓所出的那樣大（長寬二．三×一．一）或長沙五里牌第四〇六號戰國的木棺那樣大小（長寬二．一×〇．九），是可以容得下去的，僅後端稍露於外面而已。第二號至十七號第十六輛車子，除去第五號是特小的車子以外，其餘十五輛可以依照他們車廂的大小區分為三類：大號車車箱寬一．四；中號車一．二五至一．三；小號車一．一米。但各車的雙輪間距離（即車軌寬度），除特小的第五號是一．四米外，其他十八輛不管其車箱的大小，都是一．九米左右。這些大小不同的車子的排列，如果以三輛為一組，其二——四輛，六——八輛這兩組，都是前面小號，中間小號，後面中號。第九——十一輛一組都是小號，第十二——十七兩組都是大號車。至於最後兩個車輛，即十八、十九，車箱狹長，和其餘的各車不同。（上述各車大小及排列見圖版貳下，圖版叁上）。

車子的結構：在十九輛車子中，選出五輛作為代表。依其車箱寬度不同，可代表四種類型。除特小的一型僅有一輛，結構還無法復原外，其餘三型已復原做成小模型。

第一號車（圖版肆左上）：這是唯一有銅飾的車子。轂之兩端都有一個由兩鐵所組成的銅箍，即說文之所謂輨。轂露出輪外部分為十六（單位為厘米，下同），露出輪裡部分為九。這車和其餘的車一樣，都沒有發現有轄的痕跡。車箱的前方有高九的欄干，橫條三根，直柱連兩側十三根都是直徑一。緊靠欄干後面有徑粗約二．二的直柱五根，至高二六處曲折向後。轉折處有小圓球為飾。斜向後伸約四六，和一橫貫車箱的軾木相結。正中一根將近和橫梁相結處岐分二枝。這伏軾橫梁直徑四五，兩端和車箱兩側的車輢相連結，橫梁後面似乎有一半圓形的木板，平放著向後延伸。輢的下半段也有欄干。欄干的直柱連兩端十一根，橫條三根，是接續軾前欄干的三列橫條。車輢欄干後面有較粗的直柱三根，其中前端的一直柱便是前軾外側的立柱，高二六，後面兩柱高三六，相距五七，在高二一處有一橫梁相結。這三柱中間一根的上端和軾木橫梁末端相接。北側輢最後一柱的上端有一銅管，管孔向上。這一側相近中間立柱的上端另有一突出的小柱，現存部分高出輢屏之上約十五。車箱後面中間留出三〇的空隙，當是乘車者升降的地方。空隙的兩旁為遮欄，寬三八，高二六。遮欄的下半段為長方格的欄干，上半段有一斜置以連接對角木條。這兩扇車後的遮欄，似乎是可以活動的，轅木由車箱底部外出約八十處，稍向下曲折，至一七〇處與輿木相交。衡木南半段被毀，衡木北半段仍保留原來的位置，所以可以據知加以復原。兩軛相距一二〇，軛之上端有一帶銅座的銅鸞。在軛之兩旁距離十五處，各有一無座的銅鸞，似乎是置於木轙上面的。軛的兩腳軥距鸞鈴銅座為五十，距衡木四十，衡木原來當有銅節十七件，即衡木末端二件，軛兩軥末四件，軥上端鸞鈴連座二件，轙上鸞鈴一件，纏線板形衡飾二件，長方形鈕機二件，正方形鈕扣一件。

第五號車：這部車子特別矮小，類似於漢晉以後宮中小兒遊戲所用以駕車的小車。

第六號車：是小型車。轂軸分界不清，車箱前方和兩側欄干。車軾、以及輢屏等結構，都和第一號車相同。僅軾前立柱向後轉灣處沒有圓球為飾。車後身沒有欄干，僅在靠近兩側處各置一弧形的立柱，斜上支持兩側轉角處的直柱，和十一號車相類似。（圖版伍左上，右上）

第十六號車：是大型車。車輪除二十六根輻條以外，另有夾輔一條。這是兩條筆直的木條，互相平行，直往車轂。輻條寬一．五；輔條較粗為一．八——二．〇，它們的作用是增加輻的力量。在插入輪牙的地方，夾輔是和輻條同在一平面上，看來頗像有三十輻。輻條在插入車轂的地方，都在夾輔之後面湊聚一起。這些輻條每根都自轂斜放，全體成一中凹地碟盆狀。這是合于力學原理的較為進步的安置輻條法，否則便要將輪牙加寬。我們猜想坑中那些沒有夾輔的車輔，可能也採用這種安置輻條法，不過其輻條傾斜度也沒有帶夾輔的那樣大。轂露出輪外十，軸端又出轂外二四。轂露出輪裡部分長度不清楚，且仿十二號車轂復原。車廂四周與十五號相似。因車箱較寬，前方欄干豎直木條連兩側在內為十五根，較多二根，軓前直柱將近轉折處有一橫木聯繫各直柱。這衡木至兩旁轉角處的直柱時，折向車廂兩側，又成為輢屏中腰的衡木。北側輢屏中間立柱後面另有一小圓棒，稍向後斜置，現出高于屏紹端約三十。發掘時灌以石膏，然後剝去周圍泥土，似乎是一根木棒，外面繞有皮條。這木棒和第一號南邊輢屏側上，實相類似。這些轅木較粗，筆直向前，離車箱一八〇處，即和橫衡相交處，方稍向上卷曲。衡軛結構與第六號車相似。衡木的中央稍鼓起，成一直徑的小圓球。衡木壓在轅木上面，兩軛距衡木兩端有八稜小骨管，突出衡外十五厘米。（十六號車各部結構見圖版肆右下）

第十七號車：這是一部大車，其結構和十六號大體相同。車箱寬度一五〇。轅木由車箱底部外出一五五處稍向下折，在和衡木相交處又向上卷曲。（見圖版伍左下，右下）

以上五輛作為代表的車子以外，坑中其餘各車，可綜合起來描述如下：

各車的輪徑是一三〇至一四二。輪牙寬度（即豎直高度）是五．五至七。至于輪牙厚因為大多數只剝出車輪的外邊，所以僅有極少數能加測定，是六．五至八。車轂長度僅十二號車比較清楚，是二十四，露出輪外者十，露出輪裡者八。第十三號露出輪外部分也是十。轂徑靠近輪輻處一般為十二至二〇。輻條的數目，可以確定的各輪，都是二十六根。輻條寬度約一．五至一．七，有夾輔，輔條稍闊，約一．八至二。軌寬是一八〇至二〇〇，僅十九號車二〇〇，所以根據的是輪牙的外線，不是輪輻相交處。車輪可能因受壓而稍傾斜，因之所量得結果較原有為稍大。

車箱寬度，向上面所分，共有大中小三型。車箱長度較為一致，都在一〇〇至一一五之間，僅最後兩車是狹長，長度為一四〇和一九〇。各車的車箱作長方形，但前方的兩轉角作弧形，沒有稜角。伏軾後部的橫梁，約寬二．五至三，但第三號車寬六至七，較大一倍（見圖版肆左下）。

各車輈木，由車箱底部外出約長二〇〇左右，輈徑七至十二。輈木形狀，似可分兩種：一種曲輈，由車箱底部外出時，稍向上斜，至相當長度後又向下折，向水平方向前伸。折轉處多在約全長十分之一處，也有二分之一處或更前方向下折，疑原為直輈，受壓後折斷變形。另一種為直輈，由車底部外出，直至與衡相交處，都是筆直向前。這種直輈嵌入車箱底部的部分，便已經後低前高，所以由車底外出後，也顯得稍微向上斜伸。據我們的觀察，便是第一種曲輈，它們的曲度也不夠的。各車將輈木前段欄置在前面一輛的伏軾時，它自己的車箱底部，便顯得前高後低。保存較佳的輈木，它們的末端又向上卷曲。衡木便擱在輈木上面。這輈端上捲的作用，是馬匹向前拉時，可以阻擋住縛在上面的衡木，使不易脫節。

各車的軸徑是七至十二，和輈徑相近。第一車的轂端銅軎所用以容納木的孔徑，兩端大小不同，可以推知軸木一定中間較粗，兩端變細。軸長為二三〇至二七〇。

大型車子輿廣都是一四〇，軾前方欄干連兩邊都是十五根，橫條是三列或四列。車輻條二十六根外，都有夾輔一對。車子後身，除第七號僅左半邊有遮屏之外，其餘都是兩邊各有欄干的遮屏。中型車輿廣一二五至一三〇；車輻無夾輔。車後身或僅一邊有遮屏，或雖兩邊皆具，而寬狹不同，不相對稱。小型車輿廣都是一一〇，軾前欄干直柱連兩邊都是十三根，橫條僅三列。車後身或僅有一遮屏，或沒有遮屏，僅有弧形斜支柱。

車箱底部結構：第十號及十二號車箱，似乎都以木板或皮革為底，但是痕跡不顯。四周都是寬四·五的粗木為框。中央為輈木，縱貫車底。軸木橫貫於輈木底下，其安放位置稍偏向前方，即距前邊三十，距後邊六十。十二號大型車，和輈木相平行共四根，左右各兩根，寬度為三，另有一根橫木條，結連這四根。軸木位於輈木下面，橫貫車箱而稍偏於前方，即距前邊四十，距後邊六四。

第十八、十九號車底部，除四周的框木和中間縱橫的粗木條以外，另有密排著的細條痕跡，或為皮革帶的殘存。十八號車的兩側框木的寬度為九，前後框邊為三，與輈木相平行的兩根木條寬度為二。這車底部的皮革帶都與軸木平行。軸木安放位置稍偏于前，距前邊六五，距後邊七五，所以在軸前的皮革帶計二十五條，在軸後的第三十五條。十九號車輿後邊框木寬九，側面框木寬四·五，這車的皮革帶和輈木相平行，和十八號車的相垂直者不同。皮條寬〇·八至一，共六十八條。車軸也稍偏于前，在軸後方，有與之相平的木條二根，寬度皆為六。

關於車蓋的問題，我們沒有發現過車蓋弓或弓帽的痕跡，只發現一件車蓬，是屬於第九號車的。此蓬寬一五〇，長二四〇。第九號車箱寬度一二〇×一九〇，車蓬當然要比車箱底部稍大。這件事蓬兩側可以各出外十五，前後披可以各外出二五。車蓬與車箱尺寸頗相符合。整個車蓬有點像建築物上四阿式樓頂，也有點像今日露營的帳篷。頂上有一根約一五〇，粗約六的橫梁。兩扇梯形的席子向左右披下，兩扇三角形的席子遮住兩端。另以寬一．五的細木條做支架，縱橫綁成似方格式梯形的格子，將席子用骨扣縛在這細木條的支架上。骨和作橢圓形，中有兩孔，孔徑〇．三，席子似是由蘆葦編成，蘆條寬度是〇．五。根據以上描述，可以作戰國車輛的復原工作，但有些問題是不能解決的，如：各項木條湊合時接筍法和綁縛法，綁縛時所用繩索的質料，都無痕跡可尋。又車箱底下的結構，例如用以接合輿和軸的轐輹結構（伏兎），也是不能確定。一九五一年冬，在長沙伍家嶺二〇三號西漢古墓中，發現塗漆木車模型（案見長沙發掘報告），可作復原參考。

琉璃閣出土的這些車子，有些問題得注意的，那是：（一）這些車子是否為時用之物，或備而不用之明器？有二種現象值得注意：這些車子之木條太纖細，似乎不能負擔載重任務，此或由于木材萎縮之故，但無法肯定未乾木材之尺寸，然可以斷定，原來各木條之大小，一定較現在留存的痕跡為粗。因此，它們仍能為實用的車子。（二）這批車子中有些轅木為直木，雖嵌入輿底時前後深淺不同，因之轅木向前稍微上斜，但斜度不夠，所以駕上馬時都應該曲轅的。其中有些用直轅來代替，或許是由於直徑粗大的曲轅比較難得，製作費力，隨葬的明器，自然可以用直轅來代替，但是當時實用的車子，可能也有些因陋就簡地使用直轅的。

輝縣琉璃閣出土車子各部分尺寸表（單位：厘米）

車號	車型	輪徑	牙高	牙厚	轂長	轂徑	輻數	輻寬	軌寬	輿廣	軾高	輢高	輈長	輈徑	軸長	軸徑	衡長	衡徑	軛長	輿長
1	中型	一四〇	八	五五	三八	三	二六	二	一九〇	一三〇	二六	三六	一七〇十	八	二四二?	一〇—一三	一七〇	三	五〇	一四〇
5	特小	九五	六·五	四·八	一六十	一六	二六	一·八	一四〇	九五	二三十	二七十	一二〇十	四	一七八	七	一四〇	三	一五十	九三
6	小型	一〇五	七·五	（六·五）	?	一八	二六	一·五—三	一八五	一二〇	三〇	四二	二〇五	八	二四二	一四?	一四〇?	三	六〇	九八
16	大型	一三〇	（七）	（八）	（二四）	一七	二六十四	一·五	一八二	一四〇	四〇?	四〇	二二〇	一〇	二三六十	九—一二	一四〇	四	五四	一〇五
17	大型	一四〇	（七）	（八）	（二四）	二〇	二六十四	一·五	一八〇	一五〇?	（三〇）	（四〇）	二二五	一〇	二四二	一四	一五〇	三	四八	一一〇?

注：軾高指車箱前面直柱上端向後轉曲處，不是指軾後部橫貫車箱的橫木之高度。輈徑以輈的中段為準，近車箱處常稍粗。輢高是車箱兩側最高處的橫木的高度。輻數都是二十六根，似大車有尖輔一對，故注明「十四」。軛長是由軛的上端至兩腳的尖端之距離。各欄數子有加號的，是遭破壞後的現存長度。有「?」的是痕跡不清楚。有「（　）」的原來未量，依同型的他車相同部分補入。

庚、長沙漢墓車馬坑

一九五一年十月，長沙近郊陳家大山、伍家嶺、識字嶺、五里牌及徐家灣等處，發掘得戰國至唐宋的墓葬一百六十多座，其中以戰國至西漢的墓葬為多，以下所記錄的車子，即為該次發掘所得的一部分。

漢代的葬俗，常用「偶車」放在墓中隨葬。「偶車」一名，見漢書七六卷韓延壽傳。顏師古解釋說：偶謂「土木為之」。這次長沙第二〇三號漢墓出了這種作為隨葬明器的木車模型，共計四輛。出土車子中第二、三號為軺車，第四號可能是棧車。

軺車的復原：第二、三號車都是漢代所謂軺車，結構大致相同。因為它們保存的情況都不完整，故復原工作須將二者互相補充。現依第二號來作復原，但有些參看第三號車的結構。經整理研究結果，除蓋柄斗以外，其他部分可全部依原來樣子復原。

車輪：每車兩輪，輪高五一，牙廣二．二厘米。牙厚內外不同，內厚〇．六，外厚〇．三厘米。內邊轉角處有稜，外緣轉角成弧形無稜。牙上容軸的孔作圓形，直徑〇．六，相鄰各孔相距約九．二厘米，因為表面塗漆，故未能斷定這輪牙是由若干段湊成的；據漢畫像石的車輪圖，每輪是由二節或三節的牙湊成的。根據車箱底座四邊（軫）之結合法來推測，這輪牙各節之結合法大概也是上下相錯的偏筍。

車轂：以第三號為例，計長約七．六，容輻最大，直徑是四．四，轂內端直徑四．二，外端更小，約二．二厘米。鄭眾注考工記「轂空壺中也」，這些車轂側面輪廓線，很與當時的壺相似，大端為低。轂中容軸木的孔，大端處孔徑一厘米，小端處為黑漆所遮蓋，孔徑稍小。軸末端（軎）和轂被漆結合為一，沒有另加金屬的轄。容輻條處在轂的兩端中間，而稍近于大端（即鄰近車箱的內端），轂上容輻的孔作長方形，長和寬為〇．九×〇．四，比鄰的兩孔相距為〇．五厘米。轂距輪牙二一．

二厘米，中間安置輻條，每輪十六根。因為輻條本身稍彎曲，安置以後，輻條的兩端並不相對，而是近轂的一端較近牙之一端外出二·五厘米（兩端都以輻條外面一邊的為測點）。江永周禮疑義舉要卷六：「綆，非別有他物，只是輪偏箄之名。……謂之輪箄何也？輪牙稍偏于外，而輻股向內隆起也。」便是指此。這安置輻條法，在輝縣發現的戰國時代車子有的便已如此。輻條根的形狀，近牙處的剖面作圓形，直徑〇·五厘米，至距離轂約十厘米處，剖面逐漸為橢圓形，厚度縮至〇·三，寬度增至一厘米，並且逐漸彎曲。每根的輪廓線是和人之大腿很相似，故考工記對半闊近轂的一段做股，把細長而圓的近輪牙一段叫做骹。輻條入牙後，直徑減為〇·四，深入一·八。近末端逐漸削作圓錐形。入轂內的一段深一·二，作長方形，厚〇·二五，寬〇·九厘米。

輿（見圖版拾柒左），底部由四根木條湊成外框，前後長二〇·一，左右長四六·五厘米。前面兩角隅作弧形，後面兩角隅原來作直角，但有一缺口以容納輢較最後一根直柱。這些軫木厚一·二，寬二·一厘米，每近兩端處都將厚度削去一半，一邊為槽，一邊為筍，做成上下相錯的偏筍，互相接納。為鞏固起見，中間又加上三根平行木條，木條長一七·六，闊〇·八厚〇·四，兩端接筍處的厚度削薄為〇·一五厘米，是削去底面的。前後兩軫木都有凹槽各三處，以容納這些支撐的木條兩端削薄的一節。第三號三根俱全，中間一根在離前端約三分一處，寬度增加一·八厘米，刻一個鍋底形之陷穴，以容納車蓋傘的柄木。穴徑一·五厘米，深〇·三厘米，為著安置前軾和倚較的支柱，前軫有柱孔九，兩側木各五，後軫角隅除有缺口以外又有一孔。孔徑上端〇·三五至〇·四，下端〇·二五厘米，有些並不透穿，可見這些細柱是由上端插入的。各軫木在離外緣約一厘米處，都向下凹陷〇·

一五厘米，是為了放置車藉（茵）之用。這些凹處另有一系列孔眼（〇．五）分布于四邊軫木上，是用以釘住交錯成方格网的革條。孔眼數目共有二十六孔。（四角各一，前七、後八、左三、右四）說文：輴，車藉交錯也。李洗注七發與顏師古注急就章，都引「車藉交革也」，即當指此。這些用以托褥，可以減輕車子走動時的震蕩，其舒適性遠勝木板底車箱。後軫木距兩端各三．六厘米左右的中間一段，多一道向下凹陷的槽，它之後邊緣像轉角作弧形，無稜，所以便于乘車者的上下。前後兩軫各有小孔二對，用以束縛兩根轅木，孔徑上端〇．四，下端〇．三，兩側軫木各有小孔二對，這小孔是用以束縛有伏兎的橫軸。側軫底面這兩孔間有凹槽，槽寬一．二，深〇．二厘米，是用以容納伏兎上部的。如以軸木中線為準，置軸處距車箱座部前邊六．二，後邊一三．九厘米，即約為三分和三分二之比例。根據殘餘痕跡，是先安上轅木，然後安置帶狀伏兎的軸木。車箱三面都有縱橫相貫的欄干，這些欄干和窗櫺相似，故古人稱之為櫺或軨。前軾欄干，直者九根，橫者五根，距底座高度是〇．三、三、五．五、八．五和九．四厘米。兩輢各有直者六根，橫者七根。直立者較粗，徑約〇．四，橫者除最高處一根稍粗之外徑〇．一五厘米。車前面的最高一根橫木作長方形，高厚為〇．四×〇．二，高出車箱座部為九．四厘米。從這些橫木起，有九根互相平行木條向後斜上安放，都交于橫軾上，插入橫軾中。這些平行的木條直徑〇．三，長六．五（露出部分長），橫軾長約四五厘米。剖面略作圓角的長方形，闊厚為一．一×〇．五厘米。橫軾高出車箱底座十二．五，距前軫外緣六．三。其兩端稍向下垂，連接束縛于兩輢的第二根豎柱上。

兩輢欄干：直柱第一根（序數由前向後計算）中腰彎曲，但彎曲處一段已毀。第二根（支持橫軾者）第五根稍粗，直徑是〇・五。第六根（最後一根）剖面作長方形，寬厚為〇・三×〇・五厘米。這根向前方的一邊有細孔一排，可以容納各橫條末端的插入。兩側輢的橫條七根中，底部的四根距離車箱底座的高度和車前的相同。更高處的三根，距底的高度為十二、十六和二十（？）厘米。

依據現留的痕跡，車箱後邊的兩側都有直三角形遮欄。這遮欄是由一根木條斜依于車側倚較的最後一根直柱，並將兩端插入後軫上和這較柱上的細孔中。這三角高十・三，闊二・五，在底部約五・六厘米。這些車箱四面欄干的縱橫相連的方法，有些是使用筍頭榫眼法。例如上述各直下端筍頭插入底板上的榫眼中。各直柱可能上端也是從筍頭插入最高的一根橫木中。此外一般的橫條和直柱是用繩索綁縛在一起，橫條都在直柱之外邊。綁繩的方法，保持較佳的，繩索打結處可能是在後面，因為它們外表曾塗漆，繩索的結頭痕跡不顯，結法難以確定。

欄干背後，都有平素不塗的遮板，厚約〇・二厘米。

車箱底下橫置軸，以伏兔相接合于輿底兩側的軫木。剖面作圓形，直徑一・二，長度現存四八厘米，乃是中間一段，它的兩端于伏兔外端處斷去。原來完整的軸長是要加上兩轂長度（七・六×二）和露出的軸末長度，那原長度約為六九・六厘米。軸上為伏兔，長一〇・一，接軫木處一・八，厚一・一厘米，底部稍凹入，以便接合圓形軸木的上部。伏兔也叫做屐。阮元說：「謂之伏兔者，以伏于軸上以似之也。又謂屐，象屐之形。」（車制圖解）現在發現實物，知道漢代車子伏兔是如此。阮元說：「伏兔半規形以銜軸，下更有二長足少鍥其軸而來鉤之。」（同上）這是近代的形式，故並不像兔與屐。伏兔上方有二處寬一・四厘米沒有漆，便是和側軫木及轅木的相接合處，都是繩索扎縛著。就整個軸木而論，縛扎左右兩轅之繩子相距三三厘米，軸上連接左右兩側軫木的繩子相距四六厘米，相當於兩側軫木上用以綁軸子的細孔的距離。

轅木是置于車箱底座和帶有伏兔之軸木之間，兩轅相隔之距離在當後軫處為三二，當前軫為三三·一，知此一對轅木是向前方稍為展開。轅木長而細，長一〇六厘米，由後端起，開始十九厘米，車座下剖面扁平，寬一·四，厚〇·五厘米，底面在距後端一和十八厘米兩處各有繩索一道，是用以托縛轅木於前後兩軫上的。距後端十二·八厘米末處開始有一凹槽，長一·二，深〇·二五，也留有繩索，是用以縛轅木于帶有伏兔的橫軸的。出車箱底部以後，轅木底部變為半圓形，隆起的弧面向下，寬一·四，厚一·二，至距離後端五八·五處，又有一道繩，周繞轅木杆，似乎由于軸木過長，須由二段合併，這便是聯接處。由此再向前，轅身漸縮小，到前端末梢，寬厚為〇·六×〇·四，距此末梢二·四至三·六厘米處一段，底面稍凹進，有繩索三道，是用以□扎衡木的地方。

衡木安于轅木上，衡木長約三七，中間一段直徑〇·八，近兩端處直徑〇·七，兩末端縮小為〇·五厘米，以插入鉛銅管中。衡上又有鉛轙二件，略作半圓形的圈子，是用以貫轡索用的，每件的兩肢末端作尖釘形，分別釘入距衡末端六和七·八處，穴深〇·四，軛是傾斜放置著，以便扼罵馬頸上。

軛由二木拼合，全高二〇·五，空處高一五·九，全寬十七·三，空處寬十二·二，頂部剖面略作圓形，高四·六，寬一·一至一·五，厚〇·五至一·二，距頂端〇·五處有一凹槽，且有繩索痕，是用以接合于衡木上。兩股剖面稍作馬蹄形，即外邊弧形而內側平直，厚〇·八至一·二，寬

○・七至一・五厘米，兩股下端卷曲，有繩索痕。

第二號車有蓋（見圖版陸右下，圖版拾柒左），蓋柄為木杆，長四七・一，徑一・二，上端有長二・七一段無漆，且直徑縮小為一厘米。原來當為插入柄斗中的，距頂端約一・八處有細釘孔，是用以固定柄斗杆柄上。蓋弓木製，每弓外端安上鉛製弓帽。在第二、三號車附近得二八枚，如無遺漏，每一車蓋應有十四根弓。每弓木質部分全長三三・二，插入柄斗的爪長一・八，鉛製弓帽中的爪長一・四，爪部作圓柱形，徑約○・三，而末端處漸變細。弓身在近柄斗處一段剖面作長方形，寬厚為○・五×○・三，至距入柄斗之爪端八・五至九・五處，剖面變作三角形，向外一面平直，內面凸起。寬和厚都是○・四，蓋弓在此向下彎折，木質弓露于外長達三○，近斗柄處平直者約佔三分之一，宇曲垂下者約佔三分之二，此可能非原有厚度。出土時各弓彎度為三十至三五度不等，今復原時，以三十二度為準。蓋弓帽為鉛製，容爪的穴長一・五，徑○・二五。帽長三・二，徑○・四，離爪入帽處約一・三至一・六處，有一距狀突起，是作為縛蓋衣用的。這些距形突起長○・八，底部直徑○・三，和帽莖成四五度的斜角。帽之頭面，長、寬皆一・七，厚約○・一厘米，且有四出花瓣飾。至于斗柄則沒有發現。

以上所述及其復原，除柄斗外，都有實物根據。漢畫像石式像磚上之軺車都是曲輈，今出土皆直輈，是否此為明器，或漢車制如此，未可知。

第四號車的復原

這輛車大概是古代所謂「棧車」，詩小雅何草不黃：「有棧之車，行彼周道。」毛傳：「棧車，役車也。」鄭珍輪輿私箋云：「詩所謂有棧之車，只以柴木為箱，安得有重較乎？」此車與二、三號輅車之差異處：(一)車箱用幾塊木板釘成，無欄干式之倚較和交革之底座。(二)沒有車蓋。(三)除輪外，全不上漆。後漢書輿服志：「輕車不巾不蓋」但此第四號車頗為笨重，不似輕車，可能屬「棧車」一類。

此車車輪保存不佳，以二號為復原根據。車箱結構(見圖版陸右下)：底座為一塊木板，左右長四二，前後長十七．四，厚〇．八，底板上有直徑〇．四透孔二對，用以御帶狀伏兎之軸。左側一對距左邊緣都是三．七，右側一對距右緣都是四．三，距前緣三．〇和四．四，左右皆有釘孔三個，前面邊上二個，以釘住這三面的豎板。前軾由二塊木板構成，高處塊左右長四二，高十七．二，厚〇．八，右邊有釘孔二個，左邊三個，以接合于左右兩側輢屏。下邊有釘孔五，以接合于前軾底部的一板，這底部的軾板長四三．六，高九．五，厚〇．六，距下邊緣〇．四處有匡孔二，以接合底座。距左右邊緣約〇．三有透孔各一，以接合于左右側輢屏。距上邊沿緣〇．五至〇．六處有透孔一排六個，以接合于上述的高軾板。左右兩側的輢屏，也各由一個整版製成。右側：寬十七．七，高二三．八，厚〇．六，靠軾之前邊自離底九．九起向內凹進，故上邊寬度為十三．五，距下邊〇．六處有透孔一排三個，以接合底座。前邊低處有釘孔穴一個，以接合于前軾低部一板。距前邊緣〇．五至〇．六有透孔二，以接合于前軾上部一板。距後面邊緣〇．五有透孔一，以接合車箱欄。車箱後欄在左右兩側各有三角形板一，以右側的一板為例，寬二一．三，高一九．四，厚〇．七，外邊有釘孔一個，以接合于左側輢屏。車箱底無軸木，依二號車復原。軸與車座間有伏兎二枚，形與二號車相似而稍簡陋。伏兎長十一．三，上部又向外突出一．三，全長為十二．六，高二．四，寬一．二，上有一寬一．九，深一．一凹槽以容納輈木，下邊中央稍凹，以便緊按于橫軸上。無輈木，依伏兎推之，輈木在車箱底下部分應作長方形，寬一．九，厚一．一，可依二號車復原。

衡木長三四，直徑中央部分○．七，兩端○．七，兩末端有小鉛管為飾，距末端一．九處上面有凹槽以便綁繩，容轙孔穴距末端四．五，與六．五，轙為鉛製，已毀，知每件相距一．○。車軛以二件併成，全高一九．四，空處高十四．六，頂高四．八，全寬十五．○，空處寬一○．六，頂部尖端至距尖端○．九為圓錐形，錐底直徑○．五，從此以下擴大，成剖面橢圓形，厚徑○．九至一．三，寬徑○．八至一．五，兩股剖面作馬蹄鐵形，內邊平直，外邊作弧形，厚度自上而上，由一．三縮小為○．七，寬度為從一．○縮為○．八，兩股末端各作圓圈形，與第二號車軛作卷鉤者不同。此圓圈外徑一．五，孔徑○．八，圈孔旁邊有一直徑○．二不透穿的釘孔穴。軛之頂部有凹槽以便緊按于橫衡上。這槽在上述的釘孔的反面，並不在同一面上。

第五號車的復原

此車輈木的裝置法與他車不同，但仍可能為車子，為另一種車子，可以載重坐人者。它和大車和兵車或乘車不同，由車箱的形制可以判斷出來。周禮春官巾車疏：「案冬官乘車田車橫廣，前後短，大車柏車羊車皆方。」實則大車不是正方，而是橫狹，前後長。因為要多載東西，不但前後長，而且後面還突出兩條木，以便在這上面也可以放東西。車箱由三個整板構成，其中底座是一塊長方形的板，長四四．五，又後邊突出十三．六，全長五八．一，前寬一四．六，後寬一六．七，厚一厘米。

車馬坑及其車號	軌長	軸		輪													輈					衡		
		長	徑	周長	徑長	輻			牙		轂						長	露出軫后部分長	徑			位置（軫前距）	長	徑
						數	徑 較(寬×高)	徑 股(寬×高)	高	寬	通長	外長	內長	徑 外端	徑 中	徑 內端			前端	前于交軫處	后端			
大司空村殷周車馬坑	二二五	三〇〇	四·一		一四六	一八	五×?	三·五×?			?	四	三	一四	二六	?	二八〇	四七					一二〇	
張家坡第一、二號車	二二〇	二九四			一三五	二					四八						二九〇						一九〇	
虢國墓一七二七號第一號車	一五五+	一五五+	六	四一七	一三三	二五	一·七×?	一×?	六	六							三〇〇	六	六	六·八	七·八			三·八
虢國墓一七二七號第二號車	一八〇	二三六	六·五	三九三	一二五	二八	一·七×?	一×?	六	六	三六	一四	一七	二	一八	三	二九六	〇	五·五	八	七·八	三八〇	一四〇	五
虢國墓一七二七號第四號車	一六九+	二三七	六·三		一三三	二六	一·七×?	一×?	六	六		一三·五		二·五	一八·五		二九二+	八	五·五	七·五	七·八	二九二	一四〇	四
虢國墓一七二七號第五號車	一九〇	二三六	七	四〇五	一三六	二四	一·七×二·五	一×三·七	六	六		一四		二·五	一八		三〇〇	〇	六	九	九	二六九	三〇	
虢國墓一八一一號一號車	一六四	二〇〇+	八		一一九	二六		一—二	六	六					一四		二八二			六·八				
虢國墓一八一一號二號車	一七五	二三六	七		一二六	四四		一—二	六	五					一七		三〇〇			六				
虢國墓一八一一號三號車	一六五	一八七+	七		一三三	二七		一—二	六	六·五					一五		?			?				
虢國墓一八一一號四號車	一七八	二三三	七		一二八	二七		一—二	六	七					一五		?			?				
虢國墓一〇五一號一號車	一六六	二〇〇	六		一二四	二五	一—二	一—二	六	六					一五		三〇〇			六—八			一〇〇	五
虢國墓一〇五一號二號車	一六六	一七八+	六		?	二五	一—二	一—二	六	六					一五					六				六
虢國墓一〇五一號三號車	一七〇	二〇五	五		一三三	二五	一—二	一—二	六	六					一九					七				?
虢國墓一〇五一號四號車	一七四	二三三	?		一三〇	二五	一—二	一—二	六	六					一六					?				?
虢國墓一〇五一號五號車	二一五	二四七	七		一四〇	二五	一—二	一—二	六	六					一六					六				?
虢國墓一〇五一號六號車	一七五	二一七	六		一三五	二五	一—二	一—二	六	六					一四					七				?
輝縣戰國墓一號車	一九〇	二四二?	一〇—一三		一四〇	二六			八	五·五	三八				三		一七〇+			八			一七〇	三
輝縣戰國墓五號車	一四〇	一七八	七		九五	二六			六·五	四·八	一六+				一六		一三〇+			四			一四〇	三
輝縣戰國墓六號車	一八五	二四二	一四?		一〇五	二六			七·五	(六·五)	?				一八		二〇五			八			一四〇?	三
輝縣戰國墓一六號車	一八二	二三六+	九—一三		一三〇	二六+四			(七)	(八)	(二四)				一七		二一〇			一〇			一四〇	四
輝縣戰國墓一七號車	一八〇	二四二	一四		一四〇	二六+四			(七)	(八)	(二四)				二〇		二一五			一〇			一五〇	三
阮元考工記車制圖解				四四一·六三	一四〇·五八	三〇			六	六	六二·四八			二·五	一九·九八		三五一·一四			七·五			一五二·四六	九·五

軛	全高			三五+	三六+	二八+					二七+	?	?	?	?	?	五〇	一五+	六〇	五四	四八	
	兩股徑 上端			三·五	四																	
	兩股徑 下端			三																		
輿	輿長	七五 六〇 六八	九〇	九〇	八二	九〇	八二	?	八五	?	一〇〇	一〇〇	?	?	?	?	一四〇	九三	九八	一〇五	一二〇?	一〇一·六〇
	輿寬	九四 一四〇 一三八	一三〇	一三三	一三五	一四〇+	一三〇	?	一三〇	?	一〇〇	一三〇	一〇六	一〇七	?	?	一三〇	九五	一三〇	一四〇	一五〇?	一五三·四六
	軫木寬	五	?	?	?	?																
	軫木長	四	三×	三×	三·五×	三·五×																
	輢高	三〇																三六	二七+	四三	四〇	(四〇)
	軾高	三〇																三六	三+	三〇	四〇·三	(三〇)
	前輿	八																				
	四角立柱	四五																				
	車門寬	四〇	三六	三三	三五	四〇																
	車門欄杆高	三																				

突出之兩條，長一三．六，後寬二．〇，前寬一．一厘米，座板中部橫列二透孔，前部有孔二行，每行四透孔，這些孔是接合橫軸和雙輹之用，左右兩側邊有釘孔各五個，以接合左右輢屏，前面似也有一豎板（軾），在座板距前邊四．一厘米處有一道痕跡。兩側輢屏，每件長四〇．三，最高處一七．六，厚〇．七，底邊和前後兩邊都是平直的，上邊中央稍高，向兩邊低降，至兩端又有突起，距底邊有孔一排五個，以接合于座板上。軸木是一條木條，不另加伏兎，長三二，高一．七，寬一．〇，上寬一．四，中段一九．一，大部分在車箱底下，剖面略作方形，兩端由上面下削，剖面變為圓形，直徑〇．五至〇．八，最末端最小。距末端〇．七處透孔一，似為安輪後置轄之用。中部有透孔二，用以接合于上板。輹木二杆，其中一條完整，另一折斷為二，仍可合接。完整一根長八五．九，在車座下之一段剖面作長方形，後端寬為一．六×〇．五，前端一．四×一．〇，距後端一九．六處，剖面改為圓形，並逐漸縮小，直徑由一．一縮小至〇．六，剖面作長方形，有四孔，和座板一列透孔相適應，用以接合輹木于座上。這兩根輹木安置之位置，是逐漸展開，出車箱底座處，二者距離一二．一，但在前端末梢處二者相距達四八．九厘米，在輹木上沒有見到的裝衡的留痕。

五、出土實物與考工記車制的比較

從以上出土實物的考述，我們可以看出，從殷周到西漢，馬車在主要的結構上，大抵是相同的。其較顯著的差異，只是車箱結構的繁簡而已。輝縣出土的「輈」都是筆直的，同時構成車小的木條又是那麼纖細，因之，它可能不是實用的車子而是為殉葬用的明器。我們固然可以從這些車子了解到時馬車的形制結構，但是，假如要予以復原製作時，應當在尺寸上略有所調整。如此才能算得上是一部合乎實用的車子。又由輝縣出土的十九部車子看來，顯然有大中小型的分別。因之，車子的尺度，自然不能硬性劃一，考工記所規定的精密尺寸，我們和出土實物大略比較一下，則是屬於大型車的。底下我們且先將地下出土馬車的各部尺寸列成表格。同時也將「阮元考工記車制圖解」的各部尺寸附上，然後由這些尺寸間的比較和印證，我們又可以得到一些新的見解。（見頁六十九、七十）

從上面這個表格，我們發現幾個重要的事實：

第一，記文謂牙圍為一尺一寸（合二五·四一公分），阮元以為牙圍即為牙大圓面之圍。因此根據他的說法所製作出來的車輪，其牙面寬就達一尺一寸。但是，幾乎所有出土車子的牙高和牙厚都是六公分，也就是牙高和牙厚是相等的。那麼合牙四邊長度就是二十四公分了。這個數字和記文所謂牙圍一尺一寸是頗為脗合的。因此，我們可以這麼說，所謂牙圍應當如鄭注、戴氏所主張的，乃是牙四面之圍，阮氏之說係屬誤解。不過從鄭注令牙厚為「一寸三分寸之二」看來，鄭氏是不以牙高、牙厚的尺度相等的。因之乃有此假設之辭。阮氏以牙厚為二寸，亦是揣測求得，與事實尚且有段距離。

就由於牙圍、牙高、牙厚的觀念，前人沒能弄清楚，因之，據此所求得的轂長、轂圍、賢徑、軹徑也都有所差誤。記云：

> 三分其牙圍而漆其二。椁其漆內而中詘之，以為之轂長，以其長為之圍。以其圍之防，捎其藪，五分其轂之長，去一以為賢，去三以為軹。

牙圍為一尺一寸，漆其三分之二，則合七寸三分三釐三毫。牙圍既為牙四邊之圍，其牙高、牙厚且相等，則牙之高、厚合二寸七分五釐。鄭謂漆其近輻者，則必漆容輻之面與牙之兩側。兩側所漆者，以七寸三分三釐三毫，減去容輻之二寸七分五釐，得四寸五分八釐三毫，再除以二，得二寸二分九釐一毫。因之，牙之兩側不漆者僅四分五釐九毫而已。所謂椁其漆內而中詘，之以為轂長」這句話，我們首先要考慮到的是什麼叫做「漆內」？「漆內」應當就是塗漆以內的長度吧！若此，則漆內之長度以六尺六寸減上下不漆之九分一釐八毫得六尺五寸八釐二毫，再中詘之，得轂長三尺二寸五分四釐二毫，「以其長為之圍」，則轂圍亦如轂長。賢為轂長之五分之四，則得五尺二寸六釐六毫。但是，這樣的賢圍太大了。所以鄭注以為應「去二」為是，亦即賢圍為轂長之五分之三，如此則得三尺九寸四釐九毫。軹圍五分之二，則得二尺六分三釐三毫。但是，出土車子的轂長和考工記的三尺二寸五分四釐二毫（約六八公分）比起來，是要短得多的，最長的張家坡第二號車子的轂也不過四八公分而已。而轂徑一般出土的車子都在一四至二二公分之間，若依考工記小穿之圍合四七．五八六公分，其徑為十五．一公分，大穿圍合八四．一一三七公分，其徑為二六．七八公分，其間相差不甚遠。

第二，考工記輪崇（即輪之直徑）六尺六寸（合一四二．四六公分），輝縣出土的一號、十七號大型車輪徑為一四〇公分。可見考工記的車制是屬於大型車的。

第三，軌長八尺合一八四．八公分，輝縣一號車軌長一九〇，六號車一八五，十六號車一八二，十七號車一八〇，號國墓二號車一八〇，五號車一九〇，這一點算是和實物很相合的。

第四，由於考工記的轂長和實物相差太大，因之，其軸長約三五五公分左右，和實物相差甚大。

第五，考工記之軸圍合二一八．二六公分，其徑為八．九五公分，出土之軸徑在六至十四公分之間，這還算是很相合的。

第六，輻數考工記定為三十枝，先秦典籍亦都言三十輻，大概是輻的標準數目。今出土之輪輻二五、二六者為多，亦有少至十八，多至三十四，甚至四十四枝者。

第七，轅長據阮說為三五一・九五公分，據鄭注為三三二・六四公分，出土者最長為三〇〇公分。轅頸圍，據阮說為二四・〇四七公分，其徑合七・六二公分，出土實物在六至十公分之間。

第八，據記文衡長合一四二・四六公分，出土物大都在一四〇左右，與記文頗脗合。

第九，據記文輿廣合一四二・四六公分，輝縣之大型車亦多在一四〇公分左右。輿深記文為九三・七二公分，出土物亦在八〇——一〇〇公分之間。記文式崇為七〇・二九公分，輢崇為一一七・一五公分。但戰國以前之出土實物之式崇、口崇，並沒有那麼高，軾崇只在二二——三〇公分上下，輢崇只在二七——四〇公分左右。

第十，阮氏所謂之「任正」，為輈後端持輿之橫木，但出土實物在輈之後端並無此持輿之橫木，故阮必誤解「任正」之義。鄭注以任正為輿下三面材，戴侗已辨其為軫，則任正並非軫之別名。程瑤田考工創物小記以在輿下之輈為「任正」，雖亦無確鑿之證據，然較之鄭、阮之說似為可據。

第十一，阮元所謂車輢外出如耳謂之輒，出土實物並無可以印證。

從以上這十一點看來，考工記的車制雖然由於記文過於簡略，以致於有些地方我們尚不能得到確解，它的車制因而也不能獲得完全的領會。但是，它絕不是憑空杜撰的，應當是有所依據的。從上面的比較，我們可以看出，考工記的車制是屬於出土實物中的大型車子，它們在某些尺寸的脗口，並不是偶然的。或許考工記的車制竟是當時的一種標準形制，而當時製作車子的工人，只是取其大要，並未十分拘拘遵守。因之，地下出土的車子，在尺寸上便有所出入。同時，出土的車子長埋地下數千年，在尺寸上不可能保留本來的面目。這種現象不僅以木材構製的馬車如此，就是鐘、磬等金石器物還是如此的。這兒我們要補充的一點是關於車蓋的問題。輝縣戰國墓和長沙戰國楚墓所出土的車蓋（見圖版陸左上）在形制上幾無分別，由於這兩個墓的墓主都屬於貴族，可見這必是當時貴族的車上所常見的一種車蓋。這種車蓋的形制和考工記的記載出入很大，而長沙漢墓中的車蓋，以及漢畫象石中所常見的車蓋確和考工記的車蓋形制頗為相近。我們固然不能單憑這一點就來斷定考工記的車制就是依據漢代的車制，但這卻是很令我們注意的一個問題，至少在田野考古上還沒發現戰國以前的車蓋也類似考工記的車蓋之前，我們是可以這麼懷疑的。

六、儀禮所用金車、墨車、棧車的擬定

在虢國墓地中，一〇五二號虢太子墓裡面出有七個鼎，六個鬲，六個簋，其附屬的一〇五一號車馬坑出土有十輛車，二十四馬。又一七〇六和一八一〇兩墓，出土有鼎五件，鬲四件，簋四件。其附屬的一七二七號車馬坑（按此車馬坑未知究竟屬於一七〇六號墓或一八一〇號墓，但必不出於此二墓，則大致可以斷定。）出土有五輛車，十四馬。此外一七〇五、一七二一、一八二〇，三墓出有鼎三件（但其他器物的件數並不一致）。像這樣，在殉葬物的數目上有一定的程序是很值得我們注意的。也就是從其殉葬物的厚薄，我們可以斷定這是屬於三個不同的等級。其中虢太子墓最高，其次為一七

○六和一八一○兩墓的墓主，再其次為一七○五、一七二一、一八二○三墓的墓主，虢太子墓的身份既然確定為虢國的太子，那麼其葬禮應當從諸侯的禮的可能性較大，以此類推，一七○六、一八一○兩墓墓主的身份大概是屬於大夫的階級了。此下三墓則是士人的吧！孟子梁惠王下云：「君所謂踰者，前以士，後以大夫；前以三鼎，而後以五鼎與？」亦足見五鼎為大夫之制，三鼎為士之制。既然如此，屬於大夫階級的一七二七號車馬坑的第三號車子又保持得很完整，它又有塗漆的痕跡，那麼我們假如要恢復大夫的墨車的話，就可以採用這部車子了。附屬於虢太子墓的一○五一號車馬坑中的車子，其結構大抵和一二七二號的車子相同，只有第七號車的軸木和軛木上都有青銅的裝飾，其車牙上也有U字形的裝飾，或許這部車子就是虢太子的乘車，是屬於諸侯的金路，但由於其車箱的結構不詳，我們如果要復原諸侯的金路，便不能以之為藍本。

輝縣琉璃閣車馬坑中的第一號車子，是同時出土的十九輛車子中，唯一衡上有鸞鈴而且有銅飾的車子。可見這部車子必是墓主人所乘用的車子。我們雖然無直接證據可以證明墓主人所屬的身份，但由其墓中所出土的二四件編鐘看來，墓主必是貴族無疑。又其編鐘的數量竟是這麼多，我們甚至可以說墓主可能是諸侯。所以它的車子有那麼多美麗的銅飾（詳下文）。它衡上的鸞鈴雖然只有六枚，但那只有駕兩馬的兩軛，如果再加上兩匹驂馬，則豈不成了八個鸞，那麼這和詩經「駟馬八鸞」的歌詠，不是也很脗合嗎？這輛車子算保持得很完整，因之，如果我們要復原諸侯的金路的話，採取這部車子，大概是差不多了。但是，我們上面說過，輝縣這些車子可能是屬於明器，所以其輈筆直，其木條結構太纖細。對此我們可以採取彌補的辦法，那就是以虢國墓地出土車子的輈來代替，其木條則略加粗些，以達到實用的目地為止。

此外，對於上至天子下至庶民皆共同一致的喪輴車，我們還可採用輝縣琉璃閣的第十九號車為復原的藍本，因為這部車子從其車箱的大小和在車馬坑中排列的次序看來，很可能是用以載柩的車子。由此亦可見所謂蜃車四輪，迫地而行是不可靠的，它可能是漢代才有的車制。又據上文所論，士人的車子為「棧車」，「棧車」是木制的車子，不革輓但漆之而已。那麼，我們假如把這部第十九號車上漆的話，也就可以成為士人的「棧車」了吧！因為士喪禮的柩車還是屬於棧車的，只是它不上漆而已。

七、再從甲骨金文來觀察馬車的結構

對於車制有個具體的了解之後，我們再從甲骨、金文所象形的「車」制來考察。有時還可以幫助我們一些新的見解。對此，金祥恆師在中國文字第四期已有極詳盡的敘述，茲節略其說如下：

殷商甲骨文中之車字如第一期武丁二十九年一月十三日癸巳卜辭之「車」作，僅象衡、軥、輪而無輿，蓋車平時不用，將輿卸而藏之，故不繪其輿，其軥輪中斷而不連者譌誤也。如武丁廿九年八月十日卜辭中「在車」之車作，可證其訛也。又鐵雲藏龜一一四、一前五、六、五「車馬」之作，則衡上有軛，武丁廿九年八月十七卜辭「硪馭王車」之「車」作，則象輪輿而無軥，蓋軥在輪輿之前，於車後視之，不見其軥，故不繪也。又第一期卜辭新二七〇一，藏九一、四作。第二期祖甲卜辭之「車」作（乙三三二四），並僅象其輪。第三期廩辛、康丁卜辭之「車」（南北、明

六四一），作，象兩輪、輈、軸、衡上兩軛。第四期武乙、文丁時卜辭「車馬」之車作（續存七四三），則又具象車輿。

兩周金文中之車字，沿襲甲骨文，如商周金文錄遺五。五車方彝作不繪其輿。三二一羊車觚（鄴三上三八）作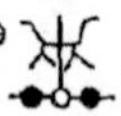，則有輿。一九八車父辛尊作，三三〇弔車觚作，三代吉金文存十六、一，且丁爵作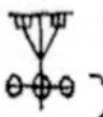，則有輈、有輿、有輪，V又象其貫轙之轡。又如康王時器大于鼎作「」，孝王時之克鐘作，厲王時之畨生　作，宣王時之毛公鼎作。至若小校經閣五、九三登車父丁觶作，三代吉金文存二、三一，　鼎作，則又省其筆畫。而同卣之車作「」，邵大弔斧之車作「」，與小篆無異矣。

以上這些車字的象形，詳略有差，至於象形的結構最完整，差可謂圖畫文字者，那就要算商周金文錄遺第一二六車父已　之車字了。其字作，⊕象輿，象兩輪及貫輪之軸及軸端之轄，象衡，人象軛，象衡端飾物。V象兩轡，｜象輈，此字與買車卣、買車尊之「車」字略異，其字作，其衡前者，蓋貫轡之轙也。

由車父已段的象形車字，和張家坡出土的馬車形制比較，那可以說幾乎是相同的，它的衡是那麼的長，且兩端向上翹起，其衡末又有旒狀之飾，這絕不是偶然的，它正可以說明那是當時流行的一種車子的形制。又上舉甲骨、金文中，其車衡的具象，也多有作末端彎曲者，可見曲衡的車子，或許就是較早的一種形制也說不定。

肆、車飾和馬飾

一、阮元的革解與金解

我們知道古代各階級間所乘用的車子，其主要的差異，是在車身和馬身上裝飾的不同。因此車飾和馬飾在研究古代的車馬制度上，是一個很重要的問題。阮元的「革解」和「金解」已經約略提到了一些。茲簡述如下：

革漆在轂謂之幬，幬謂之縵，縵上篆謂之約軝，漆在當兎為環瀞，輿革前謂之報，後謂之第，革在式謂之鞃，在輹謂之轡，在軜謂之桼，衡束謂之轡，鬲縛謂之鞙。

謂革漆在轂謂之幬者，考工記約：「進而眂之，欲其幬之廉也。」後鄭注曰：「幬縵，轂之革也。」革急則裹木廉偶見，蓋轂外有急革裹之，以為固也。謂幬謂之縵者，周禮春官巾車曰：「卿乘夏幔」是也。謂幔上篆謂之約軝，巾車曰：「孤乘夏篆」是也。車有縵、篆，孤卿又為夏采也。詩小雅曰：「約軝錯衡」，約軝即篆也。謂在當兎為還瀞者，記約：「良輈環瀞，自環瀞不至軓七寸，軓中有瀞謂之國輈。」案自伏兎不至軓七寸是漆伏兎至軓，輈身之半也。司農讀為瀞酒之瀞，還瀞謂漆沂，鄂如環，弓人曰：「寒奠體，冰析瀞；冰析瀞，則䶒還。」又曰：「角還瀞。」據此則環瀞者，膠漆周裏如積環矣。謂輿革前報後為第者，爾雅釋器文郭璞曰：『報以韋輓車式，第以韋輓車後也。』詩韓奕「鞹鞃淺幭」，毛傳：「鞹，革也。鞃，式中也。是 即報也。淺幭乃以淺毛虎皮覆式，與輓式之鞹不同。謂在輹謂之轐者，說文曰：「轐者，伏兎下革也。」讀若閔，蓋加輹軸上，又以革縛之，使不脫也。謂在輈為楘者，詩小戎曰：「五楘梁輈」，毛傳曰：「一輈五束，楘，歷碌也。」說文曰：「歷碌束交也。」謂衡束為轙、鬲縛為輷者，說文曰：「轙、衡三束也。或作轒輷，大車縛軛也。」

金在輪轂謂之鍚，在穿曰釭，大穿釭賢，小穿釭軹，軹謂之錧，錧謂之軑；在軸間釭，謂之鐧；在軎鍵輪謂之轄，車環謂之捐，衡之環謂之轙。

在論轂謂之鍚者，說文曰：「鍚，鍱車輪鐵也。」蓋輪轂雖是堅木，終易敝于沙石，故有金以傅其外。謂在穿釭，大穿賢，小穿釭軹者，說文曰：「釭，車轂口鐵也。」釭又為賢、軹之總名，謂之賢者，說文曰：「臤，堅也，讀如鏗鏘之鏘，古文以為賢字。」是賢有堅義也。謂軹即錧，錧即軑者，說文曰：「錧，轂端沓也。」顏師古急就篇注曰：「錧，轂耑之鐵也。」說文曰：「軑，車錧也。」方言曰：「關之東西曰錧，南楚曰軑。」謂在軸為鐧者，說文曰：「鐧，車軸鐵也。」釋名曰：「鐧，間也。間釭，軸之間使不相摩也。」謂在軎謂之轄者，儀禮既夕記曰：「犬服木錧。」錧今文為轄，喪用木轄，平日用金可知。謂車環為捐者，爾雅釋器曰：「環謂之捐。」郭璞注曰：「著車眾環。」謂衡上環為轙者，爾雅釋器曰：「載轡謂之轙。」郭璞注曰：「車軛上環，轡所貫也。」說文亦曰：「轙，車衡載轡者。」元案金革之事，考工不詳，而轐、楘、鍚、捐等並為至要，故詳解之。

按「金在輪 謂之鍚」當是漢代以後所加，在出土的馬車中，尚未發現有輪外覆鐵的。此外，我們且再從金文、典籍和出土實物三方面來探求，然後再來推測各種車馬上，究竟有些什麼裝飾品。

二、金文上所見的車馬飾

毛公鼎銘云：

錫女秬鬯一卣，祼圭，鬲寶，朱市，悤黃，玉環，玉玦，金車：華繴、較，朱率、弦、幭、虎韔熏裏，右戹、畫 、畫軔、金甬、錯衡、金踵、金豙，柰襄、金簟弼、魚服。馬四匹：攸勒、金觼、金膺，朱旂上鈴。

又番生敦蓋銘云：

錫朱市、悤黃、鞞鞣、玉環、王□車：電軫、華繴、較，朱率、囧靳、虎冟熏裏、錯衡、右厄、畫轉、畫輯、金踵、金豙、金簟弼、魚葡、朱旂旜、金莽、二鈴。番生敢對天子休，用作、永寶。

又吳彝云：

錫秬鬯一卣，玄衮衣，赤舄、金車：華桼、朱虢旂、虎冟朿裏、華轉 、金甬。馬四匹、攸勒。吳拜稽首，敢對揚王休。

上面三段銘文都記載有天子所賜的車馬裝飾品，可見在當時必是一件很榮耀的事，所以刻鏤為銘，以傳之久遠。毛公是周王族叔，番生和吳的地位也相當高。此外，像「虢季盤銘」和「田兮盤銘」雖亦有「乘馬」、「馬四匹、駒車」的賞賜，但都不及車馬飾，此亦可見車馬飾的賞賜非但是一種出於王的恩典，而且也是劃分階級的一種標幟。我們對于這些車馬飾，已經不能完全了解，底下只是盡可能地予以考訂而已。

1繴——說文云：「繴謂之罿，罿謂之罬、罬謂之罦、補鳥覆車也。」「罿，車上網。」車上網可能就是車蓋，「華繴」就是車蓋上繪以藻飾。

2較——說文云：「較，車輢上曲銅也。」案段注據李善西京賦啟二注改正為「較，車輢上曲鉤也。」並謂「較」即為衛風「猗重較兮」與考工記「較崇高五尺五寸」之「較」，此「較」即為車耳，乃毛傳所謂「卿士之車」上的特有物。此說蓋為阮元「考工記車制圖解」所據。因此阮氏謂車耳外出，故重出之較亦謂之「輒」，但是這種外出的「車耳」，在出土實物中並未曾發現過。因之，所謂「重較」大概僅指兩輢上出軾的那一部分，未必外出如兩耳。而銘文既謂華「繴、較」，則較上亦應繪以華藻之飾。

3率——禮玉藻「士練帶率」，注云：「率，繂也。」疏云：「士用孰帛練為帶，其帶用單帛，兩邊繂而已；繂謂緶緝也。」又詩小雅采菽「汎汎楊舟，紼纚維之。」傳云：「紼，繂也。」陳奐傳疏云：「爾雅釋水：『紼，繂也。』傳所本也。孫注云：『繂，大索也。』李注云：『繂，竹為索，所以維持舟者。』」是率即為繂，繂蓋為「緶緝」之大索，亦即以兩股繩索交辮而成的大索。因之，「朱率」乃染以朱色的大繩，只是這種朱色的大繩未知究竟做什麼用。是否用以綁縛，牢固車身呢？

4韔——秦風小戎云：「交韔二弓。」傳云：「韔，弓室也。」是「虎韔」蓋以虎皮製成的弓室，「熏裏」即以熏為裏。按熏通纁，說文云：「纁，淺絳也。」故「虎韔熏裏」，即是「用虎皮做的弓室，其裏染以淺絳的顏色。」

5䡛——說文云：「䡛，車下索也。」王筠說文句讀云：「䡛，釋名、急就篇皆作縛。顏注：『縛在車下，縛軸令輿相連，即今所謂鉤心也。』」則蓋用以纏縛車廂底部之木條與車軸，使之牢固不脫離。

6靷——說文云：「靷，引軸也。」段氏據楊倞注荀子，補作「靷，所以引軸者也。」說文義證云：

引軸也者，荀子禮論篇：「金革轡靷而不入。」注云：「說文云：『靷，所以引軸也。』」詩小戎『陰靷鋈續』，傳云：『靷，所以引也。』」正義：「靷者以皮為之，繫於陰板之上，令驂馬引之。何則？此車衡之長惟六尺六寸，止容二服而已；驂馬頸不當衡，則為二靷以引車，故云：「所以引也。釋名：「陰，蔭也。」橫側車前以蔭笭也。靷，所以引車也。鋈金，塗沃也。冶白金以沃灌靷環也。續，續靷端也。哀元年左傳：「我兩靷將絕，吾能止之。」正義：「古之駕四馬者，服馬夾轅，其頸負軛，兩驂在旁，挽靷助之，詩所謂『陰靷鋈續』是也。說文云：『靷，引軸也。』汝南先賢傳：『上欲到三輔，郭憲諫止不從，憲當車拔刀以斷車靷。』

是靷乃所以駕驂馬之革帶，既「所以引軸」，則當繫於軸上為是。倘如詩正義所謂「繫於陰板」，則不免易於崩壞。或許因為繫於軸上必通過陰板，所以正義直誤為繫於陰板。靷之一端繫於軸上，另一端據「漢代繪畫選集」所著錄的「山東肥城孝堂山郭氏祠畫象石（後壁上層）」與「山東濟寧慈雲寺天王殿畫象石（第一石）的車馬圖象看來，卻是繫於馬胸前的。慈雲寺的車馬圖象，蓋為單馬所駕的軺車，於軜、軛之外，馬左側胸前尚有兩條很明顯的靷直繫於車上，可見靷為駕馬所必須具備，以為協助牽引車身的革帶，因為它需要很長，所以要以白金來鋈續。郭氏祠的車馬圖象，與上有建鼓的導車，駕二匹馬，馬的右側亦有靷繫於胸前。其後之乘車駕四匹馬，右驂馬的右側可以看出兩條靷，其他的兩服和左驂的胸前也顯然可以看出兩條靷的痕跡。右驂馬的頸上並沒有駕軛的跡象。據此，我們可以大略推測出駕四馬的方法是這樣的：兩服馬各駕以衡上之兩軛，其兩側又以靷為引車之輔助，兩驂馬則但以靷引車，其頸上不駕以軛。這四匹馬是並排而駕的，它們藉著繫於胸前的靷，使之並驅於一直線上而不致於有前後參差的現象。

7金甬──銘文所謂「金甬錯衡」中的「金甬」，今人郭某在其「毛公鼎之年代」（見金文叢考）中說：

觀諸器銘之言「金甬」者，均與軛衡及其附屬物相進帶，則「金甬」亦必屬于軛衡。

郭氏蓋以為甬乃鐘之重文鏞，因而斷定金甬就是金鈴。金鈴也就是「鑾鈴」，楊氏在其「彔佰𢦏跋」（見積微居金文說）中也以為金甬就是指的車鈴。這種說法似乎很有可能，不過由「金甬錯衡」的話看來，好像也很容易令人連想到詩采　和列祖兩篇中的「約軧錯衡」。傳云：「軧，長轂之軧也；朱而約之。錯衡，文衡也。」在出土的車馬器物中，「軎」是一種常見的東西，很可能它就是作為殉葬車子的象徵。它的形狀細長而中空，頗似鐘甬，同時它的位置又在軸端，因之，所謂「金甬」，也很有可能是指的軎。因為軎的形體雖然很細微，但卻是車子的重要器物，所以墓葬用它為車子的象徵，銘文也常要提到它。至於所謂「錯衡」，應當是指衡上的金屬裝飾物，因為它是刻雕圖象的，故謂之「錯」。這種衡飾在出土車馬器物中，也常有所發現（詳下文）。

8金踵、金篆——「金踵」的「踵」應當是輈人「五分其頸圍去一以為踵圍」的「踵」，即是輿下之輈的末端，因其以銅為飾，故稱為「金踵」。至於「金豪」，應當和巾車所謂的「夏篆」類似，鄭注：「篆，轂有約也。」故「金篆」即是指轂上刻鏤的金屬裝飾物。阮氏以篆為革屬恐怕是錯誤。「桼襄金」蓋為以「金桼飾之」之意。

9簟、魚服——「簟弼」即詩碩人、韓奕、采芑、載驅的「簟茀」，亦即車蔽。「魚服」蓋以沙魚皮製成的盛矢之器，此「魚服」與「簟弼」又皆以金漆飾之。

10攸勒——「勒」，即革路「龍勒」與厭翟「勒面」之「勒」，亦即為馬絡頭。「攸」通「鋚」，說文：「鋚，鐵也。」是「攸勒」即指用鐵製成的馬絡頭。

11金觼——說文云：「觼，環之有舌者。」徐箋云：

許云：「環之有舌。」服云：「缺環曰鐍。」似異而實同。蓋此環一端曲折垂出於外為形，就其下垂而言謂之舌，指其中缺處則謂之缺耳。段以為「服說如玦，許謂環中有橫木」，未悉其形也。秦風正義引釋名曰：「游環在服馬背上，驂馬之外轡貫之，游移前卻無定處，故曰游環。」又曰：「軜者納驂內轡繫於軾前，其繫之處，以白金為鐍也。」灝按鐍即游環也。所以為舌形者，使轡入其中，所繫乃定也。莊子所謂「固扃鐍」，蓋以環舌入鑰，其形略同。

是金觼亦即小戎之「游環」。然出土之游環作圓形（詳下文）。

12金膺——「金膺」蓋即采　、韓奕之「鉤膺」。傳云：「鉤膺，樊纓也。」巾車云：「玉路：錫樊纓。……金路：鉤樊纓，……象路：朱樊纓。……革路：條（樊）纓。……木路：前（樊）纓。」是「樊纓」為路車上必有之裝飾。鄭注云：

樊讀如鞶帶之鞶，謂今馬大帶也。鄭司農云纓謂當胸，士喪禮下篇曰：『馬纓三就，』禮家說曰：『纓當胷，以削革為之，三就，三重三匝也。』」玄謂纓今馬鞅。王路之樊及纓，皆以五采罽飾之。」

按說文「鞶，大帶也。」通訓定聲云：「馬腹帶亦曰鞶。」是鞶為馬腹之革帶。前鄭釋纓為當胸，後鄭解圍「馬鞅」。釋名釋車云：「鞅，嬰也。喉下稱嬰，言纓絡之也。」說文云：「鞅，頸靼也。」蓋此纓繞馬頸而垂於馬膺，故巾車疏謂「纓夾馬頸」而前鄭謂「當胸」也。「纓」或許就是所以繫鞙與縛軶之革帶。

此外如番生敦蓋銘之「畫輯」之「輯」即說文之「𨏥」，所謂『車伏兎下革也』。蓋「昏」古作「憂」，故「輯」與「𨏥」為一字之不同寫法。至於「電軔」，「囙靳」皆不知為何物，只好置疑。從以上這些記載，我們大略可以了解到屬於諸侯的金路是包括那些主要的裝飾品，底下我們再從文獻上的記載來更進一步的領會一些有關車馬裝配物的問題。

三、文獻上所見的車馬飾

這一節裡所要討論的，僅限於上文所未提到而見於文獻上的一些車馬飾，茲分述如下：

1韅、靽——左僖二十八年傳云：「韅、靷、鞅、靽。」杜注云：「在背曰韅，在後曰靽。」

按說文無「韅」字，史記禮書「鮫韅」，集解云：「徐廣曰：『韅者，當馬掖之革』」。索隱：「鮫韅者，以鮫魚皮飾韅；韅，馬腹帶也。」又釋名釋車云：「韅，經也。橫經其腹下也。」又荀子禮論「蛟韅」，注云：「韅，馬服之革。」盧文弨云：「馬服乃馬腋之誤。」可見韅有兩種說法，一為馬腋之革，一為馬腹之革。而馬腋與馬腹實相差不遠。故兩說或可並行不悖。

2鞗革——詩小雅蓼蕭「鞗革忡忡」。傳云：「鞗，轡也。革，轡首也。」疏云：

釋器：「轡首謂之革。」郭璞曰：「轡，靶也。」然則馬轡所靶之外有餘而垂者，謂之革。鞗，皮為之，故云鞗革，轡首垂也。

陳奐傳疏云：

鞗為轡首之飾，非轡也。今傳文「鞗，轡也；革，轡首也。」七字，據仲達所見當作「鞗革，轡首垂也」六字，采 箋云：「鞗革，轡首垂也。」此箋正用蓼蕭傳語；鞗當作鋚。革，古文勒。說文云：「鋚，轡首銅也。勒，馬頭絡銜也。」是轡之絡馬首者謂之勒，勒以革為之，故字從革。勒，絡馬首所垂之轡，其上飾謂之鋚，鋚以金為之；說文曰銅，銅即金也，正義謂鋚為皮，蓋因字誤從革耳。

案陳氏之說蓋是。「鞗革」當作「鋚革」，說文無「鞗」字，玉篇「鞗亦作鋚」是其證。「鞗革」即轡首所垂之革，飾之以銅也。

3脅驅——秦風小戎「游環脅驅。」傳云：「脅驅，慎駕具，所以止入也。」疏云：

脅驅者，以一條皮，上繫於衡，後繫於軫，當服馬之脅，愛慎乘駕之具也。驂馬欲入，則此皮約之，所以止入也。

是「脅驅」為繫於衡與軫間，當服馬之脅之皮革。

4綏——詩韓奕：「淑旂綏章」，傳云：「綏，大綏也。」箋云：「綏所引以登車，有采章也。」案論語鄉黨：「升車，必正立執綏。」皇氏曰：「綏，牽以上車之繩。」昏禮亦有壻御婦車授之以綏之儀。說文云：「綏，車中把也。」少儀曰：「車，則脫綏執以將命。」可見綏為執以登車之繩。蓋木繫於車中，故可脫也。方主人燈車時，則僕執之以授主人，主人乃引綏而上。

5鸞鑣——秦風駟鐵云：「輶車鸞鑣。」箋云：「輶車，驅逆之車也。置鸞於鑣，異於乘車也。」疏云：

言置鸞於鑣，異於乘車，謂異於彼玉、金、象也。夏官大馭及玉藻經解之注皆云：「鸞在衡，和在軾。」謂乘車之鸞也。云鸞鑣，則鸞在於鑣，故異於乘車也。鸞和所在，經無正文，經解曰：「鸞在衡，和在軾。」又大戴禮保傅篇文與韓詩說同，故鄭依用之。蓼蕭傳曰：「在軾曰和，在鑣曰鸞。」箋不易之，異義戴禮戴氏毛氏二說。謹案云：經無明文，且殷周或異，故鄭亦不駁，商頌烈祖箋云：「鸞在鑣。」以無明文，且殷周或異，故鄭為兩解。

可見「在軾曰和」，並無異義。但是鸞鈴所在的地方，就有在衡在鑣兩種說法了。鄭康成注經時，已不能確定，所以孔疏只好以殷、周異制免強解說。說文云：

鑾，人君乘車，四馬、鑣，八鑾鈴，象鸞鳥聲和則敬也。

可見許君亦以為四馬、四鑣、八鑾，鑾即繫在鑣上。說文繫傳、段注、徐箋、義證、句讀、通訓定聲諸家並從許說，則自漢以降，四鑣八鑾殆為定論。文說文云：

銜，馬勒口中、从金从行，銜行馬者也。鑣，馬銜也，从金，麃聲。

是許氏蓋以銜與鑣為一物，故以馬銜訓鑣。實則銜乃所以勒口之鐵，鑣則繫於銜旁，露於馬口外之兩塊鐵片。地下實物多有銜與鑣一起出土者（詳下文）。如此，一馬一銜，一銜一鑣，四馬四銜，則合八鑣。所謂四鑣之說，蓋昧於事實。前人所以認為四馬四鑣的原因，恐怕是以「鑣」為「銜」的緣故吧！在目前出土的銜鑣之中，從沒有一個附帶有鑾鈴跡象的，所以鑾在鑣之說是絕對不可信的。上面曾說過，輝縣出土的第一號馬車的衡上有六個鈴，其中兩個在軛端，四個在轙上，虢太子墓中所出土的金軛的頂端，也附有一個同一式樣的鈴，這種鈴應當就是『在衡曰鑾』的『鑾鈴』。輝縣第一號車是兩匹馬駕的車子，已經有六個鑾鈴，假如再加上兩匹驂馬，則應當有八鑾了。只是這另外的兩個鑾，不知究竟要安在那裡。因為驂馬好像是不駕以軛的。

6觼軜——秦風小戎云：「鋈以觼軜。」箋云：「鋈以觼軜，軜之觼，以白金為飾也。軜繫於軾前。」疏云：

言鋈以觼軜，謂白金飾皮為觼以納物也。四馬巴轡，而經傳皆言六轡，明有二轡當繫之。馬之有轡者，所以制馬之左右，令之隨逐人意，驂馬欲入，則偪於脅驅。內轡不須牽挽，故知納者，納驂內轡，繫於軾前，其繫之處，以白金為觼也。

是軜乃所以載驂馬內轡者，蓋以白金製成之觼環置於軾前，驂馬有左右二匹，故此觼環亦應左右各一個。

7錫——詩韓奕「鉤膺鏤錫」，巾車玉路亦有「錫」，鄭注云：「錫，馬面當盧，刻金為之，所謂鏤錫也。」案說文云：「錫，馬頭飾也。从金陽聲。詩曰：『鉤膺鏤錫』，一曰鍱車輪鐵。」詩韓奕傳云：「鏤錫，有金鏤其錫也。」箋云：「眉上曰錫，刻金飾之，今當盧也。」是「錫」乃馬眉上之飾，所謂「當盧」者也。

8鉤——巾車金路，鄭注云：「鉤，婁頷之鉤也。」疏云：「云鉤婁頷之鉤也者，詩云：『鉤膺鏤錫』，鉤連言膺明鉤在膺前，以今驗古，明鉤是為婁頷也。」是鉤即馬婁頷。

四、馬車上的旗幟

配置在車馬上，藉以表示階級身份的，除了以上所述的車馬飾外，更為重要的，應當是旗幟。周禮春官司常云：

掌九旗之物名，各有屬以待國事。日月為常，交龍為旂，通帛為旜，雜帛為物，熊虎為旗，鳥隼為旟，龜蛇為旐，全羽為旞，析羽為旌。及國之大閱，贊司馬、頒旗物：王建大常，諸侯建旂，孤卿建旜，大夫士建物，師都建旗，州里建旟，縣鄙建旐，道車載旞，斿車載旌。

據此可見王建的旗幟是畫日月的「大常」，諸侯是建畫交龍的「大旂」，孤卿建的是通帛的「旜」，大夫士則建雜帛的「物」，至於道車則載全羽之「旞」，斿車則載析羽之「旌」。鄭注云：

物名者所畫異物則異名也。屬謂徽識也。……通帛謂大赤，從周正色，無飾。雜帛者，以帛素飾其側。白，殷之正邑。全羽、析羽皆五彩繫之於旞旌之上，所謂注旄於干首也。凡九旗之帛，皆用絳。

像司常所掌的九旗物名，顯然以階級身份畫分得很嚴格。但是這些名目在禮經裡，卻是混淆不清的。譬如熊虎為旗，本專屬師都所建，而九旗亦謂之旗；日月為常，本天子所建，而諸侯之旂亦謂之常，行人公侯伯子男建常是也；交龍為旂，屬之諸侯，而覲禮天子朝日東郊卻謂載大旂；析羽為旌，本斿車所載，但天子至大夫士之旗亦得謂之旌，樂記所謂龍旂天子之旌，鄉射旌各以其物是也。由此可見，九旗的制度是否這樣嚴密，那是很值得懷疑的，起碼在當時的儒者，就沒有統一的觀念。因此，表現出了不同的主張。雖然，為了製作上求取一個標準起見，我們姑且還是依據司常的所謂九旗。那麼儀禮所用到的馬車上，王所建的大常，諸侯的大旂，大夫士的物以及道車的旞，和斿車的旌，其形制大體是怎麼樣呢？那恐怕只能從文獻上的零星記載，略為考徵了。因為地下出土實物，迄未有旌旗的發現。且先說到「大常」。

周禮巾車王建大常，十有二斿，以祀。鄭注謂「太常九旗之畫日月者，正幅為縿，斿則屬焉。」夏官節服氏：「維王之太常。」注：「王旌十二旒，兩兩以縷綴連，旁人持之。」是大常為畫日月於正幅，其旒則為十二。又左傳桓二年：「三辰旂旗，昭其明也。」故此言日月實兼有星。又穆天子傳說葬盛姬云：「日月之旗，七星之文。」郭注：「言旗上畫日月及北斗星也。」書益稷及左傳桓二年孔疏，並引穆天子傳證大常畫日月北斗，又據前面所引述覲禮之鄭注賈疏，則大常於日月星辰之外，尚繪有交龍。蓋縿首畫日月星辰，而其下及旒畫升龍、降龍也。爾雅釋天云：

素錦綢杠，纁帛縿，素陞龍于縿，練旒九，飾以粗，維以縷。緇廣充幅，長尋曰旐，繼旐曰旆，注旄首曰旌，有鈴曰旂，錯革鳥曰旟，因章曰旃、旌、旂。

釋曰：

此別旌旂之異名也。素錦綢杠者，自此至維以縷，說旂之制也。綢，韜也。杠，竿也。先以白地錦韜旂之竿，禮記所謂綢練設旐夏也。則以纁帛著於素錦名縿，縿即眾旒所著者。陞，上也。又畫白龍於縿令上向，又練絳帛為旒九，以著於縿。飾旒之邊用綦組。維持其旒使不曳地以朱縷。詩鄘風云：「素絲紕之。」鄭箋云：「素絲者以為縷，以縫紕旌旗之旒，縿或以維持之。」是也。郭云：「周禮曰：『六人維王之大常』」者，夏官節服氏職文。後鄭注云：「維之以縷，王旌十二旒，兩兩以縷綴連，旁三人持之。禮天子旌曳地。鄭司農云：『維持之』是也。」廣雅云：「天子杠高九仞，諸侯七仞，大夫五仞；天子十二斿至地，諸侯九斿至軫，卿大夫七斿至軹，士三斿至肩。緇廣充幅長尋曰旐者，緇黑色也。以黑色之帛，廣全幅，長八尺屬於杠名旐。又以帛繼續旐末為燕尾者名旆。郭云：「義見詩」者，小雅六月云：「白旆央央」是也。注旄首曰旌者，李巡曰：「旄牛尾著竿首。」孫炎曰：「析五采羽注旄上也。其下亦有旒縿。」郭云：「載旄於竿頭，如今之幢，亦有旒。」如是則竿之首有毛有羽也。故周禮序官夏采注云：「夏采，夏翟羽色。禹貢徐州貢夏翟之羽，有虞氏以為緌，後世或無故染鳥羽，象而用之，謂之夏采。其職注云：「緌以毛，牛尾為之。」緌於幢上，所謂注旄於竿首者也。有鈴曰旂者，郭云：「縣鈴於竿頭，畫交龍於旒。」司常云：「交龍為旂。」又曰：「諸侯建旂。」然則旂者畫二龍於上，一升一降相交，又縣鈴於竿，是諸侯之所建也。詩小雅云：「旂旐央央」是也。錯革鳥曰旟者，孫炎云：「錯置也。革，急也。畫急疾之鳥於縿也。」鄭志答張逸亦云：「畫急疾之鳥隼。」以司常云：「鳥隼為旟」，詩小雅云：「織文鳥章也。因章曰旃者，孫炎曰：「因其繒色以為旗章，不復畫之。周禮云：「通帛為旜」者。以因其文章與周禮通用綷，帛隨意立名，其實一也，故引以為證。旌旂者，九旗之名雖異，旌旂為之總稱，故以此題之。

以上這段紀載，對於大旂的形制，說得很清楚。其杠高七仞而九旒，其長至軫，竿頭有鈴；若天子則杠高九仞而十二旒，其長至地，且於縿首畫日月星辰，其下及旒畫升龍、降龍。此外與大旂當無甚分別。注旆首曰旌，則大常、大旂亦當有之，唯必以全羽，蓋上可得兼下也。至於大夫士之物，道車之旞，與斿車之旌，雖無明文可據，然亦差可由此推之矣。大夫之物七旒而無畫，其長至軹，唯以雜帛飾其側，其竿五仞，首飾全羽之牛尾，士之物三旒無畫，其長至肩，以雜帛飾其側，其竿三仞，首飾全羽之牛尾。道車則各比照所屬階級，而於竿首飾以全羽，斿車亦然，唯竿首飾以析羽。

關於這些旗幟的形制，我們很難從紙上材料獲得具體的解答。金文旂作，可見其斿是很長的，又車馬獵紋鑑上所繪的旌旂（圖版柒右上、圖版拾玖左下），也繪著許多的長斿，因之，所謂「斿長至地，至軹及肩……」，大概是可信的。此外，我們已沒有更多的實物或圖像來佐證。不得已只好拿聶氏三禮圖所繪各種旌旂的圖象，來幫助我們瞭解古代旌旗的制度而已。（圖版拾陸）

五、地下出土的車馬飾

在田野考古的發掘上，關於車馬的裝飾品，出土的數量很多，只是這些裝飾品，有的固然可以確定出它們在車上、馬身上所裝飾的位置，但莫知所用的，仍然很多。底下我們且將這些出土的實物，分別所類敘述如下。首先談到馬身上的裝飾品。

甲、馬飾

1馬絡頭（即馬轡飾）

在馬飾中，最重要的莫過於絡頭。一九五〇年春的殷墟武官大墓發掘，在北墓道中，馬骨出了一六架，據發掘小屯的經驗，知道殷代習慣，是一車四馬，那麼一六馬正是四駟之數。這四駟馬架分配在三坑之中。靠西壁一坑，發掘號叫N一，裡面埋了馬骨四架，兩架在北，兩架在南，馬頭上均有絡頭，以小圓銅泡作飾，北端二架，項下還有銅鈴。靠東壁的一坑發掘號叫N二，裡面埋了馬骨六架。三架在北，兩架在中，一架拳屈在南端。牠們也有銅鈴、絡頭、銅泡，有的並有當盧、銅鑣、節約。中間錯北一坑、發掘號叫N三，裡面也埋有馬骨六架，三架在北、三架在中南，牠們不但有當盧、絡頭、銅泡、銅鈴等，而且有幾頭排列得還甚好，可以考見當日絡頭組合之狀，其中K架的馬頭，尤為清晰（圖版玖右上，這是復原圖）。大概絡頭組織，馬額上邊橫勒一道壓眉，左右各三銅泡，正中一個秋葉形或他種形狀的當盧。當盧下一道鼻磙梁，三個或四個銅泡，下接一道橫帶，左右也各有三個銅泡，壓眉與橫帶，分到兩頰，左右各以一道立柱聯接之。立柱是九個銅泡聯成的，接處兩個較大，中間七個略小。上面兩個大的，有的或換用十字形的節約，下面或者換用口字形的方鑣，但其組合是一樣的。這組合與西周的馬絡頭差不多，不過西周的增加了銅馬銜，這時候還沒見馬銜羈了。南墓道出現馬坑一個，名Si，有馬骨三架，其旁亦皆有銅泡、銅鈴，與北墓道中同形。

關於組成馬絡頭的種種配件，我們且將這個墓中所出土的，分別說明如下：

銅鈴：此墓共出銅鈴一九個，在W八者六，在北墓道者一二，在南墓道者一，其中犬鈴西，馬鈴一五。馬鈴分大中小三型，大型馬鈴正背面各有一長方形裂孔。中型馬鈴正背兩側各有一三角形小裂孔。小型馬鈴無裂孔。馬鈴出土位置，有尚在馬項下者。犬鈴較扁而短，有偏稜、雙積兩式，W八三個為偏稜，N四壹個為雙稜。馬鈴大者高八公分以上，小者在六公分以下，中者在七公分左右，犬鈴高度與小馬鈴近，惟下口較犬馬鈴下口為寬，（圖版柒右上，七）在濬縣辛村西周車馬坑也有馬鈴出土：鈴一，M二一：一〇號（圖版拾左下一二），形扁橢，口曲邊直，上用鈕懸。兩面鑄饕餮頭倒懸，猶承殷代銅鐃遺制。出土地有和馬飾同出的，故知其可用為馬鈴。通鈕高一二，上頂縱橫四．二──六．六，下口橫六．一──八．八，厚〇．三厘米。重四三八克。另一，M二一：九號（圖版拾左下一三），同墓出土，惟饕餮紋較密，都是陽紋雙鉤。通高一三，上頂縱橫五．二──七．二，下口橫六．九──九．六，厚〇．二五厘米。重四九一克。另一鈴，M二：一〇七號，亦屬大型類，作法相同，稍殘，與馬飾同出。鈴二，M六二：九號，是小型鈴，出土于墓六二，是一個葬馬坑，故知其為馬鈴。形若大鈴，惟尺寸較小。紋已變為二夔紋相對，然倒視之，二目分列，仍保持有饕餮頭倒懸的輪廓。

通高二・五厘米。同墓共出一對，M一：四〇號，也是小型鈴，鈴紋猶保持饕餮頭倒懸狀。全墓地在墓二一、一、二、五、六二、二五，六墓中，共出大型馬鈴六，中型一四、小型五，共計二五枚（犬鈴除外）。馬頸繫鈴在西周後期和戰國的車馬坑中並未發現，可見那是殷代的風氣，在西周早期還保留著。

銅當盧：出土共十個，北墓道八個，W八兩個。分楸葉形、荷包形二式。楸葉形七，背有二橫梁，面皆作連點形印，紋荷包形三，其一背梁豎生，與一二八兩個橫生者不同。楸葉形平均高度在六・四公分左右，寬度三・二公分左右，荷包形N三壹枚，高七・〇，上寬七・〇，下寬五・〇（圖版柒，三、五）。

銅鑣：出土共八枚，皆在北墓道，形狀皆為四銅泡連鑄式，連處皆作竹節形，背梁橫生，四泡各具一梁。泡面中央各有一點突起，殆鑄造遺痕。中高四公分，寬一邊五公分，一邊六・二公分（圖版柒，六）。

十字形節約：出土七個，皆在北墓道，用於轡帶結節處。中為一銅泡，四面生四小管，為轡帶結節後的四出引路，長三・七公分，寬二・五公分，泡面中央亦有鑄痕（圖版柒，一）。

十字形梁銅泡：出七六枚，此種銅泡較大，背面二梁，相交如十字，常居節約、當盧或鑣之地位，凡無專製銅鑣、當盧或節約之馬轡，均以此代替其功用，一轡全用者多為六枚。直徑四・四公分（圖版柒，四）。

一字形梁銅泡：出四一二枚，狀如前而較小，背面生一梁，橫貫革轡用途多位於二結節間。直徑三・

○公分（圖版柒，二）。

在張家坡西周墓的車馬坑中，馬身上也發現有成套的馬具，包括絡頭、籠嘴等，都釘有各式銅泡或貝飾（圖版拾捌右上是復原圖）。第二號車馬坑第一號車的四匹馬都是銅飾馬具（圖版貳上）。這些馬飾之形制，請見圖版拾捌左下。

絡頭和現在馬絡頭的結構相同，在縱橫皮條上都串有小銅泡，而在皮條連結的地方都串上一件特別式樣的銅泡，另外，在馬額上還有一條皮條直系到馬脖子下面，皮條上串著長方形的銅泡，在馬的頭頂上，有一件大的獸面銅飾（圖版拾柒右），銅飾的兩個下角夾在馬耳朵間，銅飾的上下兩邊各有三對穿孔，獸面可能是釘在馬頂上的皮套上的。

籠嘴的做法是：是一根皮條做中線，在中線上釘八根橫皮條，第一至第五根皮條都繞成圓圈，然後把中線的下半段向後折轉，下端結到最上的皮圈上。第六、七、八等三根橫皮條的兩端也向上折轉，結到最上的皮圈上，就做成了方格网狀的籠嘴。銅飾的馬籠嘴在縱橫皮條交叉的地方串上十字形銅泡，併在中間一條上，即馬鼻正中的一條上，穿上兩個彎曲的長銅片（圖版拾柒右），用貝作裝飾的絡頭和籠嘴，與上述的基本相同，只是在皮條上釘上貝作裝飾。

又成都羊山第一七二號戰國墓也出土一些馬轡飾，它們均出土於墓的東北角，有兩種：（一）鉣泡（一七二：四三），有二式，一為心形泡，四八個，銅質，泡面包銀，呈心狀形，正面中間凸起，背面凹陷，中間有兩個橫梁，泡長二·九公分，一為橢圓形泡，四四個，銅質，面包銀皮，正面亦凸起，背面亦凹陷，中有兩個橫梁。泡長三·一公分。（二）銀質環形飾二一個（一七三：一〇），全部銀質，成圓環形，正面凸出，背面凹入，中間填滿白色堅硬的物質。外徑五，內徑二．六公分（圖版捌）。

又河北省唐山市賈各莊的戰國墓中，更出土一套很完整的馬轡飾（圖版柒左上），其墓一八出土兩具，每具由四種飾件構成。①素銅鐶一個，一段呈平形，直徑二．六、厚〇．五公分。②繩索紋鐶共二個。圖形扁平，兩面有紋飾，直徑三．五、厚〇．五公分。③半圓球形飾共四個。圓頂平底，底中央有圓穿，周圍有四長方形穿。徑二．二、厚一．五公分。④扁筒形飾共一三一個，長方形透空，外表面的中間有綯紋一條。長寬厚為一．六×一．〇×〇．七公分。

以上四種都是裝置在皮條製成的轡上的。轡已經腐朽，今根據轡飾出土的位置把它復原（圖版拾捌左上），從形式觀察當是實用的轡飾，戰國時代的馬轡，能夠復原的，這是第一次。

又濬縣辛村西周墓車馬坑亦有許多轡飾出土：計有當盧、馬冠、月題、馬籠嘴等，分述如下：

當盧一，M六〇：三三、三四號（圖版玖右下，一），是飾于馬顱上的一種飾物。本體若圓甲泡，周有平緣，上方突出兩歧角，下邊垂一長方形鼻梁，亦皆有邊緣。兩歧角和垂梁的背面，各有一橫梁，貫穿皮革，以絡于馬頭。這樣刑式的當盧，或稱為馬面。高一九．五，中圓泡徑五．八——八．三，鼻梁長四．五，歧角距九．五公分。二當盧尺寸略同。

與此同型的當盧，此墓共出四面。另墓七六出二面，墓六七出八面，墓六八出二面，墓二九出四面，墓六一出二面，墓一出四面，墓一九出四面，墓四出二面，共三二面。凡一墓出有馬鑣的，馬鑣多為當盧的倍數。M六一：四號，代表一種小型且周無邊緣的當盧。

當盧二，M三八：二號甲、乙形與上同，惟上面兩歧角直上不曲，背面三橫梁變為豎生，圓泡和垂鼻與中央圓泡相交處另加四個銅條幫助加固。圓泡正面無邊緣，背面有銘文，二甲號似一『立』字，二乙號似一『甲』字。長一九，圓徑七・三，角尖距六・五厘米。

照這樣形式的當盧，此墓出二件。又墓五五出二件，共只四件。

當盧三，M一九：一四號，這一種當盧，上邊的歧角改變為直長平片，刻劃三迭『[illegible]』紋，下垂處刻劃二迭『[illegible]』紋，圓泡中為『◇』紋，周有邊緣。背面三梁改為二橫梁，功用應同。長二三・八，中圓徑九・八厘米。此式當盧，只此一墓出三件。

上述三式的當盧，共出三九件。

當盧四，M二：五〇、五五號（圖版玖左上，六）此物上寬下窄，面有直紋，背有三橫梁和在馬面上的同。不過此物甚小，只能稱為當盧，不能稱之為馬面。長五・六，上寬五・三厘米。同墓中共出土三個，均與轡飾同出。在轡飾群中另有二：五一號一器，面為獸面，背面三梁亦與馬面背面同，不知是否同為當盧之類，姑附列于此。

馬冠一，M八：六〇號，大獸面形，以前誤認為方相，今依西安張家坡第二號車馬坑四馬頭上所出的四獸面，確證知這是馬寇的裝飾。此物出四面，掛于墓的南壁，與轡飾圓鑣等同出，上寬、下頦上凹，合於馬頭的上凸，與張家坡的馬冠同（參看圖版四五，二）。高二二・一，上寬二七・八，下寬一六・八厘米。重六八一克。

馬冠二，M一九：六號（圖版拾右上），前一天獸面是合鑄的，耳目口鼻為一塊，其外形與張家坡所出的同，故證知其為馬冠。此一大獸面是分鑄的，耳目口鼻為六件，其外形輪廓（應聯綴在一塊皮革上）雖不可見，而組合起的像貌，卻與張家坡馬冠的獸面是同一類型，故亦可證知其為馬冠。此物共出四面，和八面圓鑣、四個當盧、八一個方轡飾、一一五個圓轡飾，同出墓一九的東南階，按器群性質和位置，亦可推證其為馬冠。高二五．五，兩角外尖距三三．七厘米。

馬冠三，M八：一九號，也是分鑄式的馬冠，耳目口鼻共六件，綴合起組成獸面形。共四具，出土墓八的南壁，和例一一九的位置一東（六〇號等）一西（一九號等），各為馬冠之四具。目徑一〇．七，鼻高一二．一，耳長六．六，口寬一九厘米。共重三九一克。

馬冠和月題：M二：四〇、三九號（圖板拾右下）。這組月題，正出獸面之上，當發掘時，我們以為這是獸頭上的冠，故即以『冠飾』名，當時頗疑心這是衣甲上的飾物。及張家坡馬冠出土，復讀「莊子，馬蹄篇」，始悟其正為古之月題。此物亦出在墓二的東南階，為習慣上陳列面飾之處。月題出四具，馬冠獸面只殘存二具。此獸面由四件組成，兩耳兩目為一件，口為一件，兩角各為一件。組成後高二三，寬二五．五厘米。共重五三一克。月題中高一一．二，兩尖距二六．一厘米。

附大獸面：M四二：一三四號（圖版拾左上），此物耳目口鼻渾鑄在一起，角上三歧出，三具相同分出墓四二之三隅（另一隅有盜坑）。高一七，上寬一九．六，下寬一二．三五，厚〇．二厘米。重二九七克。背有三梁可穿系，不似馬冠，姑附述于此。

馬籠嘴一，M二一：一三號（圖版拾左下）。也是因為張家坡出土的這種馬籠嘴，始正確認識到此物的名稱。這個銅條，出土時正為彎曲形，當時以為壓彎，今始知正是包封馬嘴的自然彎曲，即

『兩個彎曲的長銅片』。伸直長二八・二，上寬三・七厘米。同墓出二條，同號，一長一短，是編組時相續的二節，這些情況都與張家坡出土的籠嘴情況同。

馬籠嘴二，M二：五八號，這和張家坡所出土的，馬籠嘴上的銅鼻梁、銅口梁相似，上端也是獸頭形，身窄而長，下端收尖，長度約三〇，寬約五厘米，中凸起。此墓殘存同型者一對。

上端為獸頭形的馬籠嘴鼻梁，在墓七五還出土一對（M七五：二號），尺寸略小。

馬籠嘴的鼻梁，也有不為獸頭形的，如M八：三一號的一對，就不是獸頭形，頂端高凸肥大，只具有獸頭形的輪廓。長三三・一，中寬三・二厘米。同墓同形的共出一對，另有三殘段，合為兩具籠嘴上的銅骨。

十字形管，是組織籠嘴時串在縱橫皮條交叉處的節約，凡出有鼻梁的墓葬都連帶出此物。

馬脊背飾：M八：四六號，這一銅飾用于馬的脊上近頸處，前系于軛，後聯于靳，兩側系于轠，也為服馬的靳環所串聯，這些也因西安張家坡第二號墓所出土的位置證知之。長二〇・八，中寬二・六厘米。

又河南南陽楊官寺漢畫象石墓亦有轡飾之出土，計有下列二種：

①當盧：二件（一一〇、一一一），中部皆稍殘損，就復原的形制來看，正視似為馬頭形，下部為圓角長條形，上端逐漸加寬，並沒有透雕花紋，背面上下皆有豎鈕。表面鎏金。復原後約長一〇・六公分（圖版貳拾，八）。

②銅泡：殘整共六件（一〇），圓形面圓鼓，內中空，在器內口沿處嵌有棍一根，表面鎏金，徑

三，厚〇·七公分左右（圖版貳拾五〇，一一）。

此外在安陽大司空村晚殷墓中，亦有鑾飾之出土，可惜這些鑾飾未能攝得圖片，但錄其文字，以備參考。

①當盧二件（五一，五二），出土時附於額骨上，形狀與銅泡相同，背面中間有併列的橫梁兩個，可與其他鑾飾相穿繫，徑長六·七，厚〇·二公分。

②銅泡：在每個馬頭上約有五〇餘個，羅列的，有次序，其形式與今日之『絡頭』相似，圓形中間凸起，背面凹陷，於中間有橫梁一個和當盧的形狀相同，直徑三·四公分。

此外在每個馬頭的鼻梁骨上，各附有蟬形泡一個，背面中間有橫梁二，從其位置和有二梁的情形來看，它是向上及與左右各泡相連繫的中心泡，與當臚所起的作用相同，泡長五·六，大端寬四·一，小端二·七公分。

除上述之外，在輈槽中及輿的前面排列有大銅泡三三個（三三、三四、三五），按排列的情形看來，可能就是附輈大皮帶上的飾物，泡形較大而略扁，凸起面有絃紋，直徑四·六公分。

以上鑾飾全是銅質，保存的情形，除少數銅泡，因腐飾的較甚而破碎外，其餘都完整。

2馬銜、馬鑣

安陽大司空村：鑣四個（四七、四八），分別在兩馬頭的口角兩側，近於方形，中間有圓穿一，為繫銜之孔，在一端有長穿可縛繫，貼著馬嘴的一面光平，另面在圓穿兩側有凸起的兩個半管形的通孔，長與鑣寬相等，中穿皮條與他飾相銜繫，現在孔中尚存有清楚的皮條遺痕，鑣長七·三，寬七·

二公分。

濬縣辛村車馬坑也出土有許多馬銜和馬鑣：

馬鑣一，M一：五二號（圖版玖，一），形正方，中有孔，下有半環，正方形的上下兩邊皆為管狀，可穿繩。長八．四厘米。

馬鑣二，M四：一九號（圖版玖，二），形同前而略小，上下邊兩空管，變為兩小鈕，移于一側，其用以穿轡，與上下兩空管同。長七．五厘米。

馬鑣三，M四：一一號（圖版玖，七），這是上大下小，形態微曲的角形馬鑣，其中孔、側鈕，與馬鑣二的功用全同，不過形狀變方為長而已。長一二厘米。

M六二：三號（圖版玖，三），與上略同，不過變二側鈕為二背鈕，移在鑣的背面。

馬鑣四，M三八：六號（圖版玖，五），形狀亦似角，為曲柱形，非扁平形，背鈕變為兩個側孔。長一〇厘米。又M六七：三號（圖版玖，四）、M五：一〇六號（圖版玖，六）亦屬此類。

馬鑣五，M二：五六號（圖版玖，二），這種鑣不為方形，亦不為角形，而為圜形，視作龍蛇盤屈，透空，正中仍為一圓孔穿銜，背有四鈕代替二鈕。出一對，和其他馬飾同出在一起。徑九．六厘米。

M一九：一〇號（圖版玖，三）的四對圜鑣也屬這一類，不過這四對中心透孔，餘處尚有中心不透空的。

計此墓地在墓一、四、八中，出方形鑣一四件。在墓四、五、三八、六二、六七中，出角形鑣三四件。在墓二、八、一九中，出圜形鑣一四件。共計六二件。

馬銜一，M六二：三號（圖版玖），左上。此地出鑣頗多，而銜只二對，蓋猶沿襲殷代以皮條為馬銜的傳統，故銅鑣多而銅銜少。這對銅銜，仍是兩根皮條互曲環套的形式，可以皮作銜的證明。長二一·八十九·厘米。共出一對。

馬銜二，M五：一〇六號，是西周末期銅銜的形式，中心兩環的上部，已看不出迴環互套的情形，而變為直棍形。這種形式的馬銜，是從西周末年升端的。

羊子山一七二號墓：出土四件，均出於東北角，有兩種形式，I式三件（一七二：四二）在銅棒兩端各附一大一小扁圓環，兩小環互相扣分。通常二一厘米，II式一件（一七二：五三），其形制長度與上三件相同，惟環更扁些，銅棒上為繩紋（圖版捌，六）。

賈各莊戰國墓：共出土四件，在銅棒形兩端各附一大小扁圓形鐶，兩小鐶相套合連接在一起。墓一八所出土的較厚重，或為實用的馬銜。墓一八所出土的較薄或係專供隨葬用的明器（見圖版拾肆右下）。

器號	通長	銜寬	銜厚	大鐶徑	小鐶徑
一八：三五－三六	二三·三－二二·三	一·二	一·一－一	四·九	三
二八：三三－三四	二一·七－八	一·一－一	〇·四	五·三	二·七－二·六

輝縣固圍村戰國墓：銜共得八件，分別出一一一、一三〇、一四〇三個墓，八件是兩范合制，器

上有顯明的合范縫，兩端各一環，都是圓形。中間兩小環相套，一三〇號墓所出的兩件，中間兩小環都是桃實形圓。

附骨鑣說明：一三〇號墓所出兩銜，出土時兩端環上都套有骨制的鑣（圖版柒右下）。鑣作角狀彎曲，兩端齊頭，粗細不等。橫斷面約成八角形，約當中段，在狹面上穿長方形孔兩個，銜的環即套在兩穿之間。兩穿蓋用以繫革帶。鑣長一六（中直長），粗的一端徑一．六——二．六，細的一端，徑一一．三公分，穿縱長一．五，寬〇．六公分，根據出土的情形，無疑是鑣，有人誤以為弓弭，是毫無根據的。

河南南陽楊官寺漢畫象石墓：銜鑣：能夠復原大部分的一件，銜（一〇八）為三段套連而成，中間的一段較短，每段中間凸起一棱，兩端各有一橢圓形環相套扣。鑣（一一二）殘五節，復原後為『S』形，在兩端的凸面上，作有連續的孤形透雕紋飾，器中部有二孔，鑣應是套在銜的兩側的。銜的一端殘損一環，殘長八．五公分，鑣應為兩付，其中一付能復原，器長一〇．一公分，另一付反剩鑣的一側，並殘缺（圖版貳拾，六）。

3其他：

此外，出土的馬飾，尚有游環、馬頸飾、馬脊背飾、馬尾飾、馬鞈飾，玆分述如下：

⑴游環：成都羊于山第一七二號墓出土有一四件，作圓形（見圖版捌，七）。

⑵馬頸、馬尾飾：在羊子山車馬坑中，第一號車四匹馬的頸上還發現了成套的銅飾，馬尾骨附近都一堆蛤殼和蚌魚，它們應當是繞在馬尾巴上的裝飾品。

(3)馬脊背飾：濬縣辛村車馬坑出土M八：四六號，這一銅飾用于馬的脊上近頸處，前系于軛，後聯于　，兩側系于韅，也為服馬的靳環所串聯，這些也因西安張家坡第二號墓出土的位置證知之。長二〇．八，中寬二．六厘米。

(4)馬鞁飾：濬縣辛村車馬坑出土M五：七二號，三角形細管，可穿革，一頭連于馬的脊背，一頭分叉穿革迴環于馬的臀部，是馬的後鞁所系掛處，尺寸失記，長約一五——一六厘米。

與此同形的的馬　飾，同墓中一一八號也是一具，墓二四也出一具（M二四：三二號），三具都是此墓地的晚期物。

乙、車飾：

我們在上文說過，輝縣戰國墓出土的十九部車子中，只有第一號車有銅製的裝飾品，其墓主的身份很可能是屬於諸侯，因此我們選擇這部車子作為金車的代表。底下我們且將這部車子上的裝飾品分別敘述如下（括號中數碼是出土號）。至於其他各時期的墓葬中，如出土有車飾者，也依其類別附述之。

1半圓形銅圈（圖版拾壹，一）共二件（三、六）弧形的圈上鑄有紋索紋，圈孔的半徑為一．四，下面的直徑兩端伸出圓周的外邊，共長六．八，似乎原來嵌在木條上、圈中可以穿過繩索。兩件都發現於第一輛的軾的附近，它們也可能是第二輛車子的衡上的轙。

2銅連環（圖片拾壹，二）由兩個銅環相聯貫為一件，共出三件，環圈上都有文飾，其中二件（四，五）是在伏軾附近的高處發現的，相聯貫的兩環，都是大小幾乎相等，外徑為三——三．二，另外一件（六〇）兩環大小相差很大，外徑為三．七和二．六，這些似乎是軜一類的東西。

3銅鑾（圖片拾壹，三）共出六件（七、一三、一四、二二、四〇、一一），上半作輪狀，有輻狀條四條，湊合於中央一個含有彈丸的扁球體，輪的外徑為八．二。下半為柄，斷面作長方形，中空全長一三．二，宋人金石書曾有著錄，誤以為『漢舞鐃』（呂大臨考圖卷一〇、宣和博古圖錄卷二七）。清代阮元才訂正宋人的錯誤，確定他們是車器。他引鄭氏注戴記，鸞在衡，和在軾，以為這些是冒在車前軾立柱上的銅和。這次發現的六件中有二件帶有銅座（七、一四），是安置於木軛的上端。軛被御縛在衡上的時候，這些帶銅座的便會超出衡木的上面，好像插在衡木上一樣，其餘四件沒有銅座的，在每軛的兩側各有一件。這四件的柄上，在離底部約二．五處，都有容釘的細孔，可能是裝在轙上或直接裝於衡木上。而以前一可能性為較大。可見這六件都在衡上，不在軾上，應該叫做鑾（或鸞）。又洛陽東郊戰國墓出土的銅鑾是上鑾下座，鑾就是車上的鈴，橢圓形，邊具六裂孔，中央正背隆起，空腔中含銅丸。隆起處正面裂為八孔，中心一孔；背面只中心一孔。座為長方截錐體，上小，下微大；中空，以冒軛首，兩側有釘孔橫貫以固於軛端。紋飾正背面各有直線三條，兩側各有一條。上頂平正，另接一小柄，上承鑾。全高一四．五，鑾徑六．三——七．三，座高六．六，長寬上面三．〇×二．〇，下鋈三．二五×三．六五厘米，附鑾鈴之軛（圖版拾玖右上），另有一鑾（一號），形略同，但鑾部正背皆裂八孔，釘孔在座的前後為異，可證知與前鑾並非同組。高一四厘米。

4衡端銅飾（一五）（圖版拾壹、四）原來當有二件，現僅發現一件，另一件為漢墓所破壞，器形如有底的圓管，長四．六徑二．九，管上站立一鳥形飾，離底端約〇．九處，有容釘的細孔三個。

又洛陽東郊戰國墓出土的衡末飾（圖版拾肆）是銅質長管狀，一端透空冒於衡木一端，木猶存，他端有當，上下各有三個小方孔，上方下圓，互相對應，可貫釘鍵等以固於衡。管的前面後面及上面，各鑄有牛頭紋飾四個，面均向有「當」一側。牛頭浮雕，猶為早期作風。管長二三，徑二．七，銎徑二．三厘米。管中存木，殘長六，徑一．三厘米。當日冒銅時衡木必充滿管銎（徑二．三公分），而今日木徑只在一．三公分，可知其收縮率。

另外安陽大司空村晚殷墓出土有三角器二件（四三、四四）形狀相同，三角形薄片，正面有凸起的紋飾、背面光平、上下兩端各有豎立半圓形的鼻一個，可穿繩或皮條縛繫，兩器出土時一在東邊馬的前腿上(四三)，一在西邊馬頭的右側斜立著，(四四)，由它們出土的位置來看，不適合於轡飾當盧之用，應當是軛與衡相縛處的飾，用以遮掩繩結不使外露者，器長一五．二，厚〇．二五公分。

又衡飾二件（三九、四〇）獸面形，背面凹陷有併列的橫梁兩個，可以繫，出土時在兩馬頭之間的坑底上，可能是縛繫在衡上的飾物。

另有帶鼻的圈形器一件（三五），在銅圈外側的一邊有豎立橢圓形的圈鼻一個，鼻較銅圈略高，此器的位置在右側車輪的後邊，高出墓底約〇．二公分，圈徑三．四，高二．一，壁厚〇．二公分。

5軥端銅飾（圖片拾壹、五）應有四件，現僅出兩件（二〇、四三）都屬左側的一軛，右側的兩件已為漢墓所破壞，軛的兩腳近末端時向外詰曲如鉤。許慎說文：「軥，軛下曲者」（卷一四），這些加於軥端的銅飾也作蜷曲的管狀，高三．一，橫剖面作橢圓形，徑長三．五和二．三，離底端〇．八處，有兩個小孔，可以安釘子。

6正方形銅鈕（一九）（圖版拾壹、六）發現時這件是在衡木的正中央部分，器形下部較大，每邊長三·九，無底上端每邊長三·六，有正方形孔，四形都有一長方孔。

7長方形銅鈕（圖版拾壹、七）共二件（一七、二二），位置在前一件的兩側，可能嵌在衡木上，下部較大，長寬為三·六×二·一；中間有一寬〇·四橫梁，上邊和四側都沒有洞孔，由於橫梁的位置和形狀，這些銅鈕當為穿皮索用的。

8附瓦狀銅衡飾（圖版拾壹、八）共二件（一六、四二）這兩件是以銅片製成，正面狀如長方形的纏綿板，較短的兩邊有凹入的缺齒，體作覆瓦狀，中間稍隆起，可貼合於圓柱形的衡木上，長寬為八·五×三·一。

9輢柱上的銅管（四九）（圖版拾壹、九）這銅管發現於左側車輢後邊木柱的上端、管高二·五，孔徑為四·七，無底，管的上端邊緣向外擴延，外緣直徑為七·八，這銅管似乎是為著插斿游旆或武器等用的。

10銅軎（五〇）（圖版拾壹、一〇）這組銅軎共四件，許慎說文「軎，轂端錔也」（卷一四），車轂的兩端大小不同，而以近車箱的一端為較大，這組銅軎中近車箱的兩件也是較大，外徑一二·五，孔徑為一一，近車轄的兩件較小，外徑一一，孔徑一〇，銅軎所留的洞孔是貫穿軸木用的，因為軸木由內向外穿過車轂，是逐漸縮小的，所以銅軎的孔徑也有大小的不同，每件都由兩段拼合而成。每段有細孔二——三個，以便安釘以固著於轂上。

又賈各莊戰國墓也出土有兩對（圖片拾肆右下），形式完全相同，有圓筒形的軎，附有外折的寬緣，近緣處有長方形穿。中穿有轄，轄首作獸面形，獸首中橫透長方形穿。轄身長條形，尾部也有一長方形穿。墓一八出土的一對，軎的外端年凸棱，周壁飾有鉤連雷紋，橫直粗線相鉤連，中間填以雷紋。轄首獸面與首者略有不同。這四件軸頭的軎與轄都是用兩范合成。

器號	通高	軎徑	軎緣徑	壁厚	緣厚	轄長	轄寬	轄厚
一八：三七—三八	六・八—六・六	五	八・三—八・四	〇・四	〇・九	八・八—九	〇・九	一・六—一・七
二八：五二—五三	五—七	五・二—五・三	八・五	〇・三	〇・七	八・三	〇・九	一・六

以下的裝飾品是屬於其他車子的。

11衡木骨飾（圖版拾五上）這些骨管是套在衡木的兩端，這車坑中各輛，除第一號為銅飾外，其餘都可能有這種骨飾器物，編號為一、八——一二、一八、二三、二五、二九、三五、三六、三九、四四、四五、四七、a—b、五一、c這些骨管是截取獸類腿骨的中間一段製成的，中空兩端洞開，外表光滑，用火灼成花紋，可以看得清楚的雷雲紋和S形後，骨管的大小不一致，尤以長度的相差最大，例如第五號小車上的一對（四八），長僅三・一，但是第二號車上的一對（一）長達四・八，一般的長度是三・五——四・一，直徑二・八——三・二，孔徑一・八——二・二。

12軛首骨管這些骨管是套在軛首上，僅發現五件（二一、四八c、二四、五一、二—b）分別隸屬於第二、第五、第一四和第一六號車子上的，每車有軛一對，所以至少原來應有八件，但是有些車子的軛首是原來便沒有骨管的。他們的形狀，可分二種：其中一種和前項衡木骨飾，完全相同，橫剖面也作圓形。另一種是八稜管（二四、五一a—b）稍小，長僅二・二——二・四，橫剖面作不規則的八角形，最寬處為二・四，孔作長方形，寬高為一・一×一・八。

13車蓬上的骨扣（圖版拾伍、六）這些骨扣作橢圓形，厚度為○・一——○・二，大小不等，長一・八——二・五，寬一——一・五，中間有雙孔，孔徑○・三，除了和車蓬斷片一起採取了一些以外，我們另外採取兩粒作為標本（四六）。

14轙上骨飾（五九）衡上的半圓圈形的轙是木製的，外緣的中央有骨飾一條，寬○・三，厚○・一，沿著轙的輪廓作半圓弧形。

15骨棒（三八）這是一條小骨棒，橫剖面作圓形，徑一・五，一端平坦，另一端已斷失，現殘存四・五，這件發現於第一二號車箱上近左側車輢處用途不明。

16蚌片共五件：用途不明。

17蓋弓帽：共一一件，分兩式（圖版拾肆右上）。

第一式：一三○號墓出土九件，形狀大小相同，只取一件說明。一三○：一五，冒作扁形，橫切而成一邊作弧線的四邊形，筩的一端開口，另端彎捲成環狀，蓋用以繫繩，和另一式蓋弓冒的矩形鉤的作用相同。筩中含有朽木，是蓋弓的殘餘。筩壁有一橫穿小孔，可以穿入小木條卡住蓋了，筩中殘木上有橫穿的小木條可以作證，冒通長三・六公分，筩口最大徑○・七公分，繫繩的環孔徑○・七公分。

第二式：共二件，同出一四〇號墓盜坑中，形狀大小相同，取一件說明，一四〇：三二，冒作圓錐形，開口的一端較粗，約在箭的中間有一個矩形鉤，即用以繫繩，鉤側有一個橫穿箭壁的小孔，也是用來穿小木條的，羅振玉古器物識小錄說「形如小圓箭，如戈下之鐓而下俯之鉤」，即此，但他認為「此為確為矢括」，則大誤。長三．三公分，兩端圓徑〇．七和〇．九公分。

又河南南陽楊官寺漢畫象石墓，亦出土有蓋弓帽：共二〇件（一二），可分二式：Ｉ式：一一件。器形為上細下粗的圓筒狀。中部有一尖銳向上翹，中空成銎，頂部如一圓球狀，近口緣處有細凸弦紋一週，一般長二．五，銎徑〇．八公分（圓版貳拾、四）。II式：九件，形與Ｉ式基本相同，惟頂部為一四瓣形的傘形冒。中部有細凸絃紋一周，一般長三．二，銎徑〇．八公分（圖版貳拾、五）。

另外在濬縣辛村車馬坑中也出土許多車飾，撰寫發掘報告的郭某，對這些車飾都有很詳細的描述和考述，茲分別抄錄如下：

長轂一，Ｍ三：四二號，狀為粗大長管，一端平齊有折擋，一端外侈若喇叭。兩端各飾以粗帶狀的蟠螭紋四組，中央豎立人字紋。紋粗大壯美，螭目突出。兩端四周各有釘孔四個。二笵合鑄，笵縫顯存。長二〇．九，小端徑一一．五，軸穿徑七，大端徑一八．八，厚〇．四厘米。重二五三二克。

長轂二，Ｍ三：四三號，狀如前器，花紋亦同，與前器為一組，惟比前器較為細長。前器粗而短，本器細而長。合起來共為一組，同謂之『長轂』。長三二，小端徑九，軸穿徑六，大端徑一七．七，厚〇．八厘米。重四三四四克。

與此同型的長轂，在同墓所出還有三組：墓三：一〇二號和一〇三號為一組，形狀、花紋與前一組同，螭目皆突出。墓三：一五號和一八號為一組，墓三：一四一號和一四二號為一組，螭目皆不突出。共為四組八器。

輨一，墓五：二一號，形如圓管，一端有當頭，冒于轂端，一端沒有。周身作雙頭蟠螭紋兩組，各組空白間更各填以適形的雙頭蟠螭紋四組。長五．八，有當端徑一二．九，軸穿八．七，無當端徑一一．三五，厚○．二五厘米。重五九四克。

輨二，M五：二六號，形制花紋如前例，惟細而高，與前例為一組，前例粗而短，冒賢端，此器細而長，冒軹端。有四釘孔，二范合鑄。長七．二，有當端徑九．一，軸穿六．一，無當端徑八，厚○．二厘米。重四五六克。

軔一，M五：二二號（圖版拾貳、一），狀如短的截管（更短的就如手釧），中央起細箍一道，有粗云文兩屬，寬四．八，徑一一．三五——一二．○五，厚○．三厘米。重五○九克。

軔二，M五：二五號（圖版拾貳、二），形制如前例，惟徑較細而帶較寬，下屬花紋改為變形續蟬紋。前例是賢端的軔，比例是軹端的軔，也是二范合鑄的，有二釘孔。寬五．二五，徑八——八．四，厚○．一五厘米。重二一九克。

軝一，M五：二三號（圖版拾貳、三），狀如中空截錐體，一端侈，一端弇，侈端接輻，弇端接軔。周身亦作雙頭蟠螭紋八組為飾，有六釘孔固于木。斜長六．八，直量．六．五，弇端徑一二．二，侈端徑一二．八五，厚○．二厘米。重五九四克。

軝二，M五：二四號（圖版拾貳、四），形如前例而較細長，花紋和輨二同，有四釘孔。這是前軝一的軹端。若把二軝合起，立而視之，則成一個兩端細，中部外侈的山脊，欲墮狀，故名軝，軝之謂言氏也。長八·四，直量七·七，弇徑九·八，侈徑一五·六五，厚〇·二厘米。重五四四克。

以上六例，共六節，合為轂飾之一組。

輨軧軝合組一，M五：八、九、一〇號，這八、九、一〇號的輨軧軝，和上列輨一，軧一，軝一的輨軧軝全同，但是花紋不同。不過那是分述的，這是合述的。這三器合組起來，飾于轂的內端，和前述長轂一的長轂略似，也是較粗而短的，和M五：二八、二九、三〇號飾于轂的外端的顯有短長粗細的不同。它代表著賢端三節組合的示例。全長一五·六，輨徑一一·一，軸穿徑七，軝徑一五·三厘米。共重一二二五克。這一組全長一五·六厘米，比之長轂一的全長二〇·九厘米還短一些，所以那是名實相符的長轂，而這不能冒長轂之名。

輨軧軝合組二，M三：一七二號，上為輨，中為軧，下為軝，合組起來和長轂的軹端相似。但這裡只表示花紋的不同，輨和軝的雙頭蟠螭紋，都顯出更為絞繞複雜。尺寸失記。賢端紋同。

以上所舉諸例是轂飾的一種形式。它們的特點是車轂的內外兩端，即賢軹兩端，有粗細長短的差別。另外還有一種車轂飾，它們的賢軹兩端並無顯著的粗細長短的差別，而軝形又是兩掌接指狀的。這是另一種轂飾，只出于此墓地的中期。

賢軹無大區別的轂飾，M一：二號（如下圖），這一轂飾也是兩輨、兩軧、兩軝共六節。它的尺寸，內輨長九·五，徑一一·四；外輨長九·五，徑一一·二五厘米，區別不大。內軧長二·八，徑一一·八厘米，外軧全同。內軝長七·八五，徑自一一·六——一八·六厘米；外軝長七·八五，徑自一一・三——一八・三厘米，區別也不大。所以說這是賢軹無大區別的轂飾。不過這一組軝的形狀，不是喇叭從兩端套在轂上的；而是狀如接掌，從兩面合在轂上的。我們試把左手五指尖和右手五指尖相對接合起來，那便形成半面的軝。如果再有一人也照樣辦，就又形成半面的軝。四掌相合，成為全軝，中間十個指孔，就好像是栽輻條的輻孔，人的四掌只有十個孔，實際出土的銅軝卻是一八個孔，可以栽一八根輻條。因為形似，所以我們給它起一個名字叫掌狀軝（圖見下頁）。這種軝，在同墓中只出八個，合四對。其他在M四二：一一、一四號兩軝間，和M四二：一二、一五號兩軝間，各附有銅質輻間齒一八個，與掌狀軝雖非同類而用法相近。

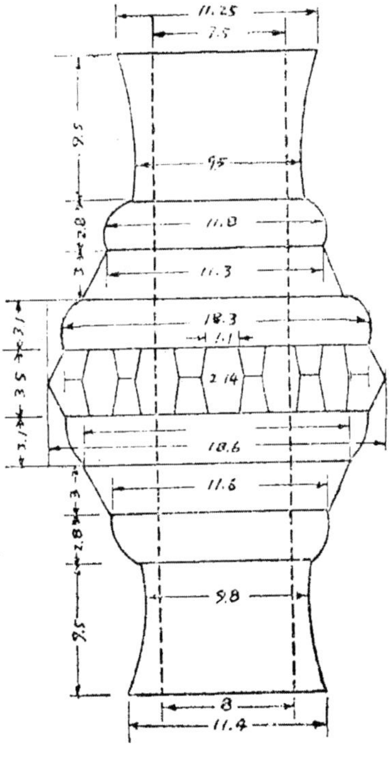

輨：M二：一號（圖版拾貳右下、三），這是賢軹兩端、大小無別式的銅輨，圖象僅存的一例，如墓一所出的M一：二號、六號、一三號、一四號略同，惟尺寸失記。

綜合各墓中所出的轂飾，計有銅輨九三個、銅輨六一個、銅軝四七個、長轂飾八個，共二〇九個。

轂是輪的栽輻所在，最吃力，已經加銅飾以求其固；而枒是輪德抱輻所在，欲使抱之固，除纏繩外，也需要附加銅飾以求其固。這樣包在輪邊的銅飾，我們叫做『枒飾』。

枒飾一，M三：一六九號（圖版拾貳，右上），狀如一長方形銅片，由中腰雙曲而上，兩端各有二孔，以此夾在兩車輞的接頭處，再加細皮條穿過四孔，好像今天人們綁皮鞋帶一樣，這樣車輞就不易散開。這是匠人固輪的一法，每一輪輞合二木成圓，有四個接頭處，因用四個枒飾，分別二面，出土時都在兩木的四頭相接處，枒飾內尚留有木理殘跡。長七．三，寬四．二，張度上口三．五，下底一．八厘米。重一六三克。

枒飾二，M三：一九一號（圖版拾貳，右上），形如前器，惟稍短而寬，側視若正方形；每端三穿；夾面張度，近于橢圓，這幾點和前式略有不同，屬于圜厚的一類。長六．三，寬五．三厘米。重二〇三克。

枒飾三，M三：二號（圖版拾貳，右上），形如枒飾一而橫寬，兩端各有四孔，夾邊張度也是窄而直（不圜厚），屬于杼（即削薄者）的一類。長五，寬六．三厘米。重一四一克。

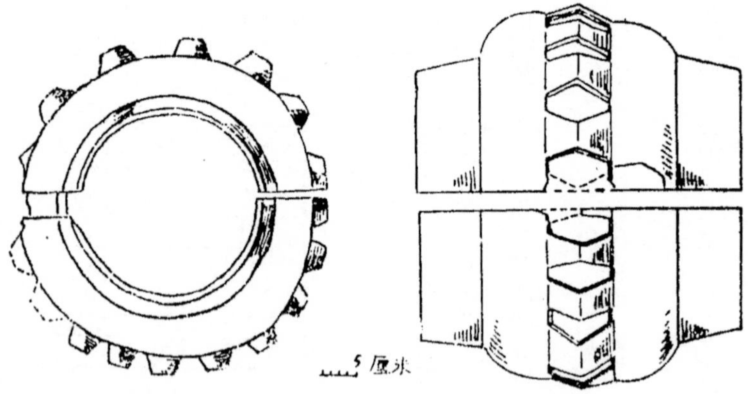

這三種枒飾在四座墓中（墓三、五、四、二五），共出五五枚，如枒飾一的（二穿）三七枚，如枒飾二的（三穿）一二枚，如枒飾三的（四穿）六枝。

軎飾一，M一九：五號（圖版拾貳，一），狀如圓管，內粗外微細，有釘孔可釘，固于軸端。頂端高起三迭層，外節起波浪狀圓箍十一周，內節留出長方孔，上下通，以備受轄。轄孔以內約一．五厘米寬壓在輨轂內部分，下半周已缺去一半。長一九．三，徑四．三——五．五，厚〇．二厘米；轄孔長三．九厘米。重四八五克。

軎飾二，M一：一〇七號（圖版拾貳、四），形如上器，頂亦有三迭，但外節不為波紋浪而為四出的蕉葉形凸起，轄孔以內無缺口。出土時在車軸的一端，他一具出在同軸的另一端，與此軎飾成對。長一七．六，徑四．二——五．八，厚〇．二厘米。重三七五克。

以上二例，外節比較略長，稱為長型軎飾，西周中期以上通行。下舉數例，外節比較略短，稱為短型軎飾，西周末期通行。

軎飾三，M三：四六號，形如前例，但外節比較短；頂亦平齊，無三迭突起，花紋為帶狀角形云紋及複瓦紋。全長一〇．三，外長四．七，內長五．六厘米，總長比前例顯然短甚。外節比內節亦顯然較短。

軎飾四，M五：一四號（圖版拾貳、二），形如前例，亦短型類，唯頂有盤龍紋，外節作蟠螭紋和連續蟬紋為不同。全長八．三，徑四．四厘米。

綜計此墓地在墓二一、六〇、四二、二一、三五、一、一九、一四、八等九個墓中，共出長型軎飾一四板（八個成對，六個不成對）。在墓四九、二五、四、五、三等五個墓中，共出短型軎飾八枚（二個成對，六個不成對）。總數二二個，長型多于短型。

轄一，M一：一〇六號（圖版拾貳、三），形分頭椎二部。頭為獸頭形，高鼻突目，前為齊喙，後為半月形光面，與輨轂頂端相磨，下以凹面含軎。凹面下垂一椎，長而扁平，插入軎飾和軸木的長方轄孔中，用以制轂使不脫。二范合鑄，出土時以皮圈掛于軾柱上。全長九．二，獸頭長五．二，寬五．一，高三．三；椎長六，寬三，厚〇．六厘米。重三二克。圖版叁肆下，示軎和轄相含之狀。

轄二，M一九：一六號，形如前器而較長大，獸面亦不同，椎下有長孔，可穿一細皮條，上與兩耳孔聯縛。全長一二．二，獸頭長五．七，寬六，高三．一厘米。

M二九：二〇號轄的獸頭拓紋；三八：四號轄的獸頭拓紋。這些轄都是附屬在長型軎上的。

轄三，M五：一四號，形亦如前，惟獸頭縮小而尾椎仍然細長，這是屬于短型軎飾的一例。全長八．五，獸頭半月形，高二，寬三厘米。

計共出轄一二枚，配為六對。其中附于長型軎飾者三對，附于長型軎飾者一對，餘二對有銅轄而未見銅軎飾。皆為獸頭形紋飾，只一對為素面，有獸形輪廓而無耳目口鼻。

軸飾：M八：六號（圖版拾貳，五），此物本體為管狀，套于軸上，位置介輪、輿之間。管的截面非圓形，略近杏仁形，上微尖，下圓鈍，以此推知軸初出輿處的形狀。管道近輪轂處，擴折為正方形，更從上邊向外平折出一長方板，覆于輪轂賢端，取義不詳。管周圍鑄為饕餮面，陽紋。掩板亦鑄饕餮紋，頗美觀。共二件，出土在軸的兩端各退入〇．六米處。通長二一．五，管長九．五。徑六．

九——一一·七，板長一一·九，寬九·三，厚〇·三厘米。重八二八克。按此物舊曾定名為鐧，覺未妥，現改今名。

再談附於輈衡部位的：輈、衡是車的曳引設施，它們所附的多種銅飾，可以按出土部位，為之作對照的說明。

軏飾一，M三：一六八號（圖板拾貳，左下一），形如喇叭，一端大，一端細，大端實，細端虛，處處可冒上輈的頸端，兩側各有長方孔，當為施鍵接頸處。圓面前飾盤龍紋，兩側飾蟠螭紋。二范合鑄，頸中央上部留有銅疣，正好可借為縛衡攀繩處。說文：「軏、車轅耑持衡者」。此物出土在軏衡交點，頸下曲與衡上接處已磨穿三個孔洞，足證使用之久。長一二·五，圓面徑一八·二，頸徑五·一——六·八，厚〇·三厘米。重二一八四克。

軏飾二，M二五：三一號（圖版拾貳，左下二），形制如前器而略短，兩側施鍵處，孔圓、前面為蟠螭紋，螭目突出。亦出輈衡交點，表面殘有席紋。長九·七，面徑一五，銎徑五·八，厚〇·四厘米。重一六〇九克。

軏飾三，M四二：二五號（圖板拾貳，右下三），全形作筒狀。上如人首，光頂。前後面都為獸形，四耳旁峙。下空，可冒輈端特立的短柱上，有釘穿可釘固之。這樣的兩面獸形軏飾，在衡的前後面都能顯示出來，也正出土在輈衡交點上。表面黃色，圓筒是一次鑄成，兩獸面是附鑄上的，在此墓地中為少見的一種鑄法。高九·一，徑五·八，厚〇·二厘米。重三四八克。

軏飾四，M四：二九號，形同前器，惟較低，上為平頂，兩獸面隨器鑄成，非附鑄，四耳不外峙。表面紅色。高約五·八厘米，餘失記。

踵飾：M八：九號（圖版拾貳，右下），是飾于輈的末端與後軫結构處的飾物，故其形狀適于兩者結合。遂形成一個下圜上平，外端有當，當內更落下二·三厘米，而為橫以托軫的半圜馬蹄式形狀。半圜面留有釘孔可固于輈。長五·六，徑上下五·三，左右五·九，厚一·四厘米。重一三一克。

衡內飾：M三：一七七號（圖版拾叁，右上三），形為圓管，兩端透空，上下微橢，一端平齊，一端射出四齒。齒上作三角形紋，管周亦斜角形云紋。出土時套在衡上，與另一具（二一二）號同出。輈的兩旁和兩軶的內側，射出端向軶，平齊端向輈，兩齊端相距二三厘米。詩經稱「錯衡」或即指此。長一五，徑前後三·四，上下四·五，厚〇·二厘米。重二九四克。

此物在墓三中共出七枚，墓五中出二枚；（圖版拾叁右上，二是M五：三六號的照片）。

衡內飾的形式尚有一種不為管狀而覆瓦狀的，如M四二：二六號等四具。它們好像是把管狀的銅飾從中線縱剖開，射端只用一齒，齊端照樣。用時以膠砂粘附在衡木上，合兩半仍成一個圓管，這樣的自較易裝置。無花紋。它的大小略如前器，惟尺寸失記（圖版拾叁右上、一）。

衡外飾M三：一七六號（圖版拾叁、右下、二），形狀略如衡內飾，花紋亦同，惟較細而短。位于兩軶外側、射端向軶、略粗，齊端向外、略細，這是因為衡木本體原是中央粗、兩端漸細的緣故。長一二·四五，射端徑二·六，齊端徑二·一，厚〇·二厘米。

管狀的衡外飾在墓三中共出四枚，皆有花紋。覆瓦式的衡外飾，在墓四二中共出七枚，皆無花紋

（圖版拾叁右上、一）。

衡木飾：M三：一八三號（圖版拾叁右下、二）狀如今天發掘用的小手鏟，古人所用的角柶。它的一端為空管，冒衡端；一端折而翹起，峙出衡的兩端，為葉狀窄條，葉端尖銳。這一種我們叫它做「楔式衡末飾」。因為儀禮、士喪禮有「楔齒用角柶」、「楔貌如軛上兩末」的兩句話，這是說古時怕人死了，牙關緊閉，不好含飯，就用角柶楔著死者的牙。他們所用的角柶，同衡上的兩末相似。衡上兩末，也即禮記所說的軛上兩末（古人衡軛常通用），故我們以楔式衡末名此類。像這樣的衡末飾拿來楔死者牙關，確實合用，故古人用此車器作比喻。長一二・三，管銎徑二・二，葉寬一・八五，厚〇・一六厘米。

楔式衡末飾，此地共出一六個：墓三中六個，墓五中三個，墓二五中五個，墓六二中二個。如M六二：四號（圖版拾叁右下、二、M六二：一一號、M二五：七號（圖版拾叁右下、三）、M二五：二九號。

矛式衡末飾：M四二：一六號（圖版拾叁左上），因形狀如兵器中之矛，故名矛式，此其出在衡木的末端，故名衡末飾。形狀與M一：一〇號矛略同、長二四・七厘米。此矛之衡末部另附菱形銅柄飾二件（M四二：一七號），合為管狀，側視『⋈』形，包于衡末本部。露出之木，另有『⧖』形金片飾補之，並沒有螺旋形金葉條纏于矛和　形物間，頗為華美。這是就衡的一端說，此車衡的他端，另有M四二：三四號銅矛如前狀，也有菱形銅柄飾（M四二：三三號）和金葉，金片如前狀，與前述的一六號、一七號兩兩相對。

矛式衡末飾，共出三對又五件：M四二：一六號、三四號為一對如本節所述；M一：一〇號、一一號為一對如前所述；另有M一：一二〇號（圖版拾叁右下、四）、一二三號為一對。其他尚有M二：九九號、M二一：一六號、M三五：一四號、M四四：三號（雙鈕），M四二：一一四、一八〇號，都有透花矛式衡末飾出土，至少可代表五柄。

另外有一種圓管狀銅飾。M三：三八號，周身花紋，形制似亦可冒衡端，惟出土關係不明，不敢肯定其是否衡末飾，姑附列于此。長一二，銎徑二·三，圓面徑二·九厘米。

軛飾一，M四二：三二號（圖版拾叁左下、四），軛體上是木質，附以銅飾，古稱金軛。全形如人字，上為長方形首，有橫穿可備施鍵，有二鈕可備縛繩。下為兩軥，向兩側分屈而反上，軥各有一長方縱穿，備革帶，透過，用以環于馬頸。全高四〇，首寬三·四，兩軥距四三，厚〇·一厘米。

在同墓中與此同式者共出四具，兩服兩驂各一具，排于一個行列。另有M八：五四號出二具，較殘破，式樣與此同。

軛飾二，M二五：三四號，是軛首、軛足、兩肢分別附飾的一例。它們的分件形狀、分釋在下節，這裡只描述一下軛的本質。軛木由三根組成，兩軥的兩根煣曲，中央的一根是楔形，把兩肢木套在銅軛首、銅軛肢之內，楔形的軛木，倒夾其間。軛駕馬頸，載愈重，軛愈下，楔愈上，箍愈緊，頗具匠心。尺寸略與前軛的大小相彷彿。

照這樣軛木保存，分附銅飾的全軛，M二五中出四具，M三中出二具，皆有首飾足飾和附于兩肢的薄銅片。惟銅片過薄，不可檢取，只能就附在木質上較好的保存一二。其他的軛，大多數反能按所遺的軛首飾、軛足飾，間接證明其存在。

軛首飾：M三：一三三號，狀為扁銅管，側視倒梯形，俯視棗核形；下為橢圓形小口。兩側面各鑄兩鳥紋對立。高五・〇五，上寬一一・四厘米。

與此同型的的軛首飾，在墓三中共出一六枚，墓二五中出七枚，墓五中出一枚，墓一七中出一枚，共二五枚。圖版捌陸中所示皆軛首的拓紋。

軛足飾：M三：一四五、一四六號，狀為細銅管，下有底，隨軥勢體向外微屈，旁有釘孔固軛上。周作『S』形雙頭蟠螭紋。高五・七・徑二・八厘米。二軛足合上例一三三號軛首，共重三三一克。

與此同型的軛足飾，在墓三中共出二九枚，墓四中出五枚，墓五中出三枚，墓二五中出一六枚，共出五三枚，大多是軛足的拓紋。

軛肢飾都是薄銅片，隨軛木為屈曲，無紋，皆破碎，除前舉軛首一的六具外，無一成形者。

鑾：M一：一一八號（圖版拾叁左下、一），上為扁圓體，是發音部分；下為長方體是植立部分。發音部分由兩扇相合而成，中含彈丸，兩扇中、邊皆例為七輻以透音，正中一圓孔橫通。長方部分上微細，下微侈，中空，可冒在從軛首上透出的軛木，並由橫釘固之。四隅有稜，正中各起一縱線為飾。通高一七・一，扁圓體縱橫七・八——八・七厘米；長方體高六・九，寬厚二・一——二・七厘米。重二七八克。同墓出土共四具，皆與軛首相聯。

其他同類器尚有墓六二的二具，是M六二：二號的四面拓形，墓三的二具，墓六一的四具，墓一七的三具，合前共一五具。

　按此物自宋博古圖以來，多稱為舞鐃，至清阮元始改正為銅和，名稱始定。和鑾所在，向分二說，一謂「在軾曰和，在鑣曰鸞」，一謂『在軾曰和，在衡曰鸞』。和之在軾，二說從同，惟鸞有衡、鑣之異。今出土實物，四鑾四軛，尚存聯系之狀，在衡之說，應無疑問了。 飾：M二五：三三號（圖版拾叁左下、二）。說文謂 是在車衡上的三束，輈持衡為一束，軛附衡為二束。軛縛衡上，必須繩革攢集，往返纏繞，始能勝任曳引，韉飾即應此需要而作。故其形狀，長方中空，夾為二層，中間距離適容繩革通過。面微凸，背微凹，以符合衡木。面飾透雕六龍，糾結蟠繞，正出土于衡軛之交點（他一韉飾二五：三三二號出土于同一衡上的另一軛的交點），恰是車衡的三束之二。察其形制和用途，兩相適合，故亦定為韉飾。而論者不審其制，謂「如此細微之銅飾，何以能節約龐大之衡軛」，反致其疑，不知約衡軛的是繩革，不是韉飾，韉飾只用以文飾繩革耳。通方環高八，體高五．九，寬七．二，面背距二厘米。重一五四克。全部只出此一對。另外M四二：二九號，也是出土于衡軛之交的二個橫長獸面飾，或亦 飾之類，附列于此。

　這裡共敘述軏飾四、踵飾一、衡內飾一三、衡外飾一一、衡末飾三二、全軛一二、軛首飾二五、軛足飾五三、鑾一五、韉飾二（附二），共一七○件。輈衡也是觀瞻所系的地方，故聚飾亦多。古人稱車飾有五末，即兩軸末，兩衡末，一輈末，輈衡在五末中占其三，輪軸占其二，知輈衡和輪軸同為重視部分。

　又附于輿蓋部位的：這些車器的裝飾，用之于輪軸、輈衡部位的特多，用之于輿蓋部位的卻非常之少。這一部分可述的，只是一些輢飾、較飾、欄杆飾、掛鉤、小獸面之類，略見輿飾的一斑。

較飾：M三：三三號（圖版拾柒中、二）。說文「較、車輢上曲鉤也。」車旁欄杆短柱叫『輢』，輢上再接以短柱，柱頂有曲鉤的銅叫「較」。車輿四角四輢，輢上四短柱，故有四較。此物正如曲鉤，數為四枚，一端有銎接木，可插入輢的短柱空中。接木處有骨釘橫固于銅銎，再上內曲，更反鉤而外迤，備四維縛篷蓋之用，適與較的解說合。管銎長九，徑二厘米。鉤端下迤部分長二一．五，徑一．一厘米。重二六九克。

輢飾：M二五：二二號（圖版拾柒中、二），輢是車廂四角的四根直立的短柱，在軾之後，較之下。其飾為圓管狀，上下透通。管分上下二節，三面皆為蟠螭紋，稜隅的三面更突出三個蟠螭飾，上下節同。我們發掘的只存二枚。長七．六、徑二．一、厚〇．四厘米。重一一九克。

欄杆飾：M八：七號、八號，共一對，出于車輿後門兩旁最上兩根橫欄的頂端。形為細圓空管，一端透，一端實，實端夾車門。管外有二弦紋，弦紋間有一長方孔下透，備門旁兩木棍榫頭扣入。尺寸失記，長約一五（？）徑約二．五（？）厘米。

掛鉤：M三：一二六號（圖版拾柒中、四），狀似今人使用的帳鉤，上端為圓球突起，下端為圓管中通，圓管下橫置一細腰形銅棍，可系繩頭，出土于車軾的兩旁，看樣子好像是預備揭掛車前面帷幔之用的。高一三、徑一厘米，此墓出一對。

在墓二五亦出掛鉤出一對，M二五：三六、三七號（圖版拾柒中、三），形、用與上例同。

小獸面：M三：一二二號、一一三號。M三：一二二號小獸面有眉、目、角、口、鼻、獠牙，頭上還有一根橫梁：背亦有梁，可備穿革帶之用。高四、寬四厘米。M三：一二三號小獸面，形狀和前者一樣，只是背有橫梁；頭上無橫梁。高三．八，寬三．八厘米。這種小獸面的一組四個，同前例二掛鉤，排列在車的前面，次序是：一二一號掛鉤，一二二號有梁獸面，一二三號無梁獸面，一二四號無梁無面，一二五號有梁獸面，一二六號掛鉤。掛鉤在兩旁，有梁的在外邊，無梁的在中央，這樣有意的排列，似乎是軾前的一種裝飾。

這種小獸面，在墓三出土二六個，墓五出七個，墓二四出一六個，墓二五出二個，共出五一個。如M三：一七八號（圖版玖左上、五）、M三：一七六號、M三：一〇七號、M三：一〇四號、M二四：七四號、M三：九〇號、M五：三八號等。

銅管：M三：八二號，（圖版拾叁、一）為長管狀，兩頭洞穿，外有粗糙的花紋兩段，不知何用，但可知其為車上物。長一〇．三、徑三．三、厚〇．四厘米。只此一件。

六、儀禮車馬飾的擬定

上面幾節對於車馬飾的考述頗為籠統，現在我們給它整理和歸納一下，並藉此來擬訂儀禮中各種車馬大概有些什麼裝飾。為了說明方便起見，茲附上一張車子各部分名稱圖（圖版拾伍下），以見出各種裝飾品的確實位置。

（一）堊車

士喪禮主人乘堊車，根據鄭康成的說法，它是等於王之喪車五乘中的木車，為始遭喪時所乘之車，車身並無任何的塗飾。又據記文所云，此車之軾覆以白狗皮，車蔽用羸蘭為之。鞭馬的策用蒲菆，轄、鑣皆以木為之。登車之綏與馬轡皆以繩為之。馬則不翦毛。其副車二乘亦如之，唯用白狗皮綠箭衣，稍異而已。主婦也乘堊車，其制如主人，只是多了疏布做的幃裳，其副車二乘亦如之。

(二)乘車、道車、槀車

乘車、道車、槀車為士人平居所乘用的三種車子，若死後則為靈魂所憑依，故謂之祥車，亦謂之魂車。

乘車的裝飾是在車飾上覆以夏天的鹿皮，用以繫馬的馬韁是用皮革做的，馬轡帶則以絲繩為之，馬絡頭用貝殼來裝飾。此外，車上的配件還有干盾、矢箙，所建的旗幟是旜。

道車、槀車和乘車間的差別，除了用途與建旜、建旞、建旌和製作材料之不同外，其車馬之裝飾，大概沒有什麼分別。

以上乘車、道車、槀車、堊車都屬棧車。據巾車鄭注，士之棧車「不革鞔而漆之」（堊車又不漆，若漆飾應當是用黑泥。）則車上無皮革之飾（軾除外，蓋軾為憑依之處，故皆有皮覆之。）車上各部位的固結也應當用繩子來綁縛，故棧車欲弇，以防拆壞。又由於輝縣琉璃閣車馬坑第一號車的輢柱上有銅管和突出小柱的發現，不禁使我們想到，銅管可能是建旌旂用的，小柱則以裝置干戈。

士喪主人等所乘之堊車，雖不明言其馬絡飾，但由乘車看來，則可能亦為貝勒，因為貝勒是士人馬勒的裝飾。對此，我們可以用張家坡西周墓出土一車二馬的貝勒（圖版拾捌右上）作為復原的依據。又其他馬身上所應有的革帶，士人所用的馬，也應當具備下列數種：即在馬腹之「鞶」、馬腋之

「韅」、與當胸之「纓」，士喪禮謂「馬纓三就」，所謂三就據鄭康成注是三重三匝。在山東平度東岳石村戰國墓出土的馬甬（見考古一九六二年第一〇期，圖版拾玖右下）胸前正有三重之皮革，這大概就是所謂三就的馬纓吧！武梁祠漢畫象石上有一輛馬車，其馬身上皮革的裝飾非常明顯（圖版拾捌右下）、在馬胸前的皮革也是三匝，亦可以證明這個說法。鄭康成又謂纓是駕馬用的，觀上述馬俑與武梁祠畫象所示，繫於車軸以引車之靷，其一端正環繫於此胸前之纓，故纓正所以駕馬也。此外又從這兩個圖象看來，馬臀上也有皮革為飾。那麼，如果我們要復原馬身上的皮革裝飾，若以這兩個圖象為依據，相信也就差不多了。

（三）墨車

士昏禮的新郎和新娘所乘坐的車子，都攝盛而為墨車。鄭康成巾車注謂「革鞔而漆之」。可見墨車是以黑色漆飾，且有皮革的裝飾。根據上面的考述，我們知道墨車以上的馬車，都應當具有下列幾種革飾：轂外以急革裹之謂之幬，革在當兎謂之環瀯，在伏兎謂之轋，輿革前謂之輥，後謂之第，軾上革謂之　，梁輈上束革五處，謂之五棨，所以束衡與軛謂之韈。至於馬身上的皮革應當大略如士人之制，維其鞶纓五就而已。其所載之旗幟或為物，或亦攝盛而為旜，則不可得而知。

新娘所乘的墨車，較新郎只多了車蓋上加幃裳，其他並無二致。關於幃裳，在遼陽北園東漢後期石槨墓中，有一幅車馬行列圖（圖版拾玖左上，見水野清一，漢代的繪畫），共有三部馬車，中間一輛駕二馬，蓋垂有幃裳，當是婦人所乘，此外兩輛一前一後各乘二人駕一馬，可能是副車。雖然這一幅畫的時代已相當的晚，但我們也可以據此領會到幃裳是如何的安置在車上。

至於馬絡頭，我們似乎可以用賈各莊戰國墓出土的那一套完整的轡飾（圖版拾捌左上）作為復原的依據。雖然我們無法證明這個墓主是屬於大夫，但是這套銅製的轡飾尚不太繁複，而墨車在馬轡上的裝飾，恐怕要較棧車高一等的，因此我們也只好這麼大膽的假設。

公食大夫禮出使的大夫，固然駕墨車四馬，其車當載旜以示身份，既駕四馬，則於服馬之側當有脅驅以防驂馬。此外大抵如士昏禮新郎之墨車。

覲禮侯氏入國門乘墨車以避王。而載龍旂以不沒實，其車馬飾當如大夫墨車之飾。

又墨車當亦載有干戈矢箙，唯士昏禮似可以去之不備。

（四）金路

覲禮侯氏入國門以前所乘之車與王所賜之車皆為金路。金車上的裝飾頗為繁複，如洛陽東郊西周墓，琉璃閣車馬坑第一號車和濬縣辛村車馬坑出土的車馬飾，都可以作為我們復原的參考。在衡上的轙和軛頂端置有鑾鈴，衡身、衡端皆有銅飾，軛之軥端亦有銅飾。又衡末的裝飾有作精美之獸面者（圖版拾肆左下），其衡飾和軎上的雕紋也很細緻，這即是所謂「錯衡約轂」。還有載車衡上三束的飾，車蓋和車輢也要飾以華藻，謂之「華轙」、「華較」。輈木後端也要以銅飾之，謂之「金踵」。用以綁縛車箱和軸木的皮革也要施以采畫，謂之畫轉。車輞接頭處也要用銅片來結合使之堅固這叫做枒飾。馬頸上飾以銅飾謂之鉤，或謂之馬婁頷。這種馬頸飾張家坡西周墓有所出土（圖版拾柒右），可以作為復原之依據。馬脅背飾、馬 飾也可以參照濬縣辛村車馬坑所出土的來復原。其配置之箭服則以虎皮為之，其裡染以淺絳的顏色，謂之「虎韔熏裏」，所建的旗幟當然是龍旂。其樊纓則九就。

關於金車的馬絡頭，我們可以拿張家坡西周墓出土的銅飾絡頭，來作為復原的依據，雖然我們也不能證明墓主的身份是諸侯。但是，這銅飾絡頭所屬的馬車是駕四馬的，且其構造極為精緻，所以應當是貴族的所有物，以之為復原之依據，相信不會離譜太遠。

至於車蓋，我們可以輝縣琉璃閣車馬坑第九號車附屬的車蓋作為復原的依據，因為這種車蓋在信陽長臺關的戰國楚貴族大墓中也有發現，而且形制完全相同，所以用它做為金車的車蓋是很適宜的。這兒我們要補充說明的是，棧車和墨車的車蓋，恐怕用不上像輝縣和信陽所出土的這樣華麗的車蓋，我們若勉強要復原，那恐怕只有依據考工記的制度，而長沙車馬坑第二號車所附屬的車蓋又正好和考工記的制度一模一樣，因此，我們若以之為棧車、墨車車蓋復原的藍本，相信也就差不多了。

（五）玉、象、革、木路

覲禮天子朝日東郊，乘玉路，其貳車為金、象、革木之屬。玉路是用玉飾車末，在田野考古上尚無所發現。不過它既然是比金車高一等的車子，那麼金車所有的裝飾，它都應當具備，只是金車飾以金，而玉路則飾以玉而已。此外，其樊纓則十二就，建大常旗。

象路據鄭注巾車謂以象牙為飾。若此，將金車上之銅飾改由象牙飾之，也就可以了。只是其樊纓七就，所建之旗幟則大赤旗。在田野考古上，時有骨製的車馬飾（如輝縣琉璃閣車馬坑，圖版柒左下，圖版拾伍上）出土，這些骨飾不知是否即是象路上的裝飾品。

其次所謂革路，大抵與墨車近似，木路則與棧車為類。因之革路當亦革輓而漆之，其制較墨車為大，建大白旗。樊纓同為五就，唯革路飾以絛絲，此外無大別。木路亦漆之而已，不飾以革，其制較棧車為大，建大麾旗。樊纓當為三就，唯樊以淺黑，纓鵲色飾之。此外亦無甚分別。

（六）餘言

以上對於這些不同等級的車馬裝飾，除了有實物為憑者外，其他可以說都是以意為之而已，其正確性固然很有限，疏漏亦在所難免。但是，就筆者看來，車馬飾其實並無一定的準則；同一等級的車子，其裝飾或由君主的賞贈有差，或由軍主本身之酌意為之，其繁簡自然有所不同。經文所記載的，也許僅著重那些標示等級的裝飾而已；因之旗幟有別，樊纓有差。其餘的裝飾多多少少大概沒什麼關係。若此，我們對於車馬飾的裝配，只要盡力為之也就夠了。

圖版壹

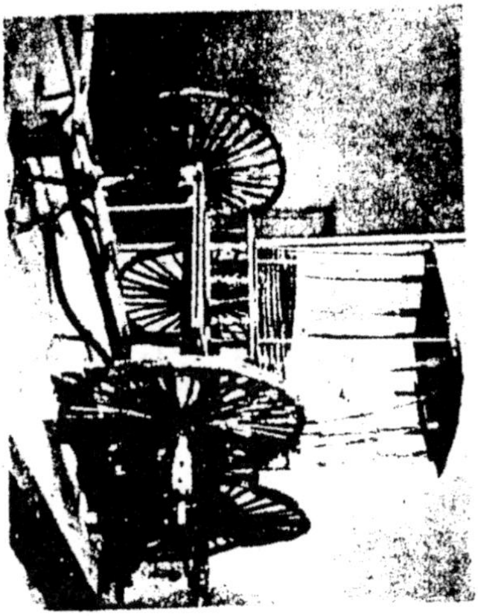

左上　銅山縣洪樓地區出土畫象石樂舞百戲圖中之四輪車
左下　蘇俄巴澤雷克第五號墓出之四輪馬車

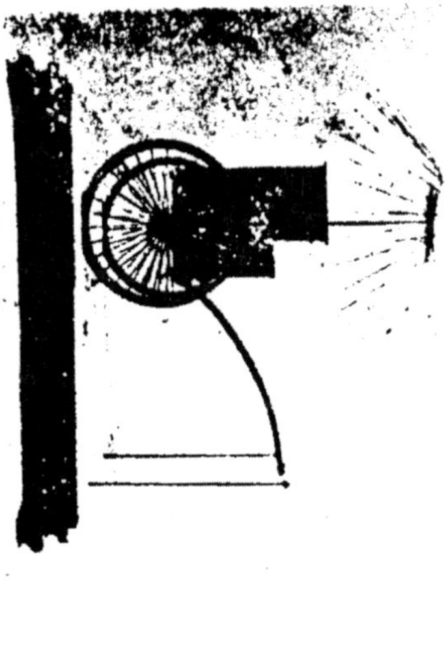

右上　阮元考工記車制模型
右下　戴震考工記車制模型

圖版貳

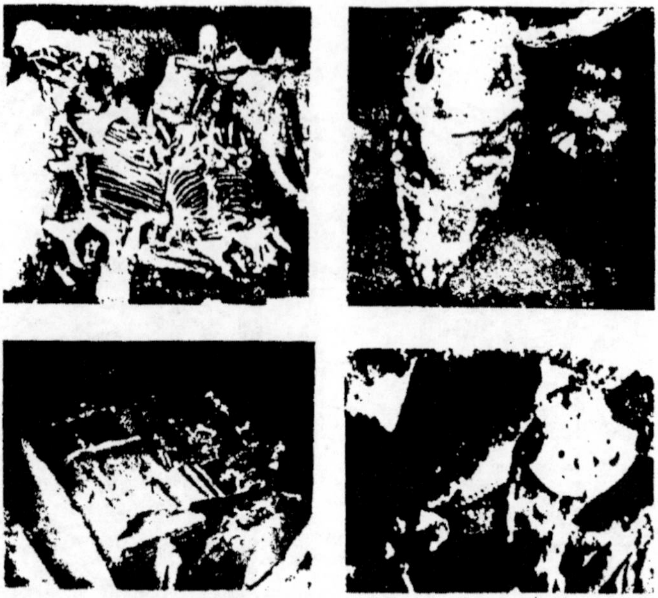

上　張家坡西周墓出土之馬車及馬飾

下　輝縣琉璃閣戰國墓車馬坑全圖（由南向北）

圖版叄

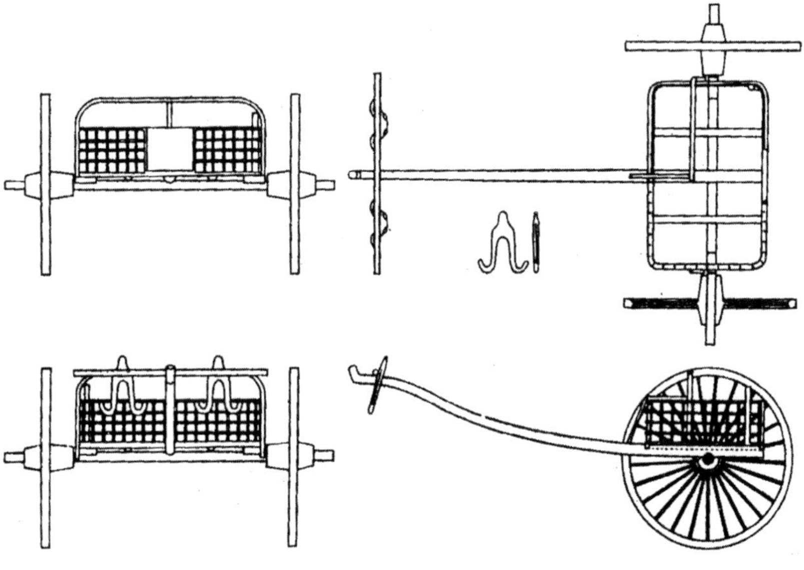

上　輝縣琉璃閣戰墓車馬坑全圖（由東向西）

下　上村嶺虢國墓1727號車馬坑第3號車復原圖

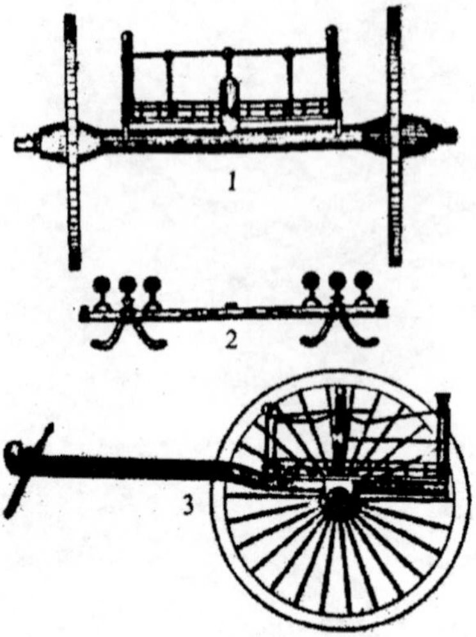

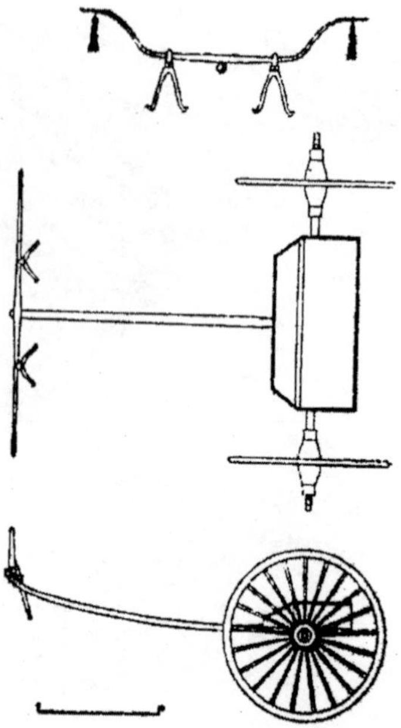

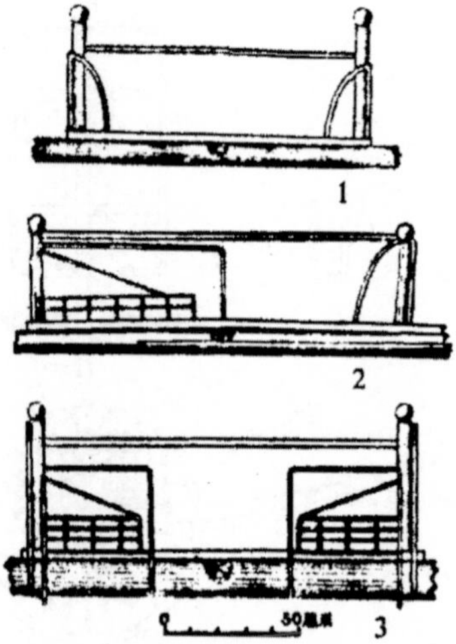

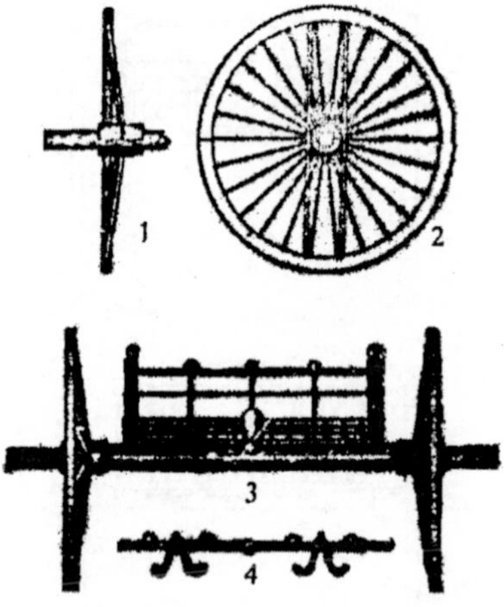

左上　輝縣琉璃閣戰國墓車馬坑第一號車復原圖

左下　琉璃閣戰國墓車馬坑大型、小型車箱的結構

右上　張家坡西周墓第二號車復原圖

右下　琉璃閣戰國墓車馬坑第十六號車復原圖

圖版伍

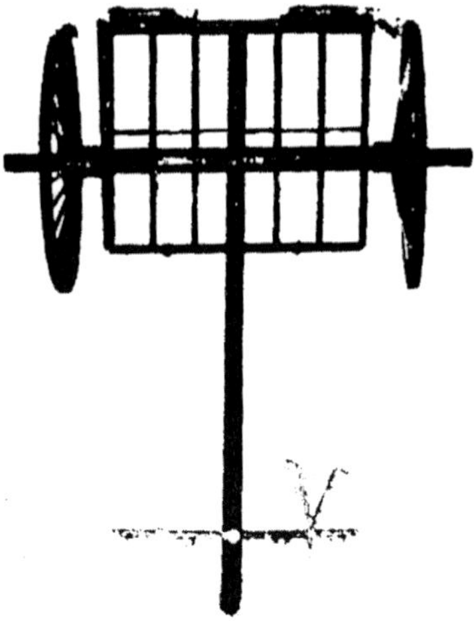

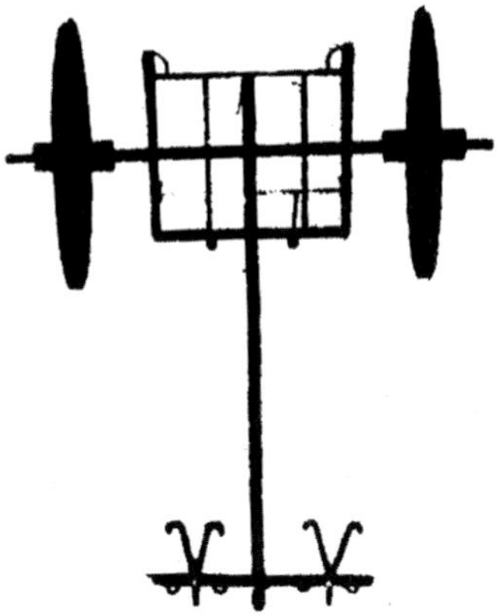

左上　輝縣琉璃閣戰國墓車馬坑小型車模型（俯視）
左下　琉璃閣戰國墓車馬坑大型車模型（俯視）

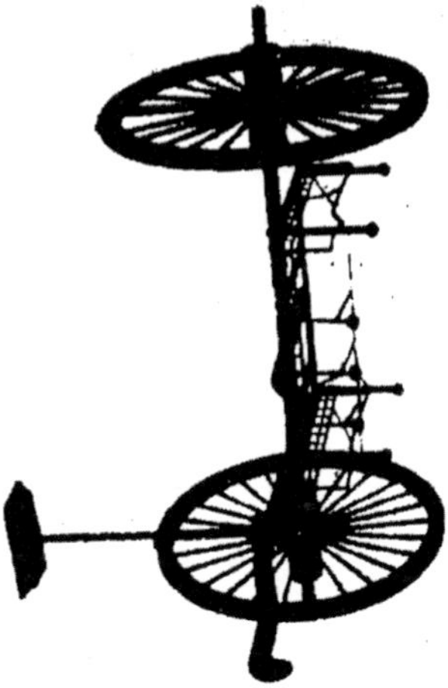

右上　琉璃閣戰國墓車馬坑小型車模型（側視）
右下　琉璃閣戰國墓車馬坑大型車模型（側視）

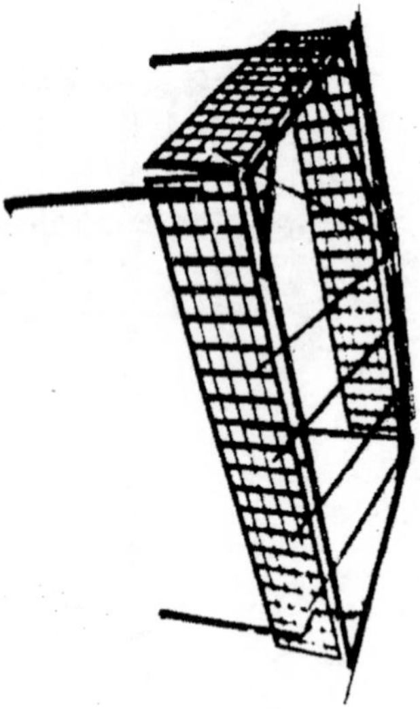

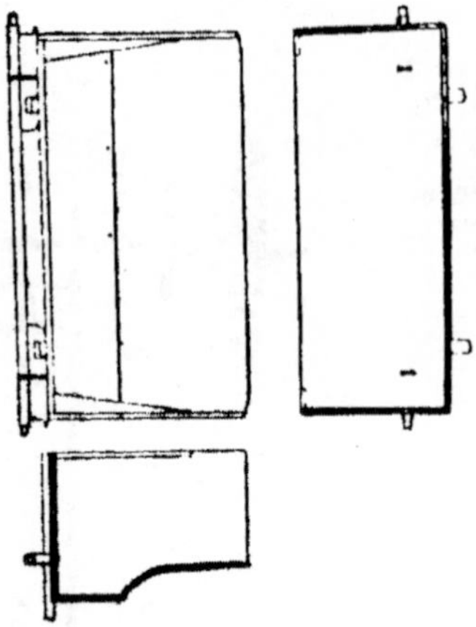

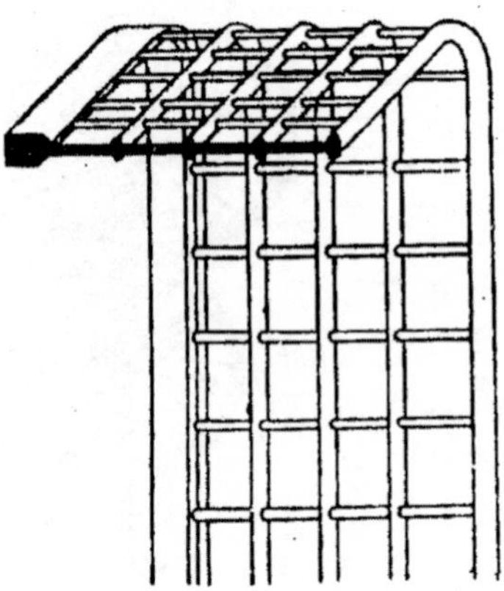

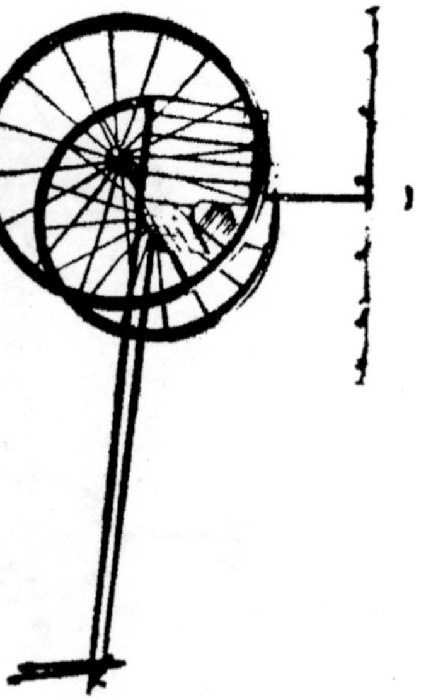

左上　輝縣琉璃閣戰國墓車馬坑出土車蓋模型
左下　長沙西漢墓出土馬車第4號車的車箱

右上　上村嶺虢國墓1727號車馬坑第3號車箱欄干的結構
右下　長沙西漢墓出土馬車模型

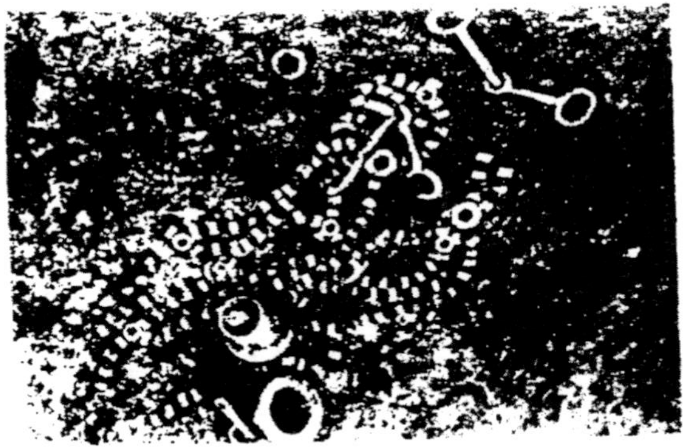

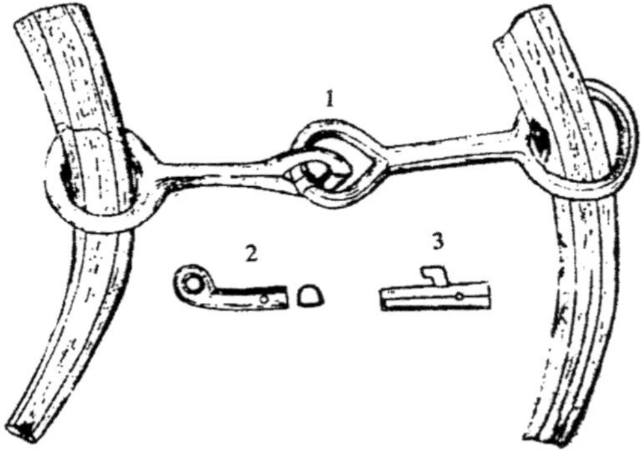

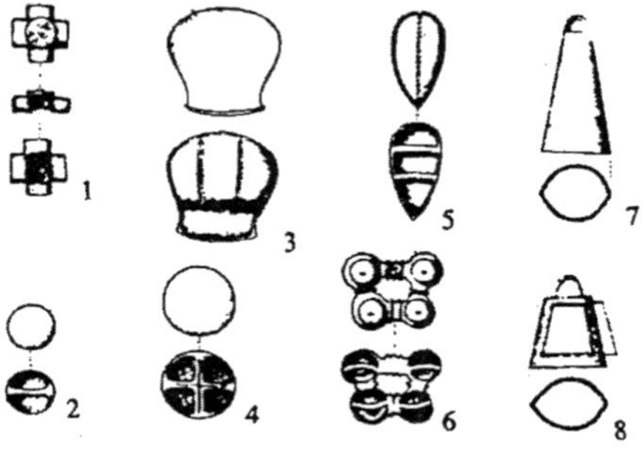

左上　賈各莊戰國墓出土之銅製軸頭、馬銜及轡飾

左下　輝縣琉璃閣戰國墓車馬坑出土之：1.銜鑣　2.蓋弓冒　3.蓋弓冒

右上　車馬獵紋鑑

右下　殷墟武官大墓出土犬馬銅飾

1.十字形節約　2.一字形梁銅泡　3.5.銅當顱　6.銅鑣　7.馬鈴　8.犬鈴

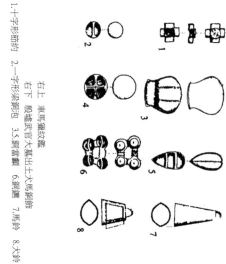

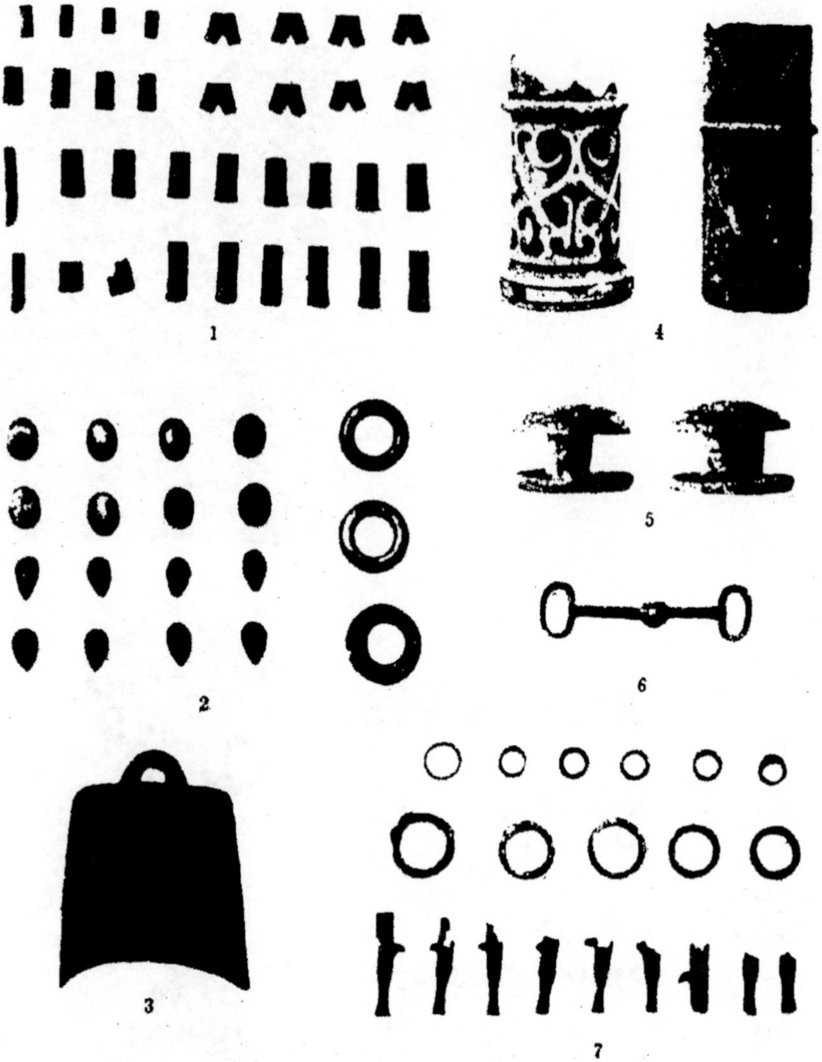

羊子山第172號戰國墓出土銅車馬器

1.銀管2.鉣泡及銀質環形飾3.鑾4.衡末銅飾5.銅帶扣6.銜7.游環、蓋弓冒

圖版玖

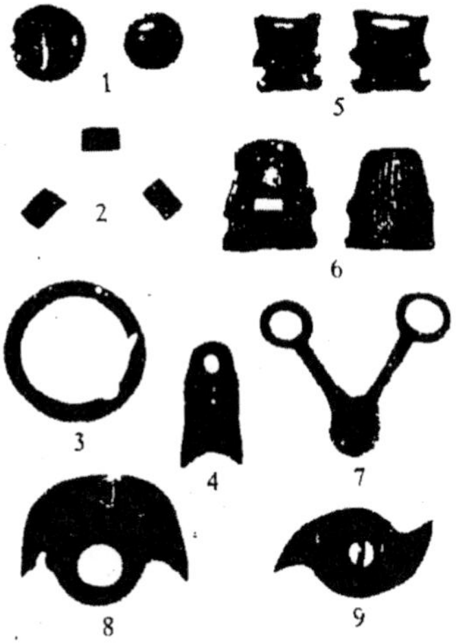

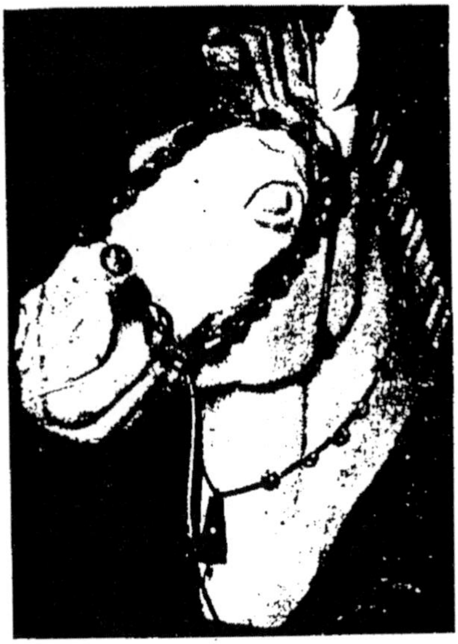

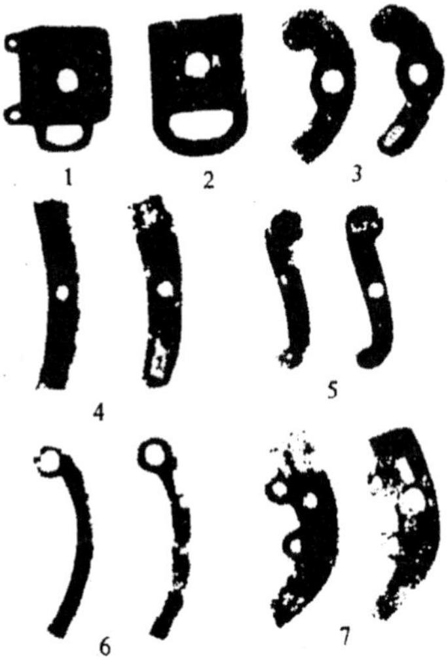

左上　濬縣辛村西周墓出土銅飾
1.銅泡　2.犬飾銵　3.犬飾環　4.犬飾鈴
5.小獸面　6.當盧　7.馬銜　8.9.眉目形飾

左下　濬縣辛村西周墓出土銅鑣
1.2.方形銅鑣　3.4.5.6.7.曲角形銅鑣

右上　殷墟武官大墓出土馬轡飾模型

右下　濬縣辛村第51號西周墓出土車馬飾
1.銅當盧　2.銅軎　3.銅泡　4.甲泡　5.骨器

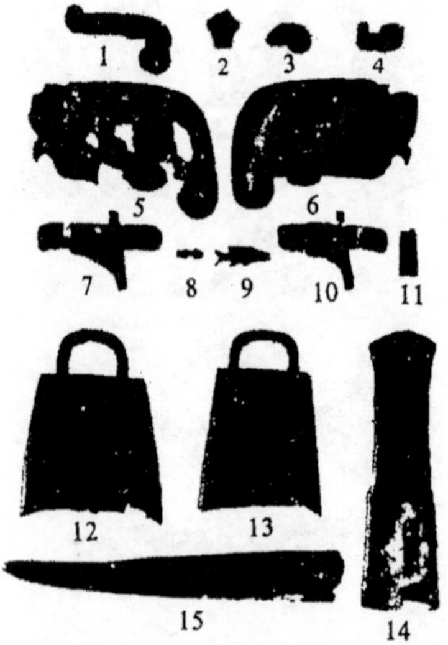

左上 濬縣辛村西周墓出土之大獸而

左下 濬縣辛村西周墓第21號墓出土之銅器
1.3.4.銅馬冠殘片 2.人面飾銅管 5.6.象首形槨飾 7.10.小腰 9.銅魚 11.殘予柄 12.13.銅鈴 14.銅軎 15.馬籠嘴銅梁

右上 濬縣辛村西周墓第19號墓出土之馬冠

右下 濬縣辛村西周墓出土之馬冠和月題

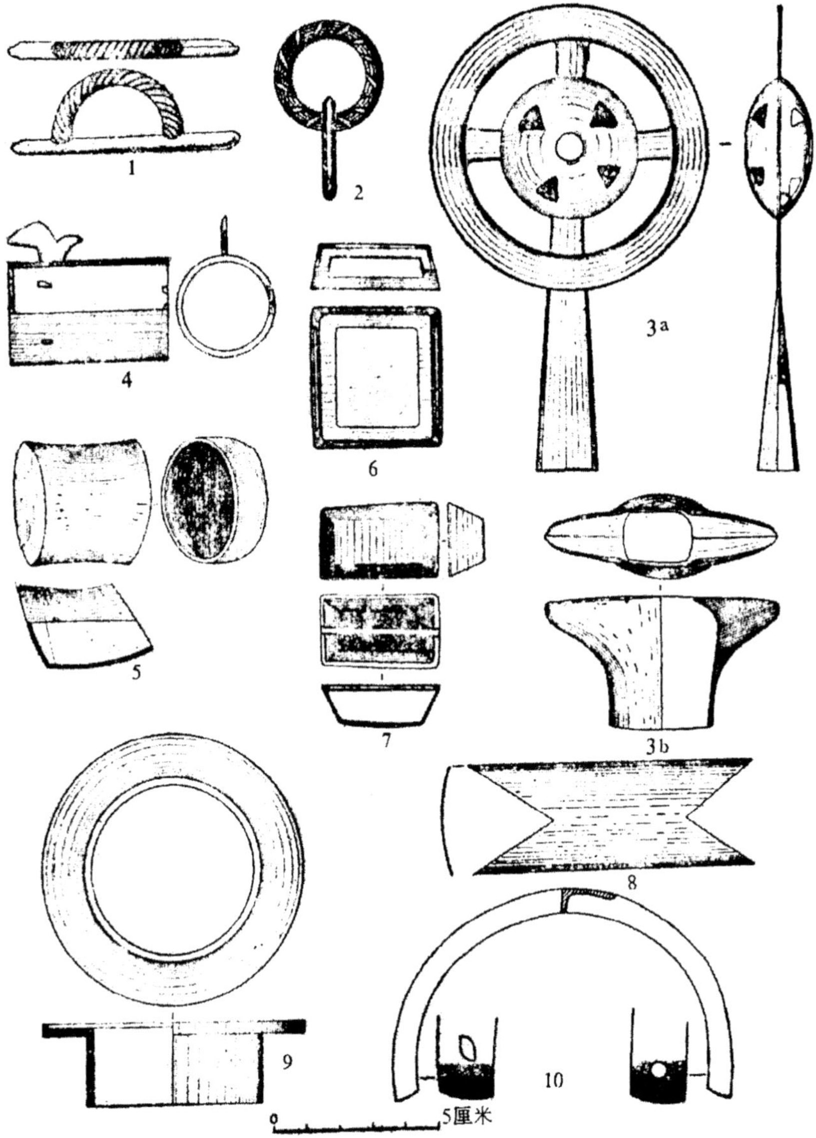

輝縣琉璃閣戰國墓車馬坑出土車馬飾復原圖

1.半圓形銅圈（轙） 2.銅連環 3.銅鑾 4.衡端銅飾 5.輈端銅衡
6.正方形銅鈕 7.長方形銅鈕 8.銅衡飾 9.輢柱上銅管 10.銅軶

左上　濬縣辛村西周墓出土車器
1.長型軎　2.短型軎　3.轄　4.軎、轄5.銅軸飾

左下　濬縣辛村西周墓出土之銅軏飾

右上　濬縣辛村西周墓出土之銅轂飾和銅枒飾

右下　濬縣辛村西周墓出土之銅軏飾，踵飾和銅輨

圖版拾叁

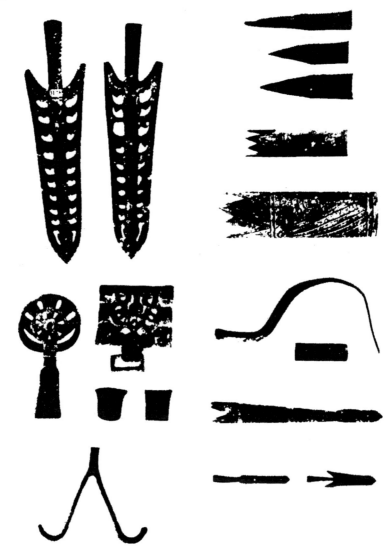

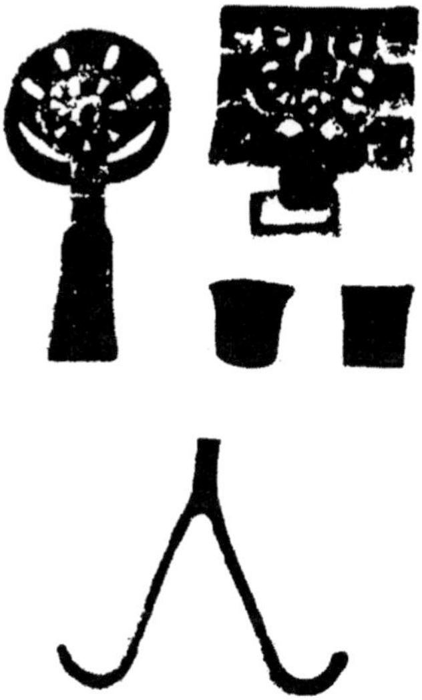

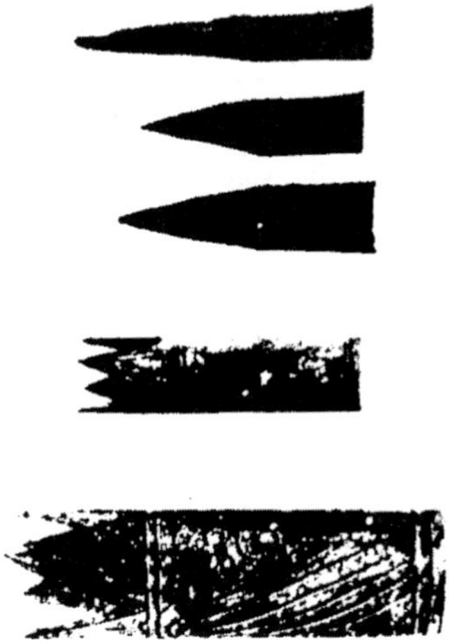

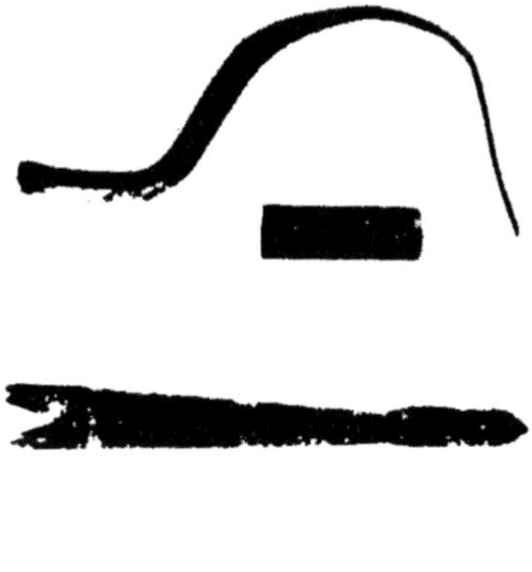

左上　濬縣辛村西周墓出土之衡末銅矛

左下　濬縣辛村西周墓出土之車飾
　　1.銅鑾　2. 飾　3.軛首飾　4.銅軛

右上　濬縣辛村西周墓出土之衡飾
　　1.復瓦式衡內外飾　2.3.圓筒式衡內飾

右下　濬縣辛村西周墓出土之衡飾
　　1.上：衡末飾 下：銅管　2.左：衡外飾
　　右：衡末飾　3.衡末飾　4.矛式衡末飾

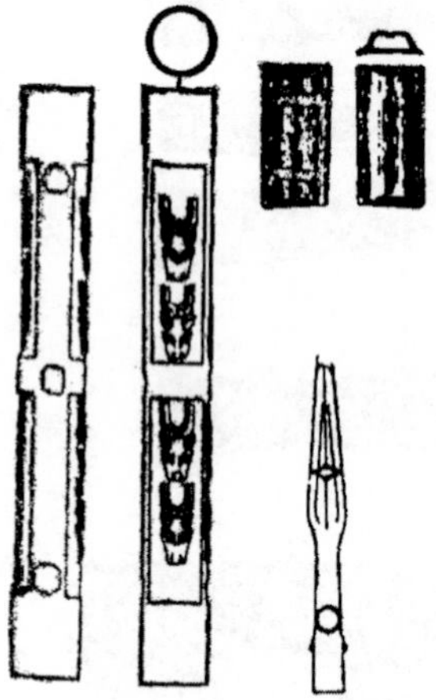

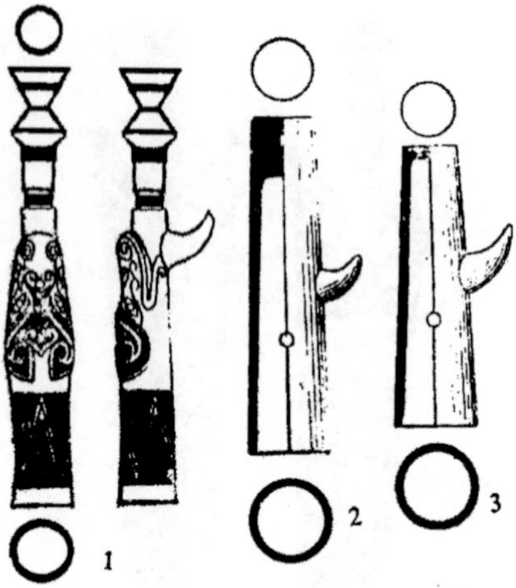

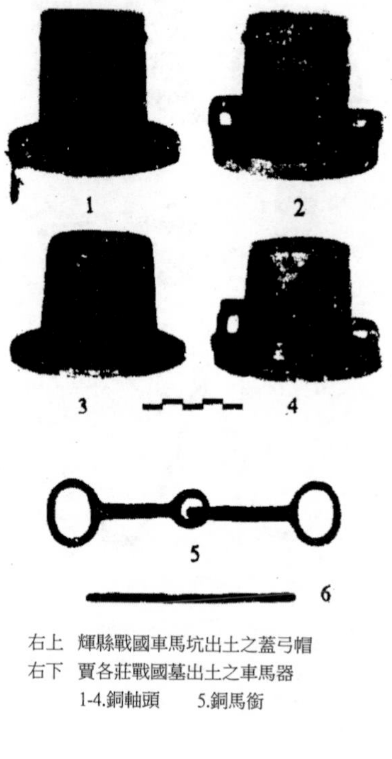

右上　輝縣戰國車馬坑出土之蓋弓帽
右下　賈各莊戰國墓出土之車馬器
1-4.銅軸頭　　5.銅馬銜

左上　洛陽東郊西周墓出土之銅器
左下　輝縣固圍村戰國墓出土之衡末飾

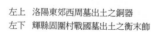

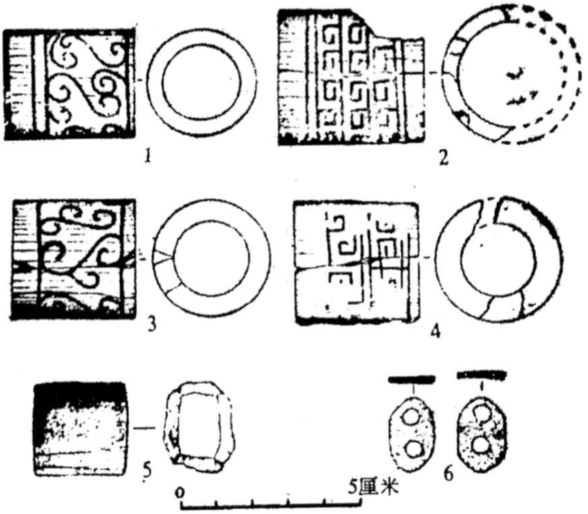

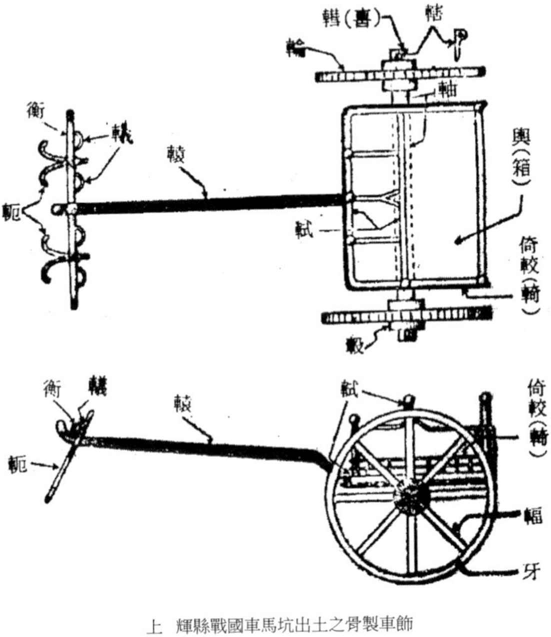

上　輝縣戰國車馬坑出土之骨製車飾
下　馬車各部分名稱圖

圖版拾陸

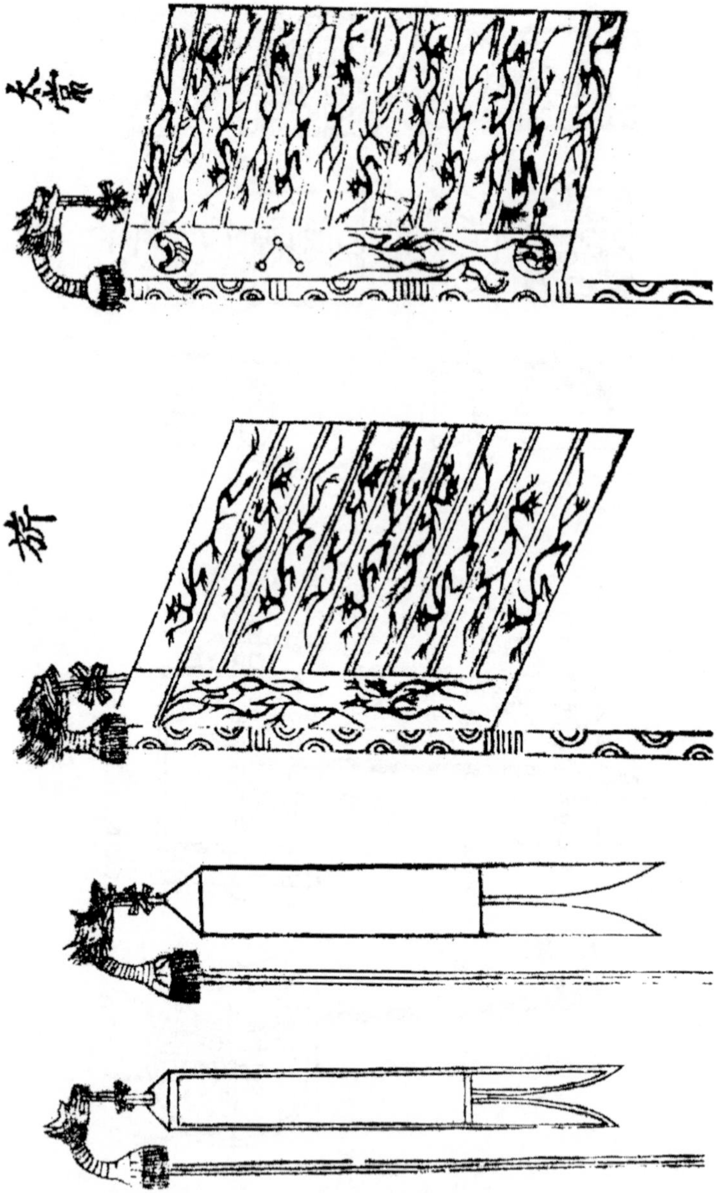

三禮圖中的旗幟

圖版拾柒

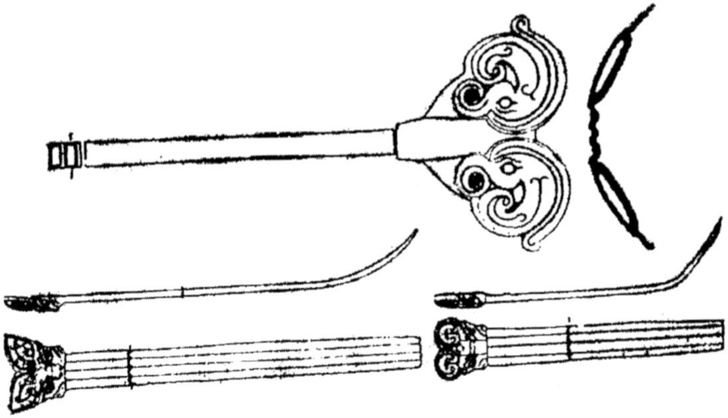

左　張家坡西周墓出土之銅馬飾：鑣嘴上的銅飾（左上、左下）馬頸上的銅飾（右）

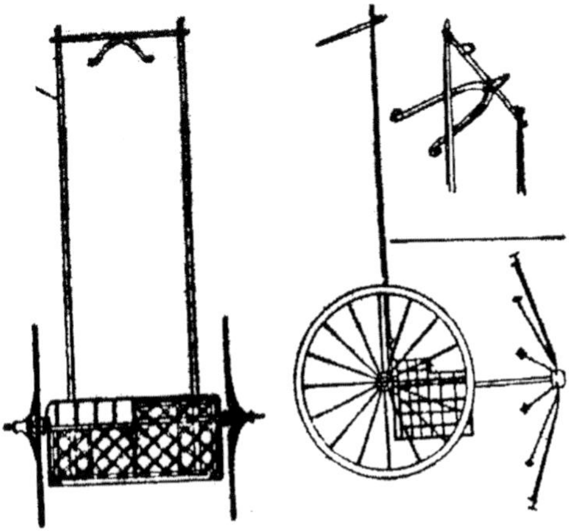

中　長沙西漢墓第2號車復原圖

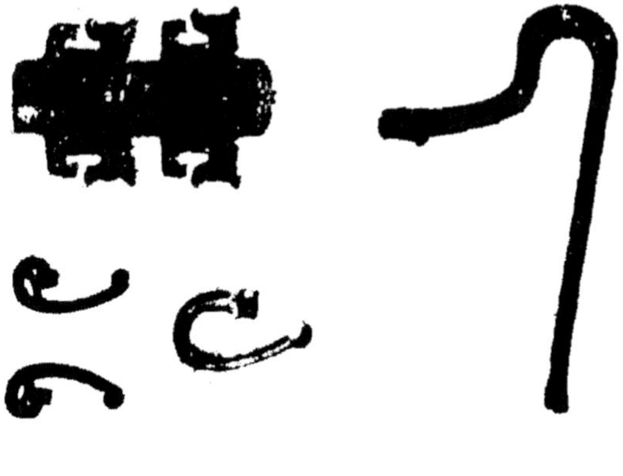

右　濬縣辛村戰國墓出土輿飾
1.較飾　2.輢飾　3.帷鉤

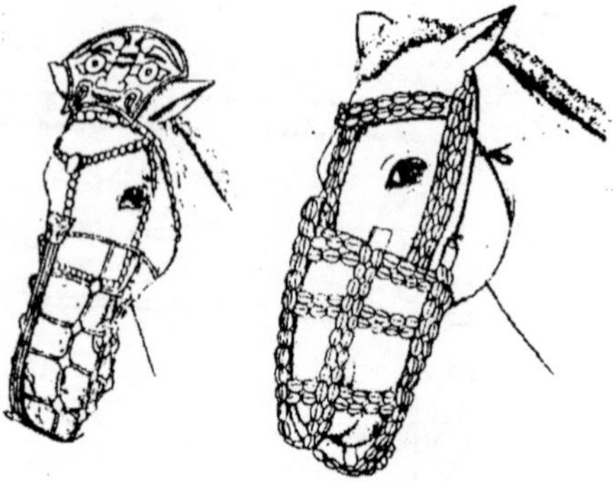

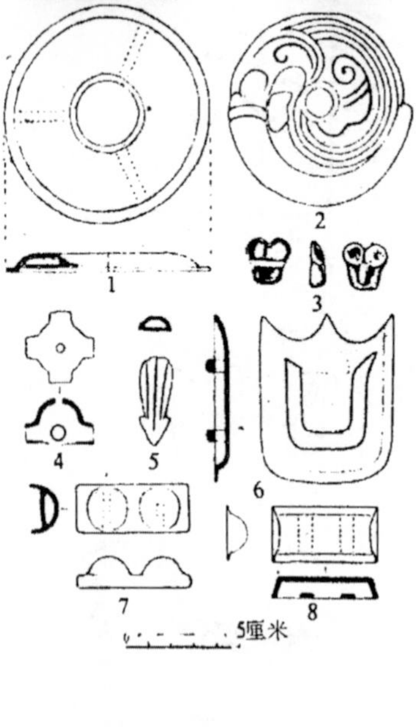

左上　賈各莊戰國墓出土之轡飾復原圖

左下　張家坡西周墓出土之轡飾

1.6.馬腹兩側的銅飾　2.鑣　3.絡頭兩上角的銅泡　4.籠嘴上的銅泡　5.絡頭正中位于馬鼻上的銅泡　7.馬額皮條上的銅飾　8.轡上的銅飾

右上　張家坡西周出土轡飾籠嘴復原圖

右下　武梁祠漢畫象的馬飾

左上　遼陽東漢後期石槨墓車馬行列圖
左下　車馬獵紋圖

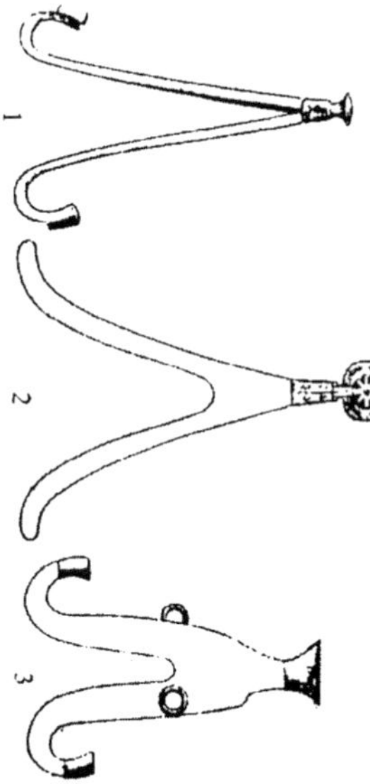

1　2　3

1.安陽大司空村出土的銅軛　2.長安張家坡出土的銅鑾和軛
3.三門峽上村嶺虢國墓地出土的軛及軛飾（均約1/4）

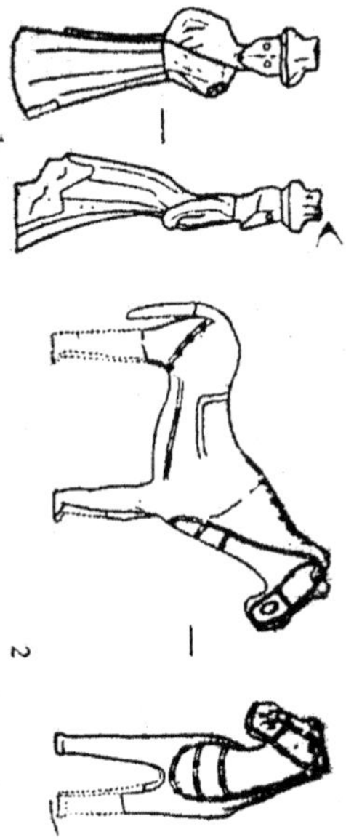

1　2

右上　銅軛
右下　山東岳石村戰國墓馬俑
1.俑　2.馬俑

圖版貳拾

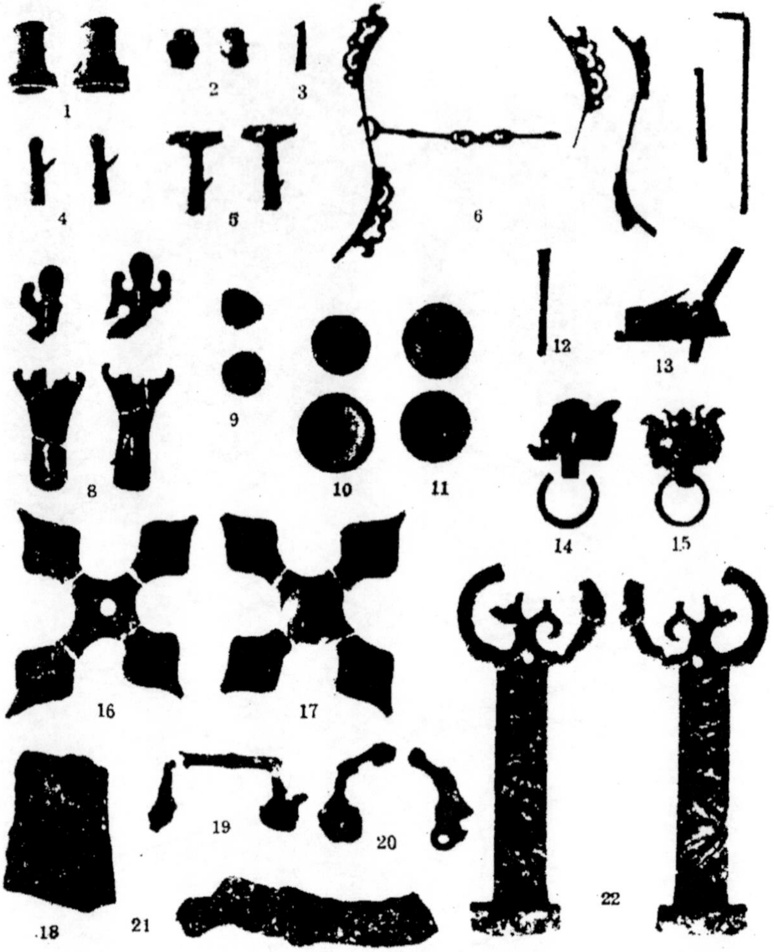

河南南陽楊官寺漢畫象石墓出土遺物

1.銅車軎(207)　2.銅筒形器(128)　3.銅車轄(107)　4.Ⅰ式銅蓋弓帽(12)
5.Ⅱ式銅蓋弓帽(12)　6.銅銜鑣(108.112)　7.銅棍形器(113)　8.銅當盧(110)
9.10.銅帶帽釘(115)　11.銅泡(10)　12.銅鐏(132)　13.銅弩機(36)
14.15.銅鋪首(109)　16.17.銅柿蒂形飾(11)　18.鐵钁(125)　19.20.鐵套環(124)
21.鐵犁(126)　22.銅劍柄(6)

儀禮樂器考

（曾永義著）

前　言

見於儀禮一書中的樂器，有鐘、磬、鼓、瑟、笙、管等六類，故本文分為六章討論。大射禮的「簜」是竹樂器的共名，本身並不是一種樂器，因此只附帶在「管」一章中述說。此外有因用途不同而別為專名的，如笙磬、頌磬、笙鐘、頌鐘、鎛、建鼓、朔鼙、鼗等，也都歸屬其類討論。

本文對於各類樂器考述的方法，大抵首釋名稱，辨其用途，再從文獻資料考其形制，而以田野考古出土的實物來印證。實物與文獻出入的，則分別指出，並加申說，至於文獻資料與出土實物的取材，其時代主要固然以與儀禮一書相近的春秋、戰國為主，但或稍早或稍晚的，也取供參考之列。因為一器一物的形制，絕非一朝一夕可以遽變，其於先世必有所承襲，於後世必有所影響。同時藉此也可以考見其間遞變的迹象。

鐘磬為金石樂器，出土實物很多，用來作為考證的依據，當可獲得較確切的結論。而瑟、鼓、笙、管諸樂器，不過用竹木製成，近年田野考古雖也有瑟、鼓的發現，但都破碎不堪，以此來考證形制，已覺困難；那麼迄未有實物出土的笙和管，就更無從憑藉了。對此只好根據時代較早的圖像來加以推測。

鄉飲、鄉射、大射、燕禮四篇都使用樂縣，樂縣在當時必有一定的制度，故參酌鄭玄之說，旁搜典籍之記載，而以出土器物及銘文、圖像為主要依據，別為「樂縣考」一章。

王靜安先生觀堂集林有「釋樂次」一文，對於禮經用樂的次第考據甚詳，可是未論及樂縣中各種樂器實際演奏的情況。故又根據對於樂縣制度和各種樂器考證所得的結論，試為「儀禮音樂演奏的概況」一章。

本文寫作期間，多承孔達生師指導，並蒙高曉梅、石璋如兩先生賜教，和中國東亞學術計劃委員會獎助，使本文能順利完成，這是筆者在這裡要萬分感謝的。

儀禮樂器考目次

前言……一
壹、鐘……一
一、釋名……一
1用、甬、庸、鏞、鏞、鐘、鍾等字的關係……一
2笙鐘與頌鐘……五
3鎛……八
二、鐘制……一〇
1程瑤田䡇氏為鐘章句圖說……一〇
2甬鐘的變遷……一五
3甬鐘的時代應比紐鐘為早……一七
4䡇氏制度與出土實物的印證……一九
三、鐘之銘文及作鐘之故……二三
四、鐘之附屬物及懸鐘之法……二四
五、編鐘的音律……二九

六、結論……三二
附錄：信陽編鐘個部位尺寸表……三二
貳、磬……三三
一、釋名……三三
二、磬制……三七
1程瑤田磬氏為磬圖說及其他……三八
2磬氏制度與出土實物的印證……四三
三、磬簴及縣磬之法……四八
四、結論……四九
叄、鼓……五一
一、總釋……五一
二、建鼓……五三
1程唐二氏韗人為皐陶章句說……五三
2建鼓附帶小鼓及鼓上植翔鷺的問題……五八
三、鼛鼓……六二
四、鼖鼓……六四
五、田野考古出土的古和鼓座……六六

六、結論……七三
肆、瑟……七六
一、文獻考徵……七六
二、田野考古出土的瑟……七九
三、結論……八五
伍、笙……八九
一、文獻考徵……八九
二、田野考古所發現的圖像……九一
陸、管……九四
一、釋名……九四
二、管制……九八
柒、樂縣考……一〇一
一、鄭玄樂縣說……一〇一
二、肆堵考……一〇三
三、小胥新解……一〇九
四、樂縣中之樂器……一一〇
五、鄉飲、鄉射、燕禮樂縣之擬測……一一四

六、餘言……一二〇
捌、儀禮音樂演奏之概況……一二三
一、鄉飲酒禮……一二三
二、鄉射禮……一二五
三、燕禮……一二八
四、大射禮……一三〇
附參考書目……一三三

儀禮樂器考

壹、鐘

一、釋名

1用、甬、庸、銿、鏞、鐘、鍾等字的關係

說文云：「鐘，樂鐘也。秋分之音，物穜成。从金，童聲。古者垂作鐘。銿，鐘或從甬。」又云：「鍾，酒器也。从金，重聲。」是許氏歧「鐘」、「鍾」為二字。

唐蘭古樂器小記云：

蓋（許氏）據漢制，非本然也。傳世古鐘銘辭，每書作「鍾」。「義案：如邵黛鐘、虘鐘之銘或作「鐘」、或作「鍾」。」而漢器中容器之「鍾」，則又時作「鐘」字。（義案：如一石鐘、平都主家鍾。）此可以證「鐘」、「鍾」之本一字。

其說是也。金文「鍾」作□（虘鐘）、□（己侯鐘）等形。「鐘」作□（虘鐘），□（子璋鐘）等形。可見金文時代「鐘」、「鍾」已為形聲字，金象其義，童、重象其聲，兩者實只一字之不同寫法而已。小篆之作□、□，乃承襲金文而來。至漢又因其形異，而以之別為樂器之「鐘」與酒器之「鍾」。甲骨文迄未發現有相當於「鐘」、「鍾」之字，因之，把樂鐘稱作「鐘」（鍾），可能是周

代的事。在殷商，或許尚未作如是稱謂。但是，甲骨文中有相當於金文「用」、「甬」、「庸」的字，甲骨學者，都以為這三個字的形象頗象古鐘，而前輩時賢以之來考究古鐘的名稱及其形制遞變之跡的，也大有人在。茲略述如下：

用，說文云：「用，可施行也。从卜从中，衛宏說凡用之屬从用。𤰃，古文用。」按許氏引衛宏之說殊無根據，以古中字皆不作𤰃也。故歷來文字學家多不以為然。宋戴侗、元周伯琦並以為「用」、「庸」即為樂器「鏞」、「鐘」之象形字，清徐灝說文段注箋更申述之云：

用之从𤰃絕非中字，古鐘鼎銘多作𤰃或作𤰃、𤰃，又有作卜者，其非卜、中甚明。且事之施行豈皆待卜乎？衛宏說乃望文生義，不足信也。戴氏侗曰：「用，宣篋文以為鐘，一說此本鏞字，象形，借為施用之用。」又曰：「庸，大鐘也。」灝按：古文𤰃或作[illegible]（義按：此偽體。）兩旁象欒銑，中象篆帶，上出象甬，短畫象旋蟲，絕肖鐘形。又鐘甬字古篆作[illegible]（義按：此亦偽體）形聲亦皆與用相近。金部鐘或作銿，尤其明證。商頌那篇「庸鼓有斁」，毛傳「大鐘庸」，又周禮眡瞭疏，儀禮大射疏並引尚書「笙庸以間」，是「庸」即古「鏞」字，而「用」為古「庸」字無疑。用本象鐘形，因借為施用別作庸，而庸又為功庸所專，別作鏞。皆以借義奪其本義也。

又甬，說文云：「甬，艸木華甬甬然也。从[illegible]、用聲。」徐箋云：

此當以鐘甬為本義。考工記鳧氏為鐘，舞上謂之甬。鄭云：「鐘柄。」灝按：甬古篆作[illegible]，（義按：此亦偽體。）兩旁象欒銑，中象篆帶，上出者象鐘柄，小圜象旋蟲，以字形與記文互證，其義瞭然。小篆从马者，形近之譌耳。用本古鏞字象形，說見用部。甬即用之異體。阮氏鐘鼎欵識、漢陽武任，用字作□，是其證。甬篆上小有圜與用微異，遂專以為鐘甬字耳。

李孝定先生甲骨文字集釋云：

徐氏謂用、甬古為一字，並象鐘形，其說極塙。施用之說，其引申誼也。卜辭恆言「其牢茲用。」是用牲之意。金文用作□戊寅鼎□毛公鼎□□齊鎛□師嫠簋□辛己簋□壬子甲盞盂□曾姬無卹壺與甬同文大體與卜辭問。（義按：卜辭用作□前藏四四、一□藏五四、□前一、九□藏一三〇、四等。）曾姬無卹壺作甬，又戈文、劍文之作鳥篆者，用亦多作甬，可為徐說佐證。）見容庚金文篇三卷三十七葉。）

唐氏古樂器小記則略謂：鐘之全部歷史繫於其上為柄之「甬」，而「甬」即是「筩」、「桶」、「銿」之本字，其本義應為說文：「筩，斷竹也。」故以為鐘「始以竹為之」之容量器而兼作樂器。由此推而廣之，又把椌、瓨、弃、鬲、敲 等器物都和鐘拉上了關係。其間難免有牽強附會之處。但到戰國以來，容量器之一，又名為鐘，和鐘始以竹為之，這兩點是頗有道理的，因為宋世出土的谷口甬（甬即說文鐘重文之銿，見薛氏鐘鼎欵識卷十八）即為容量器。又列子楊朱：「公孫朝聚酒千鐘。」左昭三年傳「釜十則鐘。」皆以之為容量器。至其「鐘始以竹為之」之說，今人郭某又略為補訂之，其兩周金文辭系考釋二三七葉云：

鐘鐸之類，大率起源于竹筩，或中空之木，今世丐者猶有擊竹筩以乞討之習，其孑遺也。由竹木器直演而為金屬器，中間並無必經之任何階段，古之鐘鐸類，其器甚小，均有柄，執而擊之，此即由竹木器轉化之進一步而已。周人加大之，遂為手所不能持，鐘乃倒縣矣！

今人李某更據唐氏、郭氏之說而申述之（見考古一九六四年第六期）。略謂：甲骨「用」作 等等，乃象斷竹，故初無定形，字中橫畫表示竹節，豎畫表示裡面已被打通。古人本以斷竹的「用」當作盛器，又逐漸以斷竹或由其製成之盛器，當作打擊樂器，故遂以「用」為之名。日後隨著社會的發展，「用」之借義日繁，乃另造「庸」、「甬」、「筩」等字以為區別，於是用之本義漸失，而為其借義所奪。至於「庸」字，說文謂从用从庚，「庚」字甲骨、金文多作□、□、□，也是象形字。戴侗以為「庚」蓋鐘類，故庸从之（六書故）。郭某更考定「庚」實為一種樂器（甲骨文字研究一六九—一七一葉。）庸所以从庚，正表示為樂器之符號，早期文獻如詩商頌那，尚書益稷（俱見前引）所以多以鐘為鏞，殆即由此。那之「庸」，蓋為殷後人保留舊名之例，尚書之「鏞」或為周初沿用殷人舊名，其加金旁，乃表明其製作之資料。至若甬字金文多作□或□，頌鼎、頌簋、頌壺之通字（□）所从之甬字作□，□上所加之□或□，蓋象斷竹或由其製成器物之口，是其本義仍為斷竹或其製成之器，後因用之以稱筩狀鐘柄（義案：商鐘柄皆空如柄，詳下文。）之義日行，乃另造筩字以區別之。此所加之竹頭乃表示其製成之資料為竹，而鐘字之別作銿者，益可表明此鐘係由甬而來。乃金屬製成之樂器，與銿本為一物，由此亦可見「甬」之為「銿」、為「鐘」了。

按：以上諸家論說雖未必十分可靠，但大抵言之成理。鐘在西周以前稱作「庸」，也是很可能的。底下且據此給鐘理出個來源和演變的脈絡：

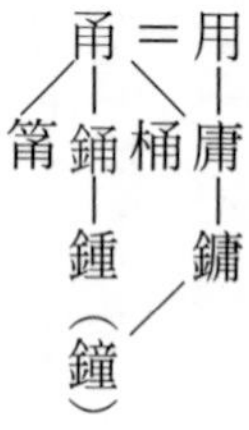

2 笙鐘與頌鐘

從上面這個表，我們不難見出鐘、鏞等的關係，那麼尚書皐陶謨「笙庸以間」。以及大射「笙磬（鐘）」、「頌磬（鐘）」的鄭注，便不可疵議了。皐陶謨鄭注云：

> 東方之樂謂之笙，笙，生也。東方生長之物，故名樂為笙也。西方之樂謂之庸，庸，功也；西方物熟有成功。亦謂之頌，頌亦是頌其成功也。

大射鄭注云：

> 笙，猶生也。東為陽中，萬物以生。……是以東方鐘磬謂之笙，皆編而縣之。……言成功曰頌，西為陰中，萬物之所成，是以西方鐘磬謂之頌，古文頌為庸。

周禮眡瞭鄭注亦有是說。若此，鄭氏蓋以為皐陶謨之「笙庸」即大射、眡瞭之笙與頌，並不以之為樂器。實者鄭氏因不明庸、鏞即鐘之前身，故有此牽強附會之說。「笙庸」應即為「笙鐘」同為東縣之樂鐘。至於西縣之樂，大射經文名磬為「頌磬」，而鐘則直云「其南鐘」而已。似鐘無所專名。鄭注云：

> 鐘不言頌，省文也。

可見鄭氏亦以為西縣之鐘應當作「頌鐘」為是。因為從「笙鐘」、「笙磬」、「頌磬」看來，此「鐘」必為「頌鐘」無疑。或許是經文原作「其南頌鐘」，鄭君所注時，經本已脫「頌」字，故以省文說之（武威漢簡「鐘，其南鏄，皆南」文闕）。據此說來，則東縣、西縣之鐘皆有專名。然則何以在東名笙，在西名頌呢？除鄭氏之說外，尚有陳暘樂書：

蓋應笙之磬謂之笙磬，應歌之磬謂之頌磬。編磬在西，而以頌磬名之。特磬在東而以笙磬名之。

周官眡瞭：「掌凡樂事：播鼗、頌磬、笙磬。掌太師之縣。」則頌磬，編磬也。笙磬，特磬也。

又朱載堉律呂精義云：

笙磬：與笙管協，詩曰：「笙、磬同音。」又云：「磬、筦將將」此之謂也。頌磬　與歌頌協，詩云：「既和且平，依我磬聲。」此之謂也。

按：陳、朱二氏雖但言磬而不及鐘，然鐘、磬既同冠以笙、頌之專名，其於樂縣中之任務當相同。故言磬實亦兼言鐘也。陳氏既知笙磬所以應笙，何以又據周官，而以含糊之語斷為特磬？笙為多管編置於匏上之樂器，磬與之和協，也必依律編縣之眾磬才能照應。又大射用樂，東縣、西縣之樂器，應是彼此對照相同。豈有西縣之樂為編磬、編鐘，而東縣之樂卻為特鐘、特磬？若東縣已有特縣之鐘，又將何以處其南特縣之鎛？（詳下文鎛考）所以陳氏之說頗有問題。「笙磬（鐘）」、「頌磬（鐘）」當如朱氏所云，只是因為音樂演奏時所協和對象的不同，而在東、西縣的編鐘、編磬上，附以專名，藉資分別而已。左傳襄公十一年有「歌鐘二肆」之文，壽縣蔡昭侯墓出土的二套編鐘（圖版I，一、二）其銘文均云：「自乍（作）哥（歌）鐘。」正可與之印證。竊意以為歌鐘即是頌鐘，其於樂縣上之功用，皆以和樂工之歌詩。蔡侯墓尚有「行鐘」之名（圖版I，三），不知是否即大射之「笙鐘」。商周金文錄遺四四葉，版一六九中之「行簋」言「用征用行。」陳公子甗亦言「用征用行。」「行簋」之「行」，當係即「用行」之行。此與「行鐘」之行，恐不能引為一解，而其與「笙」，似亦非聲近通假。茲置疑之，以待賢者。此外，鐘尚因大小之不同而各有專名。爾雅釋樂云：

大鐘謂之鏞，其中謂之剽，小者謂之棧。

郭注云：

書曰：「笙鏞以間」，亦名鏄，音博。

可見郭氏以笙鏞為大鐘，亦名之為鏄。這顯然是錯誤的。因為如上所說，「笙鏞」即是東縣之編鐘，何以又能名之為鏄？而爾雅所以稱大鐘作鏞，可能尚襲殷人舊稱，因為殷人之鏞大都較周人之鐘為大（詳下文甬鐘之沿革）。至於「剽」，古樂器小記已為蓋剽之誤，謂：說文無剽字，兮中鐘及昊生鐘均云：「乍大𨰿鐘。兮中鐘則一器作錉，或作𪑿。是𨰿、錉、𪑿為一字之異體，而克鐘作𠟭，故知即𠟭字，唐氏又由之推論國語周語「王將鑄無射而為之大林」之「林」與「㐭」聲相近，故認為「大林」即大鐘，「林」即鐘之別名，而鐘所以讀為林者，蓋古方音讀東韻之字，多與侵韻之字通轉的緣故。唐氏又云：

小者謂之棧者，殆周禮磬師所謂編鐘也。編、棧聲得相轉，義亦類似，編木為棧，猶編竹為箋也。

其說蓋是。周語云：

王將鑄無射而為之大林，單穆公曰：「不可，作重幣以絕民資，又鑄大鐘以鮮其繼。」

此明以「大林」與「大鐘」相呼應，「大林」當即為「大鐘」。韋昭引賈侍中語釋「大林」為十二律中之「林鐘」則誤。因為既鑄無射之鐘，其律必中無射之律，又何以能中「林鐘」之律？而若謂「鑄無射之鐘，其律則倍之使中林鐘之律」，如此則直名林鐘矣！又何能謂之為無射之鐘？故唐氏之說是也。其又以編鐘釋「棧」，亦言之成理，惜未能得確據以證之耳。

3 鏄

鐘屬之名尚有「鏄」，鐘與鏄是否為一物之異名，或其間因形制之不同而各自為類，則自漢已降，已混淆不清。說文云：

鏄，大鐘淳于之屬，所以應鐘磬也。堵以二，金樂則鼓鏄應之，从金薄聲。

又云：

鎛，鎛鱗也。鐘上橫木上金華也。一曰田器，从金尃聲。詩曰：「庤乃錢鎛。」

是許君亦以鏄、鎛為不同之二字。（義按：金文只作鎛，見齊鎛、口公孫班鎛，無作鏄者。）釋名云：

鎛，亦鋤田器也。鎛，迫也，迫地去草也。又借為鏄中之鎛。周禮鎛師，鄭注鎛如鐘而大是也。

則「鏄」、「鎛」二字實可通假。許君謂「大鐘淳于之屬」，鄭注亦謂鏄如鐘而大，然韋昭注國語則逕以鏄為小鐘，兩說適得其反。徐養原鏄說云：

鐘與鏄非特大小不同，其形制亦當有異。鐘之為制，宜小而不宜大；鏄之為制，宜大而不宜小。故國語曰「細鈞有鐘無鏄，大鈞有鏄無鐘，甚大無鏄」。蓋細鈞有五，大小不等而同為鐘，大鈞亦有五，大小不等而同為鏄，甚大有二，大小不等而亦同為鐘，此唯形制有異，故互為有無。若止大小之別，則十二鈞須分十二等，豈止鐘、鏄二名而已。後世之鐘，有上下小而中腰大者，其鏄之遺制與！

博古圖更折衷謂「鏄大於編鐘而小於特鐘。」與徐說皆不免揣測而乏實據。唐氏古樂器小記云：

據實物驗之，鎛之制異於鐘者：鐘上為甬，故側縣；鎛上為鈕，故直縣；鐘口如盂，鎛口則似囊。

容氏商周彝器通考則云：

宋公成鐘、留鐘、麋侯鐘，盂平而亦稱鐘，且于平者，器不皆大，故知鐘、鎛之無別矣！

雖然，若從大射笙鐘、頌鐘之南別有鎛，國語周語「細鈞有鐘無鎛，大鈞有鎛無鐘，甚大無鎛。」及周禮「鐘師」之外別立「鎛師」一點看來，「鐘」、「鎛」顯然有所分別。其形制起初或許與鐘有所差異，但後來逐漸混淆，終至不可分辨。竊以為鐘、鎛之所以異名，乃因其在樂縣上功用不同的緣故。儀禮大射樂縣的佈置，鎛在編縣的笙鐘、頌鐘之南，經文雖未明言，但其為特縣，大抵無疑問。壽縣蔡侯墓出土一套所謂「編鎛」（圖版I，二），其形制與博古圖之「齊侯鎛」類似。此類紐鐘據李某說（見考古學報一九五七年第三期關於殷鐘的研究）在南土齊、邾較為流行。其紐十分繁縟，蓋又增飾以立鳥或蟠螭為紐的紐鐘而來。此「編鎛」之名，想是作序的唐某所定（詳五省出土重要文物圖錄），乃依據其古樂器小記之說。其實這八枚「編鎛」與另一套紐編鐘（圖版I，一）皆自銘曰「歌鐘」，豈能謂之「鎛」？又奇字鐘之形制與 鎛並（圖版II，一）無二致，是鐘、鎛似未可以形制分。周禮鐘師云：

掌金奏，凡樂事以鐘鼓奏九夏。

鎛詩云：

掌金奏之鼓。

九夏為行禮用樂之樂章，必以編鐘播之，是鐘師所掌必編鐘無疑。鎛師所掌則為用以節金奏之鼓，雖不明言掌鎛，但既以鎛師為職名，則亦必掌鑮無疑。其鑮之用，當亦與鼓同為節金奏。因之筆者以為宋明道初詔定大樂，集賢校理李照所說「古者鑮鐘擊為節儉，而無合興之義，大射有二鑮皆亂擊焉。」是有道理的，至於國語所說的有鎛、無鎛，大概是樂工頌歌時，音調細的話，就用編鐘來伴奏，而不用鎛以亂擊，以昭大其聲；音調大的話，就僅用鎛來節奏，而不擊編鐘。（樂工頌歌時是一定有絲竹伴奏的，鎛蓋僅以節奏絲竹）。聲調再大的話，就不用金樂（因鐘聲洪大，「兩大不相和，凡樂，器重者從細，細者從大。」——國語周語）而唯以細鳴的絲竹來伴奏。若此，對先秦典籍中的鑮，似較能言之成理。那麼所謂「鑮」，或「鑮鐘」，就是指樂縣中特縣而用以節奏的鐘。竊又以為「鑮」、「特」實一音之轉，「鑮鐘」殆即「特鐘」矣！以其為鐘，故以金从之，以其為特縣，故以薄為聲，未知是否。

二、鐘制

1程瑤田鳧氏為鐘章句圖說

由第一節以「用」、「甬」、「庸」、「銿」、「鏞」等字來推測鐘的起源和其演變所獲得的結論，我們知道鐘絕不是一朝一夕由某一人所發明的，其形制和質料必是隨時在演變和改進的。因此如禮記云：

垂之鐘。

世本云：

鐘，黃帝工人垂所造。

山海經云：

炎帝之孫鼓延始為鐘。

呂氏春秋云：

黃帝命伶倫鑄十二鐘，和五音。

像這些傳說固然未足採信，但卻給我們一個啟示，那就是鐘是一種極其古老的樂器，儘管它本來未必叫做鐘。關於鐘體的各部名稱及其制度，考工記言之極詳，惟鄭注賈疏頗有違失，爾後學人各自揣摩為說，條理越增紊亂，至清程瑤田作鳧氏為鐘章句圖說（見程氏樂器三事能言），始據實物為之說明云：

古鐘羨而不圜，有兩邊為兩欒，謂之銑。兩邊之間謂之于。于上擊處謂之鼓。鼓上正體謂之鉦。鉦上鐘頂謂之舞。舞上出于頂為筩謂之甬。甬上平處，對于言之謂之衡。鐘縣與甬相合謂之旋。含旋之物，在甬上者為旋蟲以管之謂之幹（字當作斡）。鐘帶設於鉦者

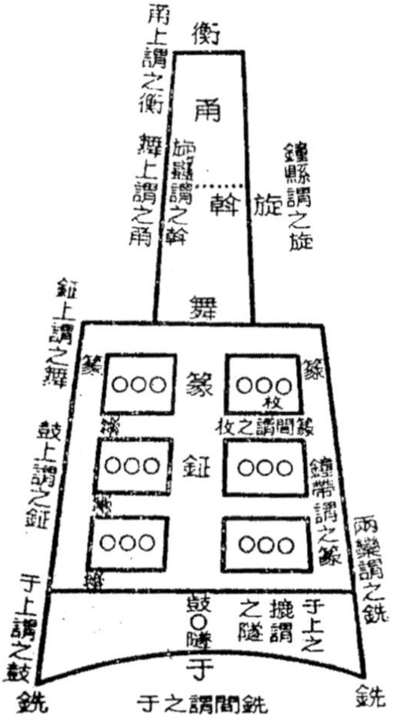

插圖一 鳧氏為鍾命名圖

謂之篆。篆間為乳謂之枚。枚上隆起有光謂之景。于上之攠弊處謂之隧（如插圖一）。

十分其銑，去二得八以為鉦，其二鼓也。以其鉦八為之銑間，去銑間之二分，得六以為之鼓間。去銑間之二分，得六以為之鼓間。以其鼓間六，為之舞脩。去舞脩之二分得四以為舞廣。以其鉦之長。即鉦八為之甬長。以其甬長八，為甬之圍。三分其甬長八，二在上，一在下，以設其旋。……大鐘十分其鼓間六，以其一為之厚。小鐘十分其鉦間五又十分之六，以其一為之厚。……鼓中窐下為隧，六分其鐘之厚，以其一為之深而圜之（如插圖二、三）。

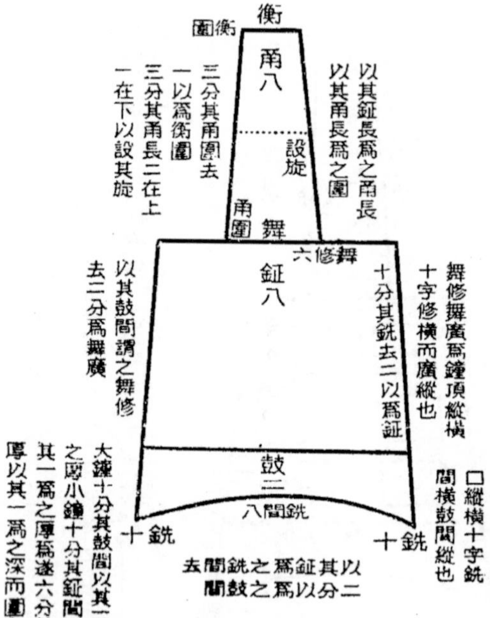

插圖二 鳧氏為鍾命分圖

程氏精於數學，故命分一節，推算至為精確，銑間、鉦間、鼓間之解，亦為定論。蓋鳧氏鐘制極其精密，其各部分之長短實成比例。亦即以銑為長度單位十，緣之為比例而求各部分之長度。為清眉目起見，茲將各部分之長度比例列之於下：

①兩銑之長為長度比例單位十
②鉦長：八
③鼓長：二
④銑間：八
⑤鼓間：六
⑥舞脩：六
⑦舞廣：四
⑧甬長：八
⑨甬圍：八
⑩設旋處：甬長八由舞上算起之三分之一，即8/3處
⑪大鐘之厚：十分之六
⑫小鐘之厚：十分之五．六
⑬遂深：大鐘為十分之一，小鐘為七十五分之一

至於程氏於鐘體各部位命名之解釋，唐氏古樂器小記認為「不免舛誤，且多遺漏。」其中尤以對「幹」、「旋」的解說，程君設旋疑義記固頗多訛誤，即後來據實物以為之說的王引之（經義述聞卷九）、羅叔蘊（古器物識小錄）、馬叔平（中國金石學概要），亦不免疏漏可議之處。以上諸家之說，唐氏評之云：

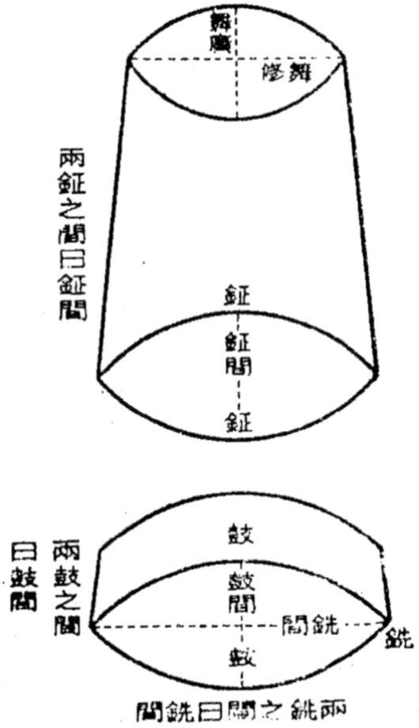

插圖三 晁氏為鍾銑間鼓間鉦間圖

程氏第一說以旋為螺形之柄，榦為柄端制旋之鍵，純出推測，與實物不合。其第二說以旋為縣鐘之鉤，則與記文「三分其甬長，二在上，一在下，以設其旋」之語不合。王氏說榦之制是矣。（義按：王氏之說謂：「旋蟲謂之榦者，銜旋之紐，鑄為獸形。居甬與旋之間而司管轄，故謂之榦。」）其說旋之謂制（義按：王氏之說謂：「余嘗見劉尚書家所藏周紀侯鐘（圖版 II，二），甬之中央近下者附半環焉。為牛首形，而以正圜之環貫之。始悟正圜之環，所以縣鐘，即所謂鐘縣，謂之旋也。」）則與程氏同病。舍鐘甬之本身而求之，與記文終為齟齬；惟解旋為環，則誠確切也。羅、馬二氏之說（義案：二氏之說略同，要均據內公鐘鉤以為附於鐘甬之鈕為旋，縣於簴上之鉤為榦，鉤作獸形，故謂之旋蟲。）與程氏二說適相反，旋之位置雖合記文，而以榦為甬外之物，又不如王說之善；且「內公鐘」銘辭明云：「從鐘之鉤」，榦無鉤義，知其非同物矣。

故唐氏別為之說云：

據記文三分甬長以設旋，則知旋必著於甬；旋義為環；今目驗古鐘甬中間均突出似帶，周環甬圍，其位置正與考工記合，是所謂旋也。於旋上設蟲形之柄，故謂之旋蟲，即所謂榦。旋蟲與旋，本相聯繫，故名相襲。其起源當是以繩圍瓦器之頸，於其末為之紐以便提攜；其後變於瓦器之耳，鐘為摹倣瓦鬲所製，故旋象其圍，榦象其紐，其為蟲狀，則又後世之繁飾矣。

唐氏之說大致可信。其既以程氏命名之解釋有所誤漏，故又訂正鳧氏為鐘章句如次：

鳧氏為鐘。其入范時連何處，有兩邊為兩欒，擊之銑然謂之銑。兩銑末，兩甬之間，似盂謂之于。于上擊處謂之鼓。鼓上正體擊之鉦然謂之鉦。鉦上鐘頂，如廡謂之舞。舞上出於頂為篇謂之甬。甬上平處謂之衡。鐘縣環于甬上突起者謂之旋。旋上蟲形之柄以貫環者謂之斡。鐘帶為界于鉦間者謂篆。篆間有乳可數計謂之枚。枚隆起，又謂之景。于上之攠弊處，微窐謂之隧。

至此，鳧氏為鐘章句大抵得到確解，但是鳧氏鐘制如此的精密，是否當時的鐘都依照這種體制來鑄造呢？而鳧氏制度所代表的，究竟是考工記時代的體制，抑是它還保留著較為古老的制度、而當時的鐘制卻已有所變異了呢？凡此都是文獻材料所不能解決的，我們只有求之於地下出土的實物了。

2 甬鐘的變遷

上面說過，鐘的形制是隨著時代而演變的，以目前出土的鐘來看，也很顯然可以看出遞變的痕跡。出土鐘依其體制可大別為二類，一為甬鐘，一為紐鐘。關於甬鐘變遷的研究，今人陳某有西周銅器斷代一文考訂頗詳（見考古學報一九五六年第三期），茲據其說略述如下：

陳氏將晚殷至西周末期出土的鐃鉦及甬鐘分為四類，以述其特徵：

(1)執鐘（圖版VI，一）：這一類鐘是指安陽殷墟出土的，大抵三個一組，大小相次，口向上，甬中空（甬端之衡是敞口的）通內腔，尺寸小，可手執以鼓（有一器甬上有釘孔，似是安置木柄者。）表面或素，或前後兩面作一素簡獸面紋，外口沿之中部，前後各有一長方形鼓起部分，即所謂「鼓」。銘文或在「鼓」上，其方向與花紋同，即以口上甬下為順。其時代為殷。

(2)鏞（圖版III，一、二）：爾雅釋樂「大鐘謂之鏞。」說文同。今暫且以此名殷末周初之大型鐘。花紋多作繁複的或作變形的獸面紋。亦前後面各一，其方向是以口上甬下為順，尺寸有甚大者。未見有銘文，亦未見成組者。甬端有時是不整齊的，並非鑄後打斷，乃是鑄時即如此。因為這種鏞是口向上而甬端（其實是末）植於座中的，因此不需鑄平。在甬之中部有沒有凸起環帶（即旋）的——此設為甲類（圖版III，二）——，也有凸起的——此設為乙類（圖版III，二）。但尚皆無「幹」。「鼓」的部分已不鼓起，但有花紋，與左右兩銑相平。長方形的「鉦」尚未發生。

⑶中期鐘（圖版IV，一、二；V一、二）：據其「幹」之有無可分為二類，甲類有旋無幹，乙旋、幹俱具。皆有枚，惟甬仍中空與內腔相同（圖版V，一）。長安普渡村西周墓（經斷定為穆王時代）出土三器（圖版V，二）是乙類標準型。「鼓」也是平的，但「鼓」處有花紋，已有長方形的「鉦」，其上有花紋，未見有銘文者。乙類鐘口應已向下。

⑷西周中晚期甬鐘：略同⑶，但甬端（即衡）封沒，甬與內腔不通，其成組者，數在三以上，「鉦」上是平而素的，銘文常鏤於此處及兩銑。此時的鐘都有旋幹，都是縣于甬上的，故其口向下，銘文亦由上而下順讀。

總觀已上⑴—⑶是從晚殷至穆王時（大約一〇〇〇—一五〇〇年間）的演變。⑴執鐘是小型的，其外面或素或作素簡獸面紋，多以陽線條表示。到了⑵鏞則為大型的口，向上而植甬于座，其大獸面紋不但極為繁縟，且突出兩目，是為乳枚的濫觴。⑴之「鼓」本是突出于隧部，在⑵則易以平面的一組小花紋，⑵的甬本為植座插入部分，故甬部短而其端不鑄平，漸次發展為凸起的「旋」。⑶甲中期鐘都是乳枚與幾何文飾，無從判斷它的縣法。但甬中空而缺口，仍與⑵同。到了⑶乙則顯然已是向下而甬在上的縣法了。因此必須封沒甬端以節音調。再就體積來說，⑴甚小，⑵甲漸大，⑵乙有甚大甚重者，⑶則又小於⑵乙，⑶乙都是流傳品，它們出土可能是成組的。(2)的花紋多為兩面大獸面紋，其鼻部中分之處，逐漸發展為長方形的「鉦」。

3 甬鐘的時代應比紐鐘為早

陳氏以上之論說，大致自成系統，很值得我們參考。他所說的執鐘和鏞，就是容庚商周彝器通考所說的「商鉦」：

> 鐘之形制，蓋從商鉦衍變而來，初則手持而擊，故柄在下而口在上；繼則縣之於 ，故甬在上面口在下。

可見名稱雖異，而其觀點則大體相合。陳氏對於東周以後的鐘制演變，沒有進一步的討論，只說「尚有其他形式的，發展為春秋時代的鈕鐘。」他的意思或許認為鈕鐘是別有來源的。而鈕鐘在春秋時代已漸盛行。商周彝器通考亦略論西周早期及西周晚期以後鐘在形制上的類別：

> 其在西周前期，有紐作環狀，舞上蹲兩鳥，兩欒有棱而于平者（雙鳥饕餮紋鐘）。有紐作環狀，兩欒作四虎形而于平者（四虎饕紋鐘）。其在西周後期以後，其狀可分側縣、直縣二類：側縣者上為甬，甬旁有幹，枚長而于曲（如楚公鐘）。「幹」有貫以正圓之環者（如紀侯鐘），兩欒有有棱者（如兩棱曲紋鐘）。直縣者上為紐，其枚皆短，又分為于曲及于平二類：于曲者紐作環狀（如天尹鐘），有無枚者（如蟠虺紋無枚鐘）。于平者紐作伏獸（如⿰黍命鎛）。

若據容氏之說，則紐鐘早於甬鐘為直縣，而甬鐘是在西周晚期以後才有的，為側縣（案甬鐘亦有直縣者，詳下文縣鐘之法）。關於這一點是頗有可議的。因為鐘既是由商鉦變化而來，則其形制必相因襲，而迄目前出土的鉦，從無其柄作紐狀的。且縣鐘之法（詳下文），直縣必較側縣進步，落後者必較進步者時代為早。此不言可喻。近年普渡村出土之穆王三鐘（圖版Ⅴ，二）即是「旋」、「幹」並具而枚長于曲之甬鐘。（宗周鐘屬西周中期，亦為甬鐘）。因此紐鐘容或別有發源（或是受到鈴上之紐的啟示？）它是不可能早於甬鐘的。至於甬鐘上的長枚，是否和音律有關呢？關葆謙鄭冢古器圖考卷一云：

考古圖跋遲文鐘有云：「古之樂鐘羨而不圜，皆有篆間之枚，故其聲一定而不游，與衆樂不相奪，今鐘多圜而無枚，故其聲與古相反。」此可謂善論枚之用者矣！余嘗取各鐘扣之，其鐘大者，聲亦洪大；鐘小者，聲亦狹小。同是一鐘，其枚之近於鼓鉦者，音洪大，遞遠則遞狹小。又鐘在枚間皆有長孔一，是知三十六枚之部位及枚間之長孔，皆與調節音律上有關，此則博古考古諸疏所未論及者。

其說是否，且留待識者論定。又如容氏所說，春秋、戰國時代的鐘，顯然還是有紐鐘、甬鐘兩個系統，而這兩種鐘在當時應當還是並行的。例如壽縣蔡侯墓所出土的甬鐘一組八枚，紐鐘一組九枚，又一組八枚（或稱編鎛，其應稱作鐘而非鎛已見前論。）經斷定為春秋時蔡昭侯所屬。另外輝縣琉璃閣第二次發掘的六十號墓也同時出土紐鐘一組四枚，一組八枚，又一組九枚，甬鐘一組八枚，七十五號墓也同是出土紐鐘一組四枚，一組九枚，甬鐘一組八枚。其時代約當戰國。僅這樣在同屬於春秋、戰國時代的墓裡，一起出現甬鐘和紐鐘的現象，絕不是偶然的。它不是正說明了這兩種鐘在當時一樣的流行被採用嗎？不過以數量來說，紐鐘在這時是較多的，如汲縣編鐘（藏中研院考古陳列館）、𠫑氏編鐘、信陽編鐘、者沪編鐘、山西萬榮縣戰國墓編鐘、長治十四號墓編鐘等都是屬於紐鐘，這似乎也說明了紐鐘逐漸淹沒甬鐘的趨勢。因為直縣總比側縣來得方便進步的。所以漢唐以後廟堂所用樂鐘，都屬於直縣。

4 鳧氏制度與出土實物的印證

對於鐘制的演變有了比較清晰的概念以後，底下我們且拿地下實物來和鳧氏鐘制印證。在印證之前，我們要考慮到的，是考工記究竟屬於什麼時代？張心澂偽書通考備舉歷來學者考訂考工記時代的辯證，然異說紛紜，莫衷一是，甚或疑信參半，謂係出於偽託。今人郭某之據江永周禮疑義舉要所認為的「考工記東周後，齊人所作也。」而補充之謂「考工記實係春秋末年齊國所記的官書」（見考工記的年代與國別，載天玄地黃）若依郭氏之說，則考工記乃是一個時代、一個國家的官書，而且又是整齊化了的公式，其價值是很有限的。不過，若從地下出土的材料來印證，考工記顯然是要打破國界的。例如楚地出土的鐘、磬不是也可以來和它相印證嗎？所以齊國官書之說是很可疑的。雖然，它的時代當不致於早到春秋，而晚於秦漢，這大概是可以確定的。那麼，我們拿出土實物和鳧氏制度印證，也就只取這時期的鐘了。鳧氏鐘制係屬甬鐘，這可能就較古老的傳統制度立說的緣故。底下且將琉璃閣六十、七十五號墓出土之甬鐘的各部位尺寸列表如下，再略為印證說明。其長度單位為厘米，重量單位為克。

編鐘次第	一	二	三	四	五	六	七	八
總號	七六一	七六〇	七六二	七六六	七六七	七六五	七六四	七六三
出土號	六〇:五三	六〇:四五	六〇:四六	六〇:九七	六〇:四七	六〇:一〇二	六〇:九九	六〇:九八
鐘高	四三·〇	三六·〇	三〇·五	二七·五	二三·〇	二一·四	一九·〇	七·〇
舞廣	二〇·八	一七·八	一六·三	一三·六	一二·四	一〇·五	八·六	七·九
舞脩	二六·七	二三·〇	二一·〇	一七·八	一五·四	一三·九	一二·二	一〇·八
鼓間	二三·三	一九·六		一四·七	一四·一	一二·五	一〇·五	九·二
銑間	二四·三	二九·〇	二八·〇	二三·〇	一七·二	一七·〇	一四·一	一一·七
鐘厚	〇·四〇	〇·一五	〇·二〇	〇·三〇	〇·二〇	〇·一五	〇·一五	〇·一五
甬高	二一·一	二〇·五	一七·四	一四·〇	一三·三	九·三	九·〇	八·九
旋上	一六·〇	一五·四	一二·四	一〇·五	九·七	六·三	六·四	六·一
旋下	二·八〇	二·八〇	二·七〇	二·〇〇	一·八〇	一·五〇	一·四〇	一·四〇
甬徑	六·七〇	六·八〇	五·九〇	三·六〇	三·六〇	二·六〇	二·五〇	二·五〇
衡徑	四·八〇	四·八〇	四·〇〇	二·六〇	二·六〇	一·九〇	一·九〇	一·九〇
旋徑	八·〇〇	七·七〇	六·七〇	四·六〇	四·六〇	三·四〇	三·三〇	三·三〇
重量	一五、二五六	一一、八四四	六、七八一	五、二二五	二、九六九	二、七五〇	一、八九一	一、五九四

編鐘次第	一	二	三	四	五	六	七	八
總號	一、七六四	一、七四七	一、七四九	一、七四五	一、七四四	一、七三〇	一、七四三	一、七二九
出土號	七五:二七七	七五:二六五	七五:二六六	七五:二六八	七五:二七八	七五:二七三	七五:二八〇	七五:二八九
鐘高	三二·三	二八·七	二四·五	二〇·七	一八·八	一七·五	一五·五	一四·五
舞廣	一八·五	一六·五	一四·五	一二·九	一〇·七	一〇·一	八·五	七·五
舞脩	二三·六	二一·三	一八·六	一六·九	一四·九	一三·二	一二·〇	一〇·八
鼓間	二三·七	一九·一		一五·五	一二·八	一一·六	一二·七	九·六
銑間	三二·五	二七·七		二二·三	一九·〇	一七·一	一四·九	一三·八
鐘厚	〇·二五	〇·二〇	〇·一五	〇·二〇	〇·二〇	〇·一五	〇·二〇	〇·二〇
甬高	一九·二	一八·二	一六·五	一六·五	一三·四	一二·一	一二·一	一一·〇
旋上	一五·〇	一三·八	一二·六	一二·六	九·八	九·七	九·二	八·五
旋下	一·六	三·〇	二·〇	二·四	二·〇	一·九	二·〇	一·三
甬徑	六·四	五·六	五·二	五·二	四·一	四·二	三·七	三·七
衡徑	四·七	四·一	三·八	三·六	三·〇	三·一	三·〇	二·四
旋徑	六·八	六·〇	五·六	五·六	四·六	四·七	四·〇五	四·〇
重量	八、〇三二	五、七一九	四、二二五	四、二二五	二、七五〇	二、一八八	一、六五六	一、五六四

以上是根據中央研究院的原始資料，其器物尚存於考古館儲藏室中。若將這個表的尺寸按照鳧氏所說的各部位長度比例略為計算的話，不難發現一個事實，那就是幾無一處盡合其制度。雖然，大小、長短、寬窄之間，還是有一定的次序，並沒有倒置的現象。這或許是因為長埋地下，鐘體已失本來完整的面目，同時鐘既為樂器，其鑄造時為審其音、合其律，乃不免在鐘體上略有矯正。因之不能十分合乎鳧氏嚴整精密的制度。否則，鳧氏制度便只是當時儒者整齊統一化的理想，不過是未被採用的具文而已。但是，其各部位名稱，除了「于上之攠，謂之隧」實物皆於于上作花紋而不見微窐外，其餘名稱皆可以取得印證。可見鳧氏制度絕不是憑空立說的。可能它是以當時的甬鐘為藍本而加以整齊化立說。關於「隧」，近來又有不同的說法。文物參考資料一九五八年第一期信陽戰國楚墓出土樂器初步調查記云：

古代鐘的內部，往往在枚間及舞部，有剔鑿的槽，或透空，或不透空，有人認為這就是考工記中所謂的隧。是用來校正音高的。與音律有關（見馮水鐘攠鐘隧考，馮氏樂書四種之二）从這套編鐘（信陽編鐘，圖版Ⅵ，二）剔槽的數目及位置來看，似乎有它的規律。最大的一個不僅在舞內剔三個槽，在鐘身每邊也各剔三個槽，而且地位較低，約在鉦的中部及第二排枚中間的一個和靠邊的一個之間，其餘十二個鐘，舞內只有一個槽，多數居中，位在鐘紐空檔的下面，鐘身每邊都只剔兩槽，地位較高，在最上一排的枚間，有幾個鐘內部的剔槽，可以看的很清楚，槽旁有高起的界線，略作井形，這說明早在鑄鐘造范之時，已經規定了剔槽的地位。……鐘內的剔槽是用來校正音高的，這一論斷似屬可信。从這套鐘還可以看出每一個鐘身厚薄都不一致，且有顯著的磨銼痕跡，這與音高的校正應該也有關係。

像這樣以枚間及舞上的剔槽來說明考工記的「隧」，亦可備一說。而上述關氏長孔校音之論，亦可在這裡得到支持，磨銼鐘體以校正音律，就好像磬之「已上則摩其旁，已下則摩其耑。」是很自然的一種調節方法，當屬可信。

三、鐘之銘文及作鐘之故

鐘上往往載有銘文，其記載方法，行文次第頗無規律。容氏商周彝器通云：

鐘載全銘，而編鐘有載銘之一段，須合數編鐘而讀之者，如尸編鐘是也。有編鐘之文視全文刪節而首尾完具者，如者減鐘是也。有編鐘亦載全文者，如邵鐘是也。其銘文有在兩面者、一面者。其兩面者，有從前面之鉦起，由鼓左繞至後面之鼓右再及於鉦，而鼓左復繞至前面之鼓右者（王孫鐘）。左行者反是（齊⿱陶革氏鐘），有從鉦起由鼓左繞至後面之鼓右，而鼓左，復至前面之鼓右者（子璋鐘）。有從鉦起而鼓左，繞至後面之鼓右者（㝬鐘），有從右欒起而鉦而左欒繞至後面之右欒而鉦而左欒者（子馷鐘），有在鉦之前後者（屭羌鐘）。其一面，有在鉦者（楚公鐘）。有在鉦及鼓左者（虢叔鐘）。有在鼓左者（紀侯鐘）。有在鼓右及鼓左者（邵黛鐘），有從右欒起而鼓右而鉦而鼓左而左欒者（⿰黍令鎛）。有從右欒起而鼓右而鉦而左欒而鼓左者（郲叔止伯鐘），有從右欒起而鉦而左欒者（郲君求鐘），有從頂篆起以至鉦者（虘鐘），有從右欒起而頂篆而鉦而甬者（⿰虘又編鐘）。

容氏之述鐘銘行文次第大抵賅備，也可見銘文之起迄毫無準則，幾乎可以任意為之。至於編鐘載銘，容氏之說似可商榷。因為就迄目前出土的編鐘來看，很少能證明它是完美無缺的一套，如此怎能判斷其載全文，或對全文有所刪節呢？雖然，從鐘之銘文，我們又可以看出古人作鐘之故。商周彝器通考略云：

有為自作者，如紀侯鐘「紀侯虓作寶鐘。」楚王領鐘「楚王領自作鈴鐘。」是也。有為他人作者，如留鐘「留為叔□禾鐘」是也。有享孝祖考而作者，如走鐘「走作朕皇祖文考寶龢鐘」、邵鐘「我以享考，樂我先祖」是也。有以樂嘉賓父兄而作者，如鄭刑叔鐘「鄭刑叔行作　鐘用妥賓」、子璋鐘「用匽以喜，用樂父兄諸士」是也，有享考祖考以及嘉賓父兄而作者，如僕兒鐘「台追孝侁祖，樂我父兄，飲飤訶舞」、王孫鐘「用享以孝，于我皇祖文考……用匽以喜，用樂嘉賓父兄及我朋友」是也。有為媵婦而作者，如益公鐘「益公為楚氏龢鐘」、楚王鐘「楚王賸邛仲嬭南龢鐘」是也。有賜金而作者，如甹鐘「宮令宰僕賜甹金十鈞，甹敢拜稽首」是也。有錫佃車馬而作者，如克鐘「王親令克遹涇東至于京自，錫克佃車馬，克不敢隊，敷奠王命，克敢對揚天子休，用作朕皇祖考伯寶𪔶鐘」是也。有為紀戰功而作者，如厵羌鐘是也。有為紀事而作者，如谿鐘、秦公鐘、尸鎛是也。

又觀古鐘銘文時有「葉萬孫子，永保鼓之」（王孫鐘），子子孫孫，永保是尚」（者減鐘），「世世子孫，永以為寶」（邵黛鐘）之語（義案：凡作此銘語者，皆春秋後期之器。），亦可見古人之自寶重其器。這大概是因為鑄鐘不易，非王公貴族莫能為之，而鐘又皆用於禮樂大典，所以自是珍貴之以為傳家之寶。周禮小子云：

> 釁邦器及軍器。

鄭注云：

> 邦器謂禮樂之器。

賈疏云：

> 樂器即鐘鼓等。

孟子梁惠王云：

> 「牛何之？」對曰：「將以釁鐘。」

像這樣以牛羊之血釁鐘，亦可見其為重器了。

四、鐘之附屬物及縣鐘之法

所謂鐘之附屬物，是指用以縣掛的筍虡、鐘鉤、穿釘等，以及所以敲鐘的鐘槌。關於筍虡，考工記云：

> 梓人為筍虡，天下之大獸五：脂者、膏者、臝者、羽者、鱗者。宗廟之事：脂者、膏者以為牲，臝者、羽者、鱗者以為筍虡。外骨、內骨、卻行、仄行、連行、紆行，以脰鳴者，以注鳴者，以旁鳴者，以翼鳴者，以股鳴者，以胸鳴者，謂之小蟲之屬；以為雕琢。厚脣、弇口、出目、短耳、大胷、燿後、大體、短脰，若是者謂之臝屬；恆有力而不能走，其聲大而宏，有力而不能

走，則於任重移，大聲而宏，則於鐘宜；若是者以為鐘虡。是故擊其所縣而由其虡鳴。……小首而長，摶身而鴻，若是者，謂之鱗屬以為筍。凡攫閷援 之類，必深其爪，出其目，作其鱗之而。則於眡必撥爾而怒，苟撥爾而怒，則於任重宜，且其匪色必似鳴矣。鄭注云：

樂器所縣，橫曰筍，植曰虡。

賈疏云：

樂器所縣於筍虡者，謂鐘、磬、鎛者也。

可見「筍虡」就是縣鐘、磬、鎛的架子。分言之，架子的橫梁叫「筍」，豎的架柱叫「虡」。記文謂臝屬（鄭注：臝者虎、豹、貔、螭，為獸淺毛者之屬。）宜為鐘虡，以其恆有力而不能走，故能任重且宜大聲而宏。至於「筍」（記文不言宜鐘或宜磬，是鐘、磬同之。）則宜於鱗屬（鄭注：鱗，龍蛇之屬。）凡此，不論臝屬也好，鱗屬也好，都應當是指筍虡上的裝飾。當然，這些裝飾都是必要具臝屬或鱗屬之象的。記文又謂「小蟲之屬，以為雕琢。」那恐怕是用之以為細緻花紋的形象了。筍虡因為是木製的東西，易於腐爛，所以極難在地下發掘中出現。今見出土者，唯一九五四年信陽長台關楚墓出土之紐鐘十三枚所附帶的半個殘缺的鐘架（見文物參考資料一九五八年第一期），此外還附帶有掛鐘的穿釘和敲鐘的鐘槌（圖版IV，二）。「穿釘」這個名稱在文獻中尚未查到記載，乃為說明方便起見暫且擬定的，它是一根斷面作長方形的銅釘，一端有獸面，一端有小圓孔，用途在穿過鐘紐，將鐘掛在鐘架橫梁上，尚存有十一根。「鐘槌」作丁字形，其柄長五三厘米，斷面扁圓形，槌頭長九厘米，斷面略作扁方形，但無稜角。兩槌一個已斷折，一個尚完整，但木質槽腐朽得已不能再用它來敲打。經過審視，鐘槌的木質是用較鬆的木做成的。根據這些附件，我們不難了解這一套編鐘的縣掛方法，同時也可以測量出鐘架的尺寸。對此，在文物參考資料一九五八年第一期信陽戰國楚墓出土樂器初步調查記一文中已有極詳盡的報導：

鐘架橫梁的一端（高一〇．二厘米、厚六．五厘米）比較完整，在距盡頭六．五厘米處，兩面都有一塊凹下去的部分，這正是與立柱上端雕虎紋的叉口或榫頭相啣接的地方，因之可以肯定這是橫梁的一端。立柱以內，在橫梁上的第一個掛鐘的眼，一面已經豁去了，露出了槽眼的內部，另一個尚完好，只有一個很規矩地長方形眼。若試將第一個鐘的紐安放在槽眼中去，恰恰好適合（其餘各種的紐都較小，放進去皆不合適），隨後再拿銅穿釘穿過去，也恰好合適。它穿過了整個橫梁的厚度，還把盡頭的小孔露在外面，以備再穿一個橫銷（此橫銷未發現，可能因它體積太小遺漏掉，也可能因它是木制的，或竹制的，已經腐朽了。）將它管住，如此穿釘既將鐘很穩固的掛到架子上面。鐘身不會因敲打而轉動，而它又只有很小的部位與鐘紐相著觸，鐘紐與槽眼的四壁也是離空的，所以不會妨害鐘的發音，且像這樣掛鐘、取鐘都是很方便的。而穿釘一端的獸面貼在橫梁上也很美觀。但是這一段橫梁在第二個鐘紐的槽眼處斷折，以下失去了一段，另外所剩有的橫梁，上面有朱色畫的三角形圖案，一組完整，一組已殘缺，這可能是掛第五個到第九個鐘的一段（它雖已斷成五截，且中間還有殘缺的地方，但拼湊起來，可以知道它們是相連屬的。）因為原來橫梁下面有橄欖形的痕跡，正是鐘舞印出來的輪廓，尤以正當三角形花紋還完整的一個及與它相鄰的一個最為顯著。這兩個最顯著的鐘舞痕跡，經取各鐘逐一比試，恰好與第

五、第六兩個鐘的鐘舞相合的緣故。這一段殘梁的位置既經確定，那麼根據三角形的花紋便可試推鐘架橫梁的全長，兩組三角形花紋之間的距離是六四厘米，從完整的一組花紋到橫梁的盡端是八九厘米，而這兩組花紋在橫梁上的地位應當是對稱的，所以從不完整的一組花紋到另一盡端（已毀）也應該是八九厘米，這樣八九加八九加六四合計橫梁的全長為二四二厘米。這個長度與將十三個鐘平列起來，試行測量而得的，正相符合。其次談到鐘架的立柱，其下端出榫已斷折，上端開叉口，兩面雕虎紋，橫梁與它相交，好像被銜在老虎嘴裡一樣。立柱的橫斷面作長方形，縱面（即鐘架側面）長，橫面（即鐘架正面）短，兩端較粗，中間收殺。正當柱中部有花紋處斷為兩截，從花紋殘損的情形看來，中間還略有傷缺，但不會缺得太多。它的長度，從下端斷榫處至上端約為五七厘米。木墩也作長方形（三六×三一厘米，高二〇厘米）雕近似卷雲紋的花紋，全部黑漆，用沿著花紋輪廓勾描，本墩中間有方形眼以備立柱的榫頭插入。這個榫頭眼雖近正方形，但在它之外，卻套刻長方形的界框；而界框的長邊、短邊與墩子的長邊、短邊是一致的。因為立柱的斷面是長方形的，所以這個界框也作長方形。根據這點，我們可以肯定木墩子的安置情況是這樣的：較長的一邊是鐘架的側面，較短的一邊是鐘架的正面。如此從力學上來說，編鐘受敲打的部分在鼓，外來的力量與鐘的正面是垂直的；為了鐘架的穩固，墩子的側面比正面長，也是完全合理的。根據以上鐘架的高度和寬度，及兩個木槌的形式和長度，我們可以相信古代樂人在演奏時席地而坐或跪在地上敲打的（義案：據戰國漁獵壺圖像是跪地敲鐘戰力擊磬，見圖版VII，一）。由第一個鐘到第十三個鐘相去約兩公尺，假設作樂人跪在鐘架前面的正中，兩手各執一槌，兩臂伸展，則其所能敲擊的區域，將超過兩公尺，所以樂工是可以自如地進行演奏的。

從上面的敘述，我們可以了解屬於戰國時代的信陽編鐘（郭某考訂謂鐘之鑄成當在春秋之際，見文參一九五八年第一期）是如何的縣掛在筍虡上。由於鐘架的立柱上有虎紋之雕飾，考工記所謂「贏屬宜於鐘虡」這句話也得到了印證。不過其筍上作三角形之花紋，而非以鱗屬為飾，便與記文有所出入了。故宮博物院所藏的一個戰國漁獵壺（出土地未註明，可能為何南省汲縣？高31.7cm，口徑11cm），壺的中部雕繪著音樂的場面（見世界美術大系第八卷，圖版VII，一）。其中有編鐘四枚和編磬五枚各成一套，它們是並列於同一個簴上的，這也許是因為樂縣的組織較為簡略，所以鐘磬不分別縣掛。雖然，它總也說明了鐘磬可以同簴並縣的例子。這個筍簴的橫梁似乎沒有雕繪圖象，但是它的立柱則直以鳥類的形體為具象。這和考工記梓人所謂「羽屬宜於磬簴」也是很可印證的（詳見第二張磬）。由於這個漁獵壺的圖象，以及紀侯鐘幹上有環（圖版II，二）和內公鐘鉤、獸形鐘鉤（圖版VII，二）等實物的發現使我們了解甬鐘的縣掛方法當有兩種可能：從漁獵壺的圖象看來，甬鐘是以繩組（或是銅線）穿過幹上的穿孔而繫於簴上的掛鉤。如此則鐘縣掛起來近於直縣。其鐘甬和鐘架橫梁上尚有一點距離。此外如紀侯鐘幹上帶有圓環的這類甬鐘，應當是和鐘鉤配合運用的，它的縣掛方法可能是梁上設固定之掛鉤，此掛勾蓋用以鉤住鐘鉤上之圓環，而鐘鉤則直以鉤住鐘甬幹上之圓環。這樣甬鐘縣掛起來就合乎傳統的所謂側縣了。只是這兩種縣法因為鐘甬無所憑依，並不穩固，敲擊起來必動盪搖擺，和紐鐘梁上有槽眼以固定鐘體是迥乎不同的，是否會因此影響到音律呢？那恐怕只有以實物來作測音實驗才能解決了。茲試為紀侯鐘縣掛圖如下：

五、編鐘的音律

插圖四　紀侯鍾縣掛圖

一套編鐘究竟有幾枚？歷來學者都從音律上去推測，但總沒有定論。關於這問題我們且在樂縣考一章詳為探討，此不具備。不過每個鐘都代表著某一個音律，那是可以斷言的。如國語謂「王將鑄無射而為之大林」，出土實物上，亦有「鄭丼叔蕤賓鐘」、「丼伯蕤賓鐘」、「師𩕢夷則鐘」之名（見綴遺齋彝器考釋，三代吉金文存）。而七音十二律在當時又已經完成（見國語周語），那麼每一個編鐘的音樂功能就和現代的鋼琴鍵子一樣，其代表著某一音律自是無可疑問了。編鐘經過測音研究的，大概只有信陽編鐘，信陽編鐘十三枚，其數目恰好和同時出土的竹簡所記述的「首鐘十有三」相脗合，可見這套編鐘至少在它埋葬以後是不曾短少過的。據說它的鐘體完好如初，因此所測定的音律，應當是很接近本來情況的。茲將其測定結果列表說明如下：

鐘號	音名	十二平均律	音分差	頻律	音分值	與上一音的音分值差
一	·b	四九三·八〇	+四	五〇六·六〇	五、九四四	〇
二	#:c	五五四·三七	−四	五四一·三九	六、〇五九	一一五
三	#:d	六二二·二五	−四七	六〇五·五九	六、二五三	一九四
四	#:f	七三九·九九	−三一	七二六·八六	六、五六九	三一六
五	#:g	八三〇·六一	−四三	八一〇·二三	六、七五七	一八八
六	:a	九三二·三三	−四六	九〇七·八六	六、九五四	一九七
七	#:b	九八七·七七	−一七	九七八·二	七、〇八三	一二九
八	#:c	一、一〇八·七三	−三三	一·〇八四	七、二六八	一八五
九	#:d	一、二四四·五一	−五〇	一·二〇九六	七、四五〇	一八二
一〇	#:f	一、四七九·九八	−三	一·四七七四	七、七九七	三四七
十一	#:g	一、六六一·二二	−一七	一·六四五〇	七、九八三	一八六
十二	#:a	一、八六四·六六	−四九	一·八二二六	八、一五一	一六八
十三	::d	二、三四九·三二	−三	二·三五三四	八、六〇三	四五二

從上表可以看出，凡是兩鐘之間音分值差接近一〇〇的，它的音程距離接近半音，音分值差接近三〇〇的，它的音程距離接近一個半音（即一分二分之一全音，或小三度的關係），其中差得最多的，是第十二鐘與第十三鐘。它們音分值差達到四五二之多，再加上這兩個鐘的高度相差也較顯著（第一個到第十二個相差均約一厘米，第十二個與第十三個之差則約為二厘米），所以有人以為這兩鐘之間或許還有一個鐘也說不定，那麼這套編鐘本來就有十四個的可能了。若從這十三個鐘的音名衡以我國十二律名來說，則是無從射（即·b）起算的，這個發現說明了當時用的是自然短音階。

六、結論

以上僅就鐘的名稱、制度、銘文、縣掛方法、音律等方面做了簡單的討論。大抵說來，鐘在殷商時代可能叫作「鏞」。大射的「笙鐘」、「頌鐘」、似乎可以壽縣蔡侯墓的「歌鐘」、「行鐘」來印證。但因該區域的墓曾被盜掘，器物是否完整無缺則未可知。同時「行鐘」是否即是「笙鐘」也未敢據斷。因之，我們若要選擇一套差可代表儀禮時代（其時代迄無定論，然亦大致早不過春秋，晚不逾秦漢）的編鐘，那恐怕只有信陽編鐘了（圖版VII，二其各鐘尺寸大小詳附表）。信陽編鐘完整無缺，又有筍簴等附屬物之發現，它不但解決了編鐘編縣方法的問題，同時也啟示了我們有關小胥「肆」、「堵」的新觀念，對於樂縣組織的研究是有很大幫助的。由於實物的大量出土，梟氏制度的可靠性，我們也得到具體的印證。至於鎛我們只要選一個特縣的鐘就可以了。或者為慎重起見，我們以「紷鎛」（圖版II，一）或「尸鎛」為代表，那麼大概是沒什麼問題了。此外關涉到鐘而未論及的可能還有很多，譬如鐘的鑄造方法，及其銅、錫的成份比例是否如考工記所說「鐘鼎之齊六分其金而錫居一」（即銅比錫＝八五・七一%：一四・二九%）等問題，都不是筆者所能論述的，只好從略了。

附錄：信陽編鐘各部位尺寸表（長度單位厘米。重量單位克）

鐘號	重量	身高	紐高	通高	銑間	鼓間	舞	紐下寬	紐上寬	紐下厚	紐上厚	紐下空間	紐上空間
一	四、三六〇	二三·六	六·六	三〇·二	一七	一三·九	一五·二×一一·四	四·四五	三·九五	一·三五	一·一	一·五	一·五五
二	二、八四〇	二〇·四	五	二五·四	一四·八	一一·五	一三·七×一〇·二	三·一五	二·九	一	〇·八	一·〇四	〇·九
三	二、七七〇	一九·五	四·九五	二四·四五	一四·〇五	一〇·五五	一三·一五×九·七	三·三	三·二	一·一五	〇·八五	一·一	一·〇
四	二、五〇〇	一八·二	四·九	二三·一	一三·四五	一〇·一	一二·一×九·一	三·四	三·二	一	〇·八	一·〇五	〇·九五
五	二、〇九〇	一七·三	四·八五	二二·一五	一三·三	九·六	一一·七×八·七	三·三	三·一五	一	〇·八	一·〇五	〇·九五
六	一、六三〇	一六·一	五	二一·一	一三	九	一〇·七×七·九	三·八五	二·七	一	〇·七五	〇·八	〇·八
七	一、五八四	一五·一	四·九五	二〇·〇五	一三·〇五	八·六	九·八五×七·七	二·九	二·七	二	〇·九五	〇·八	〇·八
八	一、二五八	一四·二	四·九	一九·一	一〇·四	七·九五	九·三×七·一	二·八	二·七五	一	〇·八	〇·九	〇·八
九	一、一三八	一三	四·九	一七·八	九·八	七·六五	八·八×七	二·八	二·七	〇·九五	〇·七	〇·八五	〇·八
一〇	八九二	一二·一五	四·八	一六·九五	八·九	七·一	八·二×六·五	二·五	二·三九	〇·八五	〇·八五	〇·六	〇·六
十一	七九〇	一一	四·八五	一五·八五	八·〇二	六·四八	七·五×五·九八	二·四五	二·三八	〇·九二	〇·八二	〇·六	〇·六一
十二	六一七	一〇·二	四·七	一四·九	七·三九	六·二三	六·七二×五·六	二·四五	二·三七	一·一三	〇·九七	〇·六	六·六
十三	三九八	八·三三	四·六	一二·九三	六·四	五·〇三	六·〇二×四·六五	二·〇二	一·九	〇·六五	〇·五	〇·五	〇·五

貳、磬

一、釋名

說文云：「磬，樂石也。从石、殸。象縣虡之形，殳擊之也。古者毋句氏作磬。□，籀文省，□，古文从巠。」甲骨文作□餘十二、一□前二、四三、五□前二、四三、七諸形。金文則不見載。

諸家考釋為：王國維古籀篇疏證云：

案殷虛卜辭磬作□，與籀文略同。□即說文屵字，許云：「屵，岸上見也。」實則屮象磬飾，□象縣磬，與豈同意，□與殸與鼓同意。

羅振玉增定殷虛文字考釋中云：

卜辭諸字，从屮象虡飾，□象磬，□持□所以擊之，形意已具。其从石者，乃後人所加，重複甚矣。

王襄簠考天象云：

古磬字省石，象擊磬之形。

商史論叢四集一冊四十七葉下云：

又有作□元嘉八六者，胡厚宣隸定作殸，釋為磬。

李孝定先生甲骨文字集釋評以上諸說云：

羅王之說是也。王襄氏謂省石，失之。卜辭言「田磬」、「在磬京」，地名。元嘉八六云：「勿往逐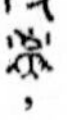，前弗禽？」亦地名，胡氏釋磬當是，但省縣虡之系耳。

從卜辭諸形看來，其象持椎擊石製之樂器甚明。為縣掛之系，則為磬石之本體。厂或省略筆劃，或者當時已有此種形狀的磬也說不定。（後上七、十有字，李孝定先生釋聲，即磬，亦作厂。）至於是否亦為磬字是可疑的，殸與磬在卜辭雖同為地名，磬均云田或在，而只此一省體之「殸」，詞例與之不同。磬這種樂器若不縣掛就不能作樂，因之，那能省此重要之縣系呢？何況卜辭從的尚有很多，難道也都能把它當為磬石嗎？唐氏古樂器小記云：

說文又以硜為磬之古文，从石巠。硜硜磬之聲。樂記：「石聲磬。」史記樂書作「石聲硜」，王肅注謂「硜，聲果勁」是也。然則声象其器，殸象其事，而殸字之所從得聲，則象擊石之聲，其後又孳乳為形聲字之硜，更孳乳為聲字以專聲音之訓矣！

其說是也。磬尚因其資料、大小和用途的差異而各有專名。見於典籍者有「石」、「球」、「璆」、「毊」、「寋」、「離磬」、「笙磬」、「頌磬」等名。尚書堯典及皐陶謨並云：

夔曰：「於！予擊石拊石，百獸率舞。」

鄭注云：

石，磬也。

朱載堉律呂精義云：

鄉飲、鄉射皆有磬，而不言玉磬，蓋大夫士之磬唯石磬矣！

朱氏又以左傳「晉師從齊師入自丘輿，擊馬陘，齊侯使賓媚人賂以紀甗玉磬。」及國語「魯飢，臧文仲以玉磬如齊以糴。」而認為諸侯使用玉磬。商頌那云：

既和且平，依我磬聲。……庸鼓有斁，萬舞有奕。

諸家注釋為：

箋云：「磬，玉磬也。」大全孔氏曰：「磬非樂之王，而云依我磬聲，是此異於常磬非石磬也。」朱子云：「鞉鼓管籥作於堂下，其聲依堂上之玉磬，無相奪倫。」臨川王氏曰：「依我磬聲，言堂上之樂諧也。」

是朱子等蓋以為堂下之樂為石磬，堂上之樂為玉磬。博古圖云：

隋唐間，凡設於天地之神則用石，其在宗廟朝廷則用玉。

尚書皐陶謨云：

戛擊鳴球。

鄭注云：

鳴球，即玉磬也。

說文亦云：

球，玉磬也。

禹貢云：

華陽黑水惟梁州……厥貢璆、鐵、銀、鏤、砮、磬。

蔡傳云：

璆，玉磬也。磬，石磬也。

爾雅釋器云：

璆、琳，玉也。

釋文云：

璆，本或作球。

爾雅云：

大磬謂之毊。

注云：

形似犂館，以玉為之。

古樂器小記云：

毊字說文所無，球、毊一聲之轉，殆即球也。

從上面所引述的材料看來，前人似乎認為磬因其質地的不同而有玉石的分別。而所謂球、璆、毊又都是玉磬的別名。朱載堉甚至以為諸侯用玉磬，士、大夫用石磬；朱熹則又以為堂上用玉而堂下用石。他們似乎都言之成理，但亦未免猜測而乏實據。因為大射禮為諸侯之禮，經文雖說到「笙磬、頌磬」，但也沒言及玉磬，若據朱載堉的推論，諸侯豈不也用石磬嗎？至於朱熹謂堂上用玉磬，也顯然是昧於樂縣制度的緣故，因為鐘、磬、笙、管、鼓之屬都是擺設在堂下的（詳下章樂縣考），如此堂上何至於有玉磬呢？其實磬之為玉為石大沒有費辭侈辯的必要。竊以為玉磬殆即石磬，玉不過為石之美稱耳。以玉稱石就好像以金稱銅，它們本來沒什麼分別，不過因為後來玉、石、金、銅所代表的意義不同，所以後世注疏之家乃有隨意附會的說法。

爾雅釋樂云：

徒鼓磬謂之蹇。

徒鼓就是單獨演奏不合樂的意思。又明堂位云：

叔之離磬。

注云：

離簥謂離群特縣而不編也。

有離磬自有編磬可知。大射云：

樂正宿縣於阼階東，笙磬西面。……西階之西，頌磬東面。

鄭注云：

東方鐘磬謂之笙，皆編而縣之。……西方鐘磬謂之頌。

是以笙磬即為編磬。至於何以在東曰笙，在西曰頌以及頌磬亦為當編磬之說，已詳於第一章鐘，此不贅論，而編磬為數若干，亦將於樂縣考一章詳為論述，此姑省略之。

二、磬制

1程瑤田磬氏為磬圖說及其他

陳暘樂書云：

史傳論造磬者多矣！或謂黃帝使伶倫為之，或謂堯使毋句為之，或謂叔為之。

這雖是傳說之辭，但以卜辭為磬，發掘出土者亦有殷磬一點看來，磬必是很古老的樂器。爾雅釋樂：「大磬謂之馨。」注云：「形似犂館。」因此有人以為磬的形制是倣自石犂。故宮博物館所編中國文物圖說云：

磬的形制是倣自石犁，石犁是農具。農具何以改變為樂器？因為原始的人群，在狂喜之餘，每每發出響亮的歌聲，在高歌之時，他們可以拍著手，也可以拿起一根獸骨木棒，敲打挨近他們的東西，發出與歌聲相合的節奏。到了農具發明之後，家家都有石犁掛在那裡，偶而發現敲打石犁的聲音非常悅耳，他們每在舞蹈之時，習慣地就敲打這石犁來配合歌聲，於是石犁便成為最早的樂器。古書中所說「予擊石拊石，百獸率舞。」擊的石、拊的石，便是石犁這一類的東西，以後制定樂器，便取石犁之像，定為樂器之一。

這種說法大抵是根據唐氏古樂器小記加以申說，或亦言之成理。見於文獻上的記載，最早提到磬的形制的是周禮考工記：

磬氏為磬，倨句一矩有半。其博為一，股為二，鼓為三，參分其股博，去一以為鼓博。參分其鼓博，以其一為之厚。

鄭注云：

必先度一矩為句，一矩為股而求其弦，既而以一矩有半觸其弦，則磬之倨句也。磬之制有大小，此假矩以定倨句，非用其度耳。鄭司農云：「股，磬之上大者；鼓，其上小者所當擊者也。」玄謂股外面，鼓內面也。假令磬股廣四寸半者，股長九寸也。鼓廣三寸，長尺三寸半，厚一寸。

從記文看來，磬氏所作的磬，其股博、股長、鼓長、鼓博、厚度都有一定的長度比例。鄭玄所舉例的尺寸也是很正確的。而歷來所以聚訟莫解者，乃在「倨句一矩有半」這句話，這句話是說明磬折，對於磬之為制是很重要的。記文本來言簡意賅，並不難求解，鄭氏揣摩而失其義，又語焉不詳，以致歷來學者據其注以求磬制，便花樣百出、莫衷一是了。鄭氏的最大錯誤便是把「一矩有半」當作直線的長短比例，而欲用之以求出磬折倨句的角度來。因此，附會設句股各為一矩，以此作直角而求其弦，又說以「一矩有半」觸其弦，也沒說明以何處為支點以觸之。所以戴東原考工記圖把弦求出來後，卻不知求出的弦有什麼用處，不得以乃以其句之二端為支點，以一矩有半及一矩為長度而交於一點，所得的角就以為是倨句磬折。再由鼓上邊做一平行磬折之股，而成想像的磬制圖（如插圖一）：

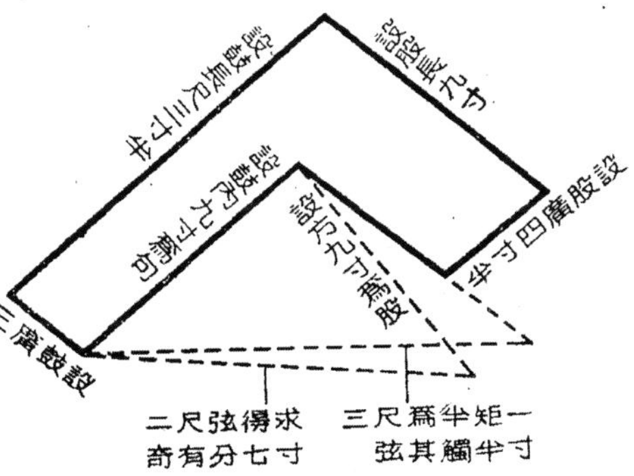

插圖一 戴東原磬制圖

朱載堉律呂精義則直捨鄭氏一矩有半之說，妄以倨句為直角，參以記文長短之比例，而為笙磬、頌磬之制圖（插圖二）。「笙磬」、「頌磬」蓋因所諧和之笙、歌的不同而別為之專名（詳

第一章鐘），並不是磬體本身的制度有什麼差異，所以朱氏之圖說，還不免臆測。

唐氏古樂器小記云：

　一矩有半謂股為二，而股為三，設股為一矩，則鼓為一矩有半矣。

唐氏以為股、鼓之長度比例恰好為一比一．五，因此便以一矩有半附會上去，還是誤以「一矩有半」為長度的比例。其實他這句話等於白說，因為記文底下接著就說股與鼓的長度比為二比三，已經是夠清楚了。若以「一矩有半」為長度之比例以求鄭氏注說之磬制，據筆者看來，則李尚之圖說可謂是得鄭注之義了（插圖三）。他求出的磬折角度是一百零六度五十二分二十八秒，關於這個角度的正確性，我們且留待下面討論。一直到了程瑤田的考工創物小記，方才否定鄭注的說法，別為新解，而考工記「倨句一矩有半」的真義也從此得明。其磬氏為磬圖說云：

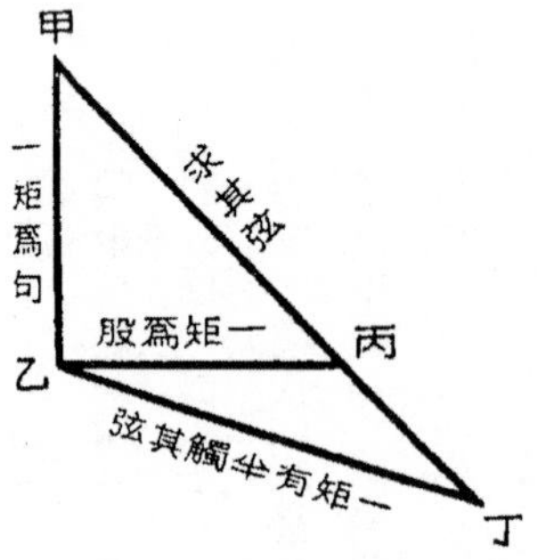

插圖三 李尚之鄭氏求磬倨句圖

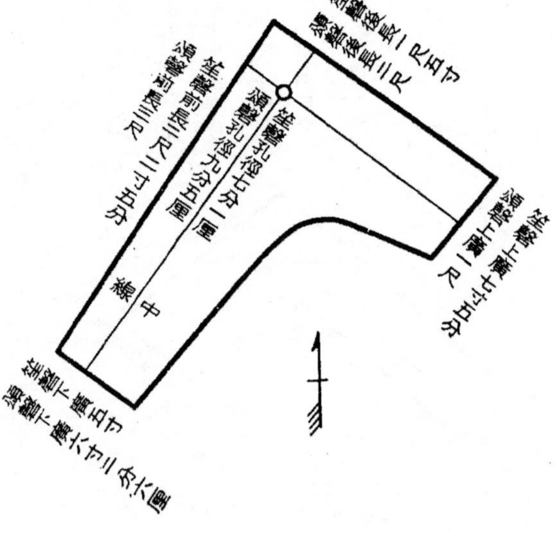

插圖二 朱載堉磬制圖

磬折倨句雖鄭注言之，戴東原補注又詳言之，然余竊以為未得其實也。倨句之法見於考工記者凡六事：治氏二曰「倨句外傳。」曰「倨句中矩。」韗人一曰「倨句磬折。」車人一亦曰「倨句磬折。」磬氏一曰「倨句一矩有半」即磬折也。匠人一曰「凡行奠水磬折所以參伍。欲為淵，則句於矩。」夫中矩者，折之正方者也。句於矩者，折之句於方者也。外博者，折之倨於方者也。句於矩，其句不得矩之半，倨於矩而外博也，其博於外者，亦不得倨於矩之半也。倨句一矩有半者，合六事相較焉，而求其度，則磬之倨句為矩又益之以半矩矣。

又其磬折說云：

磬折之義不明於天下也久矣！磬折之不明，由倨句之義之不明也。欲明倨句先辨矩字。矩有直者，有曲者。倨句之云：「折其直矩而為屈矩。」故直矩無角。（按即百八十度成直線。）周髀所謂矩出於九九八十一，今衣工所用之布帛尺是其遺製也。折之為曲矩，則一縱一橫而為正方之角（案即九十度成直角。）周髀所謂折矩以為句……今木工、石工所用曲尺是其遺製也。故凡正方之形謂之一矩。

他這種求解「倨句有半」的方法可以說證據十足，很合乎科學的。也就是他把「一矩有半」當作角度來看，而不是當作長度比例。那麼「一矩有半」就是百三十五度，也就是倨句磬折的正確角度了。（考工記「車人之事，半矩謂之宜，一宜有半謂之欘，一欘有半謂之柯，一柯有半謂之磬折。」若此則磬折之角度為百五十一點八七五度。程君通藝錄與戈體倨句外博義述，並謂「一柯有半」之「柯」當為「矩」字之譌，蓋轉寫記文者，乃順上文讀之，故訛矩為柯。是也，其理由容下再述。）據此，程君以為磬氏為磬章句圖說云：

磬析之發歛也倨句，然正方折之一矩，有外博其折而斜出其半矩，以為股，截其股之長，半之為其博，命之為一以為出度之本，環而數之股為二，折之，鼓為三，乃參分其為一之股博去一以為鼓博，又參分其鼓博，以其一為磬體之厚。

他這章句圖說雖沒有把股上、下角與鼓上下角的角度和鼓下邊、股下邊究竟成何角度，抑或竟成微曲之弧形說明清楚（其實考工記本身就根本沒提到這些問題。）但就他畫出來的磬制圖（插圖四）看來，其股上、下角，鼓上、下角顯然都成直角。而鼓下邊與鼓下邊，亦顯然與股上邊、鼓上邊平行，故其所成之角亦為百三十五度。關於這些經文沒有明言，只憑臆測為圖說的可靠性，我們也留待底下來討論。那麼我們若考程君求倨句磬折以定磬制的方法是：先作一直角，再由其一邊擴張出半個直角來，合計百三十五度。而以此擴張開來之邊為磬之股，又以此股為假設之比例單位二，再以此求出其他的長度比例來。這個方法可以說是很合理的。至於他又說「倨句」的意義即「凡角」之稱，未免尚有斟酌的餘地了。其磬析說云：

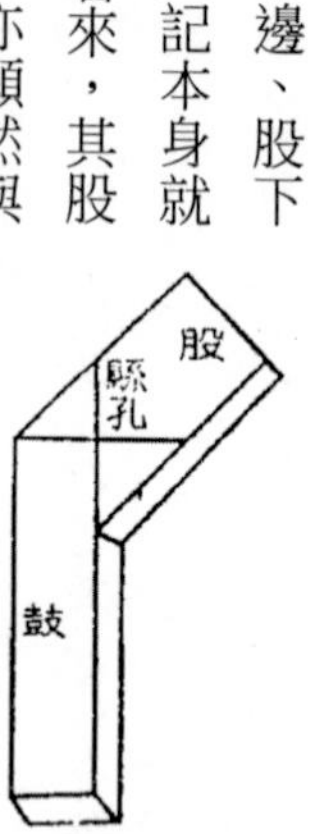

插圖四
程瑤田磬制圖

由一矩之折而漸申之，出乎一矩之外曰倨，其倨之角悉數之，不能終其物也。由一矩之折而復屈之，入乎一矩之內名之曰句。其句之角亦悉數之，不能終其物也。而此或倨或句不能悉數者，呼之為角不辭也。今以其可倨可句也，於是合倨句二字以名之，凡見無定形之角則呼之倨句，此考工記呼凡為倨句之所昉也。

按凡侈曰倨，斂曰句。「倨於矩」即大於矩，「句於矩」即小於矩，倨句連文成為聯合式合義複詞，猶我們說多少、大小，只是代表某個範圍而已。所以倨句多少即為角度多少，為角之代稱。程氏這裡只說對了一半。據上文所引的磬氏為磬圖說與這裡所謂的「凡見無定形之角則呼之倨句」一語看來，他的所謂「倨句」是不包括「宣」、「矩」等特別之角度的，但是治氏說「倨句中矩」，正是九十度的特別角，因此「倨句」，不只是僅代表四十五度至百三十五度之間的角，或是不包括特別角的「凡角」之稱，而是可以當作任何角度的代名詞的。

程氏既定出了磬析的角度，以其求磬制後，又擬於磬體所縣的孔。其磬氏為磬圖說云：

> 孔之鑿麗於股，然雖麗於股而猶不令當鼓之上，亦不令當鼓之旁，恐其病於聲也。乃於鼓上與股相際處為橫線，鼓旁與股相際處為縱線，縱橫兩線交午錯出於股作十字，乃於十字交午處，當鼓上之旁，鼓旁之上而為之孔。孔倚於兩線出錯之間而不傷線，此磬縣所以設於股而又非大遠於鼓也。大遠於鼓，則必長厥股而後縣之，方能令鼓直，夫股專用之以設縣者也，而奚取於過長哉！縣孔不大遠於鼓，則三分鼓長以其二為股之長足矣！瑤田既考定所縣之孔，乃縣之以眡其鼓而直中繩焉。

關於磬孔的位置，考工記並無明文，程氏自經典中找出八證以為磬折直縣說，以指斥當時縣磬如覆矩、如匍匐之外，因此而尋求求縣孔的地方，以及磬鼓直線的用意。但是他所舉的證據並不堅強，且不免穿鑿附會。只是向來並沒有關於設孔正確位置的記載，因此就無法定其是非了。

2磬氏制度與出土實物的印證

以上所介紹的諸家說法，都因為經文簡要，鄭注疏誤，而當時又沒有地下出土的材料，所以各自臆測為說，訛誤殊甚。因此我們若要求考工記磬氏為磬的制度，除了程瑤田外，其他的實在可以不必去考慮了。但是他們的錯誤說法對當代的磬制到底是頗具影響的，因此我們不厭其煩的敘說如上。底下且就目前已經出土的一些古磬來和記文以及諸家臆說相印證，看看其間的差別究竟如何：

目前出土的殷磬見於著錄的有雙劍簃古器物圖錄的永𠬝磬、永余磬、夭余磬（磬名以銘文命名）和殷墟古器物圖錄所著錄的殷殘磬，此外侯家莊第一二一七號墓也發現石磬一枚（附帶有磬簴，見殷墓發現木器印影圖錄，圖版Ⅷ，一），一九五〇年武官大墓也出土石磬一枚（見新中國的考古收穫，圖版Ⅷ，二），中央研究院考古陳列館也藏有殷磬一枚，這些殷磬的形狀大抵相似，在磬體上都沒有明顯的角度，甲骨文將磬石具象為「ᐁ」，大概是因為契形文字不易雕刻曲紋的緣故，磬的形制到了周代就開始有顯著的演變，它們在殷磬成為曲折的地方，都形成了後來考工記上所說的倨句磬折的角度，而鼓上、下角，股上、下角也很明顯了。考古圖所著錄的扶風王氏　磬蓋是後人仿古所作。雙劍簃古器物圖錄也著錄了幾個有銘文的戰國磬（齊厔磬、古先磬、介鐘磬），這些磬和長治分水嶺戰國十四號墓所出土的兩套編磬（圖版IX，一，見五省重要文物圖錄）以及中央研究院考古館所藏的輝縣琉璃閣第二次發掘六十號與七十五號戰國墓所出土的兩套編磬和山西萬榮縣廟前村戰國墓的一套編磬（十枚、殘四枚、見文物參考資料一九五八年十二期）的形制可以說是相同的。茲就錄自中央研究之原始資料，列表如下，以觀輝縣編磬各部位之尺寸大小。（插圖五就是中研院考古館中隨意取出來的一枚輝縣編磬所繪製的形制圖，藉此亦可見輝縣編磬之一斑。）

次第	墓號	出土總號	股博	股上邊	鼓上邊	下邊	倨句	鼓上角	鼓下角	股上角	股下角	孔上距	孔下距	孔長	孔幅	脊厚	下厚	重量	鼓博
一	六〇：一一三	八一三	一五·五〇	三三·四〇	四六·五〇	六三·〇〇	一四〇度	八五度	九六度	八五度	九五度	三·三〇	一三·三〇	二·二〇	二·二〇	三·二〇	二·九〇	九、〇〇〇	一三·六〇
二	六〇：一一三	八一四	一四·八〇	三一·二〇	四二·八〇	五八·一〇	一四〇度	八六度	九四度	八七度	九六度	三·〇〇	一三·二〇	二·二〇	二·一〇	三·三〇	二·八〇	八、〇〇〇	一三·四〇
三	六〇：一一五	八一二	一四·七〇	二九·〇〇	三八·六〇	五一·二〇	一四〇度	八六度	九八度	八五度	九八度	三·〇〇	一三·三〇	二·〇〇	二·一〇	三·五〇	二·八〇	六、七五〇	一一·六〇
四	六〇：一二四	八一五	一四·〇〇	二六·八〇	三六·二〇	四七·五〇	一四〇度	八六度	九五度	八七度	九五度	二·九〇	一三·一〇	二·〇〇	二·〇〇	三·二〇	二·八〇	六、六五八	一一·五〇
五	六〇：一一六	八一九	一三·四〇	二四·四〇	三三·四〇	四三·六〇	一四一度	八五度	九八度	八六度	九八度	二·八〇	一一·二〇	二·一〇	二·〇〇	三·〇〇	二·五〇	六、〇〇〇	一一·二〇
六	六〇：一一七	八二〇	一三·七〇	二三·四〇	三〇·八〇	三九·五〇	一四三度	八四度	九五度	八五度	九五度	二·九〇	一〇·〇〇	二·一〇	二·二〇	三·〇〇	二·二〇	四、五〇〇	一〇·八〇
七	六〇：一一四	八二一	一三·六〇	二〇·三〇	二九·五〇	三五·五〇	一三七度	八五度	一〇〇度	八六度	一〇〇度	二·六〇	一〇·〇〇	二·〇〇	二·二〇	二·九〇	二·五〇	三、八七五	一〇·三〇
八	六〇：一一八	八二六	一一·五〇	一九·五〇	二五·三〇	三二·五〇	一四一度	八八度	九四度	八五度	九五度	二·七〇	九·〇〇	二·二〇	二·〇〇	二·八〇	二·六〇	三、二五〇	九·九〇
九	六〇：一一二	八三〇	一一·五〇	一八·〇〇	二四·三〇	二九·八〇	一三七度	九〇度	九四度	八五度	九六度	二·九〇	八·五〇	二·〇〇	二·〇〇	二·九〇	二·四〇	二、八一三	九·四〇
一〇	六〇：一一三	八〇九	一一·〇〇	一六·三〇	二三·五〇	二六·八〇	一三六度	八七度	九七度	八五度	九七度	二·四〇	八·〇〇	二·一〇	二·一〇	二·七〇	二·五〇	二、二五〇	九·〇〇
十一	六〇：一二五	八一七	一〇·一〇	一四·九〇	二三·一〇	二四·三〇	一三八度	八七度	九七度	八九度	九五度	二·四〇	七·五〇	一·九〇	一·九〇	二·七〇	二·一〇	一、八一三	八·二〇
十二	六〇：一二〇	八一八	九·九〇	一四·九〇	一八·七〇	二三·四〇	一三五度	八六度	九四度	八四度	九七度	二·三〇	六·五〇	二·〇〇	二·〇〇	二·六〇	二·三〇	一、五九〇	八·三〇
十三	六〇：一一九	八三二	九·五〇	一三·三〇	一七·〇〇	一九·八〇	一三七度	八七度	九七度	八六度	九六度	二·四〇	六·五〇	二·〇〇	一·九〇	二·四〇	二·二〇	一、四〇六	八·〇〇

次第	墓號	出土總號	股博	股上邊	鼓上邊	下邊	倨句	鼓上角	鼓下角	股上角	股下角	孔上距	孔下距	孔長	孔幅	脊厚	下厚	重量	鼓博
一	七五：二五六	一、七一一	一三·三〇	二三·三〇	二九·五〇	四八·二	一四二度	八六度五分	一一〇度	八五度	九五度	三·三〇	一三·三〇	二·二〇	二·二〇	三·二〇	二·九〇	九、〇〇〇	一三·六〇
二	七五：二六二	一、七一二	一一·三〇	二三·〇〇	二三·〇〇	四二·五	一四三度	九一度	一〇七度	八七度	九六度	三·〇〇	一三·二〇	二·二〇	二·一〇	三·三〇	二·八〇	八、〇〇〇	一三·四〇
三	七五：二六一	一、七一六	一〇·九〇	一九·六〇	二九·七〇	三六·〇	一五〇度	七六度	一一八度	八五度	九八度	三·〇〇	一三·三〇	二·〇〇	二·一〇	三·五〇	二·八〇	六、七五〇	一一·六〇
四	七五：二六〇	一、七一四	一〇·二〇	二〇·四〇	二七·三〇	三四·五	一四二度	八二度	一〇七度	八七度	九五度	二·九〇	一三·一〇	二·〇〇	二·〇〇	三·二〇	二·八〇	六、六五八	一一·五〇
五	七五：二七七	一、七一八	一〇·五〇	一八·五〇	二五·一〇	三·〇〇	一四二度	八三度	一一一度	八六度	九八度	二·八〇	一一·二〇	二·一〇	二·〇〇	三·〇〇	二·五〇	六、〇〇〇	一一·二〇
六	七五：二五九	一、七一五	一〇·三〇	一六·七〇	二四·四〇	二七·三	一四三度	七四度	一一三度	八五度	九五度	二·九〇	一〇·〇〇	二·一〇	二·二〇	三·〇〇	二·二〇	四、五〇〇	一〇·八〇
七	七五：二五八	一、七一七	九·八〇	一四·五〇	一九·三〇	二三·五	一四六度	八三度	一〇三度	八六度	一〇〇度	二·六〇	一〇·〇〇	二·〇〇	二·二〇	二·九〇	二·五〇	三、八七五	一〇·三〇
八	七五：二六三	一、七一三	八·五〇	一二·三〇	一八·四〇	二二·五	一四一度	七五度	一一四度	八五度	九五度	二·七〇	九·〇〇	二·二〇	二·〇〇	二·八〇	二·六〇	三、二五〇	九·九〇
九	七五：二八二	一、七二〇	六·〇〇	一一·三〇	一五·〇〇	二一·〇	一五〇度	九八度	一一三度	八五度	九六度	二·九〇	八·五〇	二·〇〇	二·〇〇	二·九〇	二·四〇	二、八一三	九·四〇
一〇	七五：二八三	一、七一九	六·五〇	一一·三〇	一四·〇〇	一九·〇	一三八度	八〇度	一一七度	八五度	九七度	二·四〇	八·〇〇	二·一〇	二·一〇	二·七〇	二·五〇	二、二五〇	九·〇〇

由於輝縣編磬是戰國之物，頗合考工記的時代，因此我們用來和記文以及諸說比較是很合理的。茲歸納得其結論如下：

一、股博、股長、鼓長之比例：兩套編磬都有同一趨勢，也就是前面幾個較大的磬，其比例還大致合乎一比二比三的比例。但若磬體越小，則其比值越接近，最後幾乎成為一比一點三比一點八的比例。鼓博與股博之比也不合乎二與三，其比值還是越小越接近，甚至兩者是相等的。

二、倨句一矩有半：李尚之求出的角度是百零六度多，程瑤田的是百三十五度，出土的磬大致在百三十五度至百三十五度之間，而以百四十度左右的居大多數，因此程氏最先以為倨句的角度只限於四十五度到三十五度是錯的，由此我們也可證明倨句只是任何角的代稱而已。又因為在此兩套二十三枚編磬中，其比較近於一矩有半的有二十枚，接近於車人所謂的「磬折為一柯有半」百五十度的才三枚，因此筆者以為程氏所謂「一柯有半」為「一矩有半」之誤，是頗合事實的。

三、股上、下角與鼓上、下角：考工記對此等角並無明文記載，所以為磬制圖者都以直角為之。今出土磬的股上角大致為八十五度上下，至大為九十五度，至小為八十度。股下角則為九十五度至百十度之間。鼓上角亦多為八十五度上下，唯至大九十八度，至小七十四度。鼓下

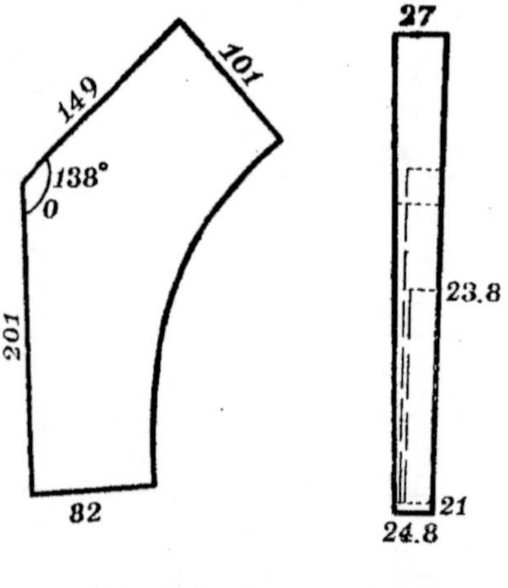

插圖五　輝縣琉璃閣第二次發掘六十號墓出土編磬之第十一枚形制圖

角為九十五度至百十七度之間。可見出土磬上面的角度較小，下面的角度較大，磬體鼓博與股博兩邊都是傾斜的。

四、依考工記磬體之厚是鼓博的三分之一，而其厚度是整個磬體均勻的。今出土磬有所謂「脊厚」、「下厚」，脊厚即股上邊、鼓上邊之厚，下厚即下股與下鼓或曲弧處之厚，可見磬體的厚度是由脊高而漸低成斜劈狀的。其兩者的厚度比，最大的為一：二，最小的為一：一．二，通常都是在一：一．五左右。至於脊厚與鼓博之比值，絕大多數是接近三分之一的，也許磬氏為磬所謂三分鼓博以其一為之厚是指脊厚而言的。

五、依程氏之磬制圖說，鼓下邊、股下邊因各與鼓上邊、股上邊平行，故亦交成百三十五度的角。出土磬則無所謂鼓下邊與股下邊，而直成一微曲的弧，此與朱載堉圖說頗似，但也不像它的弧度那麼大。據筆者略為測定，知其弧度的圓心角大約是與倨句磬折成平角的。

從上面五點比較所得看來，考工記的記載太簡單了，以至我們很難據以求得一個合乎事實的標準磬制。記文大抵只是標準的制度，製磬的人只要不差得太遠，有點出入是無甚關係的。何況磬本是一種樂器，它是以音律為準，只要有妨音律，是不妨在磬體上有所調節的。因此記文說：「已上則摩其旁，已下則摩其端。」就是說明為顧及音律，在磬體上是可以稍為減損的。所以我們若要求一個完全合乎於考工記制度的磬，實在不是件容易的事。更何況假如考工記是晚出的作品的話，那麼它所謂的制度，不過是據古物的形制加以整齊化，欲以為後世之依據。既加以整齊化，則其制度不能十分合乎實物，也是很自然的了。

三、磬簴及縣磬之法

考工記梓人為筍虡云：

銳喙、決吻、數目、顧脰、小體、騫腹，若是者謂之羽屬。恆有力而輕，其聲清揚而遠聞，無力而輕，則於任輕宜，其聲清揚而遠聞，於磬宜；若是者以為磬虡。故擊其所縣而由其虡鳴。

可見記文是以為羽屬宜為磬虡，以其無力而輕，故聲能清揚而遠聞。至於筍，和鐘一樣，都宜於鱗屬。所謂羽屬、鱗屬，應當都是指於筍虡之上具有羽屬、鱗屬之象的裝飾而言。據文物一九六四年第九期賈氏再談信陽楚墓縣鼓及鼓虡的復原問題一文所言，信陽二號楚墓是有磬虡的發現的，（惜筆者未見其發表有關此磬虡之文字。）略謂一號墓之鐘虡和二號墓之磬虡大抵相似，「其虡座皆為木質方墩，並飾以漆繪的獸面紋，墩上方榫眼所植的方柱形的虡，飾以龍首形。橫梁的左右兩端飾獸面，並通過榫卯套扣的方法嵌入榫的上端龍嘴內。」若此，鐘簴和磬簴的架構幾乎一致，鐘虡固然尚合於記文所謂「嬴屬宜於鐘虡」（見第一章鐘），而磬簴宜於「羽屬」則似無由求證，但是若從戰國漁獵壺的圖象（圖版Ⅶ，一，說見第一章鐘）觀察，則磬簴宜於「羽屬」也可得到印證了。其實，鐘虡和磬簴根本沒有區別的必要，因為可以做鐘簴的，何嘗不能做磬虡，反之亦然。

關於磬的縣掛方法，據文物一九六三年第二期云：

一九六一年六月長沙砂子塘西漢墓出土的外棺頂端檔板上，繪有漆繪的一對類似鸞鳳的巨鳥相向而立，鳥頭部由璧孔穿出，向上伸出，鳥嘴均銜有用絲組穿系的編磬兩個，向左右飄蕩。

侯家莊第一二一七號殷墓出土之石磬及其貝飾木架（圖版Ⅷ，一），從其擺設的情形看來，這個木架顯然是縣磬用的，因為只有一個磬，且其長度與木架之寬度相差無幾，所以它是特磬無疑。又漁獵壺上縣掛編磬的方法，不是很明顯的告訴我們它是以絲組穿縣孔而固定於簴上的掛鉤嗎？山東沂南魏晉石墓百戲圖中（圖版Ⅹ Ⅶ，二），也有一樂工敲擊著一簴上縣著四枚磬的圖象，其磬的縣掛方法還是以絲組穿縣孔而掛於簴上。雖然它掛起來的樣子和漁獵壺上的圖象不太一樣，但是它們總算達到了縣在簴上的目的就是了。（若從沂南圖象看來，似乎依稀可見它不過是絲組直接圈套在磬簴橫梁上而已。）儀禮時代磬的縣掛方法，我們當然以漁獵壺的圖象為準。至於磬縣掛起來是否如程氏所說的「磬鼓直縣」，則筆者嘗以輝縣六十號墓出土的第十一枚磬試穿繩縣之，（插圖六）結果磬股微俯，磬鼓微昂，而不是直縣的。我們若從漁獵壺和沂南畫象來觀察也不難看出這種現象。唐氏古樂記小記謂：「磬體之縣，股微昂而鼓則下。」他可能是從傳世匍匐縣磬立說的，因此雖正好和鄙說相反，但其實是一樣的。所以程式雖有磬鼓直縣八證，究竟是與事實有出入的。但若從當日的磬體匍匐縣簴看來，他也算眼高一等了。

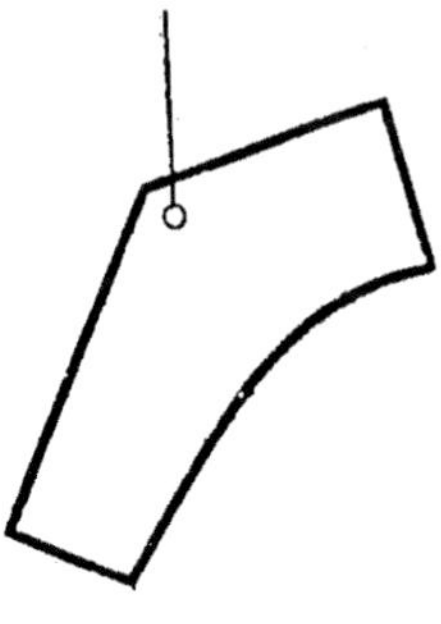

插圖六 第十一枚磬縣掛圖

四、結論

上面說過，前人既未見過地下出土的磬，考工記又言之不詳，學者又妄以己意臆說，所以歷代所造出來的形制便各有不同。宋明道製新樂特磬十二，元祐范鎮又上樂議製作編磬，雖說是依考工記製作，但其實只是長短適其比例而已。對於倨句磬折的觀念還是模糊的。即使現在國樂社所用的磬，其名稱體制亦訛誤得可笑。國樂圖式特磬條云：

較長之一邊名為倨，長約六十五公分，較短的一邊名為句，長約五十公分，厚五公分。短邊之下部名為鼓，為敲擊之處。

像這樣混亂的名稱，若衡之考工記是不免貽笑大方的。見於經典的磬不外石、玉兩種，發掘出土的也只這兩種（中研院藏有殷磬一，其色淺綠，或即所謂之玉磬），但是博古圖卻著錄有所謂周雷磬圖、周琥磬圖與周雲雷磬圖，謂「非玉非石，乃鑄金而為之，或成象如獸之形，或遍體著雲雷之紋，及觀其勢，則無倨句磬氏之法。」作者王黼等對它是否即磬已表示懷疑，唐氏古樂器小記則直以為是另一種名叫做「敔」的樂器，這大概是不錯的。至於現在國樂器中的磬有以金屬製造的，若此，擊之必鏗然，恐怕要與所謂「屬角立辨獨立於八音之中」的石音相違背了。

總結以上，假如我們要決定一套可以代表儀禮時代的編磬的話，那恐怕姑且只能從長治二套編磬與輝縣二套編磬中來選擇。這四套編磬都無法證明其完整無缺，不得已，只好選用最多的一組十三枚的輝縣琉璃閣六十號墓編磬。上一章我們選用的一套信陽編鐘也恰好十三枚，它們的數目偶而相符，如此，則在樂縣的佈置上也要方便些。只是關於編磬的音律，似尚無人測音研究過，不知它所代表的音律是否和編鐘同是屬於自然短音階，那就不可得而知了。

叁、鼓

一、總釋

說文云：「鼓，郭也。春分之音，萬物郭皮甲而出，故謂之鼓。从壴，支象其手擊之也。周禮六鼓：靁鼓八面，靈鼓六面，路鼓四面，鼖鼓、皐鼓、晉鼓皆兩面，凡鼓之屬皆从鼓。[illegible]，籀文鼓从古聲。」又云：「鼓，擊鼓也，从攴、从壴，壴亦聲。」又云：「瞉，繇擊也。从殳，豆聲，古文殺如此。」是許君歧「鼓」、「鼓」、「瞉」為三字，以「鼓」為名詞，「鼓」、「瞉」、為動詞。唐蘭文字記云：

鼓及瞉皆即鼓字。說文以鼓為鐘鼓字，而以鼓為擊鼓，讀若屬小徐本戴侗六書故謂「鼓不應有二字，擊鼓為鼓，猶箸衣為衣，非分為二。」又云：「當从攴為是。㞢乃攴之譌」（蘭按戴所據本鼓譌作鼓故云）徐灝說文段注箋謂「鼓，从壴，从又持半竹擊之，其始蓋專為考擊之稱，後為鼓鼙之名，故又改支為攴，為擊鼓之鼓，實一字耳。」較戴說為勝。金文鼓字或从支或从攴，殊無別。卜辭則有从攴，从殳二體，又 字偏旁从支，蓋古文字凡象以手執物擊之者从攴、从殳或支固可任意也。壴為鼓之正字，為名詞；鼓、鼓、瞉為擊鼓之正字，為動詞。說文既以鼓為名詞之鼓，遂以鼓專動詞，而所謂讀若屬者乃後世之變音，與壴轉音中句切同科矣。又瞉字字書所無，殆象擊鼓屋下之意，依象意聲化字之例，當為从宀鼓聲之字，與福或作 略同。卜辭此字同為地名。

案：唐氏之說蓋是也。卜辭鼓作□藏、三八、三、□餘、十、二、□前、二、十二、四、□前、四、一、四□前、五、一、一、□後、下十四、十五□後、下二八、三諸形。金文作□克鼎、□、□師嫠簋，从支从攴不拘、□邵鐘、□鼓𦎧觶、□□齊侯壺□兒鐘、□齊侯鎛諸形，甲骨、金文並象以手持桴擊鼓，而从支、从攴、从殳不拘也。說文又云：

　　壴，陳樂，立而上見也。从屮、从豆。

郭某卜通云：

　　壴字乃鼓之初文也。象形。……餘、十、二辭云：「辛亥卜出貞其鼓彡告于唐牛一」後、下、三九、四辭云：「丁酉卜大貞吉其壴于唐衣亡☐九月」兩辭內容文例均相同，而一作鼓、一作壴，尤鼓、壴為一之明證。（義按：王孫鐘銘文云：永保壴之，用為動詞，益見壴、鼓二字當時已無名詞、動詞之分別。）

郭氏之說是也。卜辭壴作□藏二、五八、三、□拾、八、十七、□前、四、四五、一□、□前、五二、七、□前、五、四、四、□甲、一、九、七諸形。金文作□文考日癸卣、□王孫鐘諸形。甲骨、金文並象鼓之形，戴侗六書故謂「上象設業崇牙之形，下象建鼓之虡。」說文「豉」字从豆，古籀補二作□、□、唐氏古樂器小記謂「或从壴，或从豆，壴與豈本一字，即象豆上飾以屮或□，所謂崇牙樹羽耳。」若此，據唐氏之說則「豉」从豆，蓋省其上之「崇牙樹羽」，而徒象其鼓形而已。然則甲骨、金文之作「壴」、「鼓」字者，並無省其上飾之例（金祥恆先生說）。竊以為甲骨、金文所取象之鼓，非僅如戴氏所謂之建鼓，實亦可以詩經有瞽之「縣鼓」證之，蓋其上之「屮」實象建鼓之羽葆璧翣，亦象縣鼓虡上之縣系及其所以勒系之崇牙（雙鳥）〔詳下文〕。其下之「凵」則象所以置鼓之座。甲骨、金文不省其上飾，蓋當時之建鼓之上皆有飾，而縣鼓若省其縣系及崇牙，則與磬省其縣系一樣，便不能奏樂了。那麼「壴」字雖或為「鼓」字之省文，但至少它應當是較為晚出的字，其所取象的，也應當是直置於鼓架上的座鼓，而非建鼓或縣鼓。關於以上這些觀點，下文將用實物來證明，此不具論。

二、建鼓

1程唐二氏韗人為皐陶章句說

見於儀禮之鼓屬有建鼓、鼙、鼖三種，茲先考述建鼓之形制。大射云：

> 建鼓在阼階西。

注云：

> 建，猶樹也。以木貫而載之，樹之跗也。

賈疏云：

> 明堂位云：「殷楹鼓，周縣鼓。」注云：「楹為之柱，貫中上出也。縣，縣之於簨簴也。」周人縣鼓，今言建鼓，則殷法也。主於射，略於樂，故用先代鼓。

是楹鼓即為建鼓，為同物之異名，周禮鼓人云：

> 以晉鼓鼓金奏。

注云：

晉鼓長六尺六寸。金奏，謂樂作擊編鐘。

又鎛詩云：

掌金奏之鼓。

注云：

主擊晉鼓。

大射之建鼓既設於樂縣之鐘以節金奏（詳下文樂縣考及儀禮用樂之次第），而晉鼓亦所以鼓金奏。是建鼓與晉鼓之形制雖未必相同，但是其用途一樣，則是無可置疑的。

又考工記云：

韗人為皐陶，長六尺有六寸。

鄭注晉鼓亦以為長六尺六寸，是鄭君或許認為晉鼓之形制與皐陶鼓相同。大射云：

師及少師上，工皆降至於鼓北。群工陪于後。

注云：

考工記曰：「鼓人為皐陶長六尺有六寸。」

由此可見鄭君是明以建鼓的形制和皐陶鼓是相同的。也就是說在鄭君的眼光裡，晉鼓、建鼓、皐陶鼓這三種鼓，名稱雖則有異，但其鼓身之形制似乎是一樣的。古樂書縣鼓條云：

振之李氏曰：「鼖鼓、晉鼓皆建鼓也。長短有異而鼓制不殊。」

周禮太僕云：

建路鼓于大寢之門外。

是建鼓乃指鼓之安置方法，鼖鼓、晉鼓、路鼓皆可「貫木而載之」，而名之為建鼓。其非鼓之專名可知。鄭君注經蓋以為大射之建鼓乃建考工記之皐陶鼓也；亦即周禮六鼓中之晉鼓。若此，假如我們要求大射建鼓之形制，則可以就考工記「韗人為皐陶」章句得之。程瑤田韗人三鼓章句圖說云：

韗人為十鼓，鼓木皐陶。然因以為鼓名，其木雖穹曲而弦之，則六尺有六寸也。左右兩端廣六寸。其中廣尺，其厚三寸，其穹隆者視鼓面四尺益三之一而倍之，得腹徑六尺六寸三分寸之二，縣之左右中皆向上，不弧曲參直焉為三正。

又云：

瑤田按皐陶舜臣之封於皐者也。而鼓木亦曰皐陶，蓋穹隆之形，雙聲疊韻字與莊周書瓠落義略同。後鄭云：「以皐陶名官。」亦從先鄭鼓木義也。穹者三之一，注據鼓面四尺言之，穹言腹徑，與鼖鼓據中圍加三之一者不同。且又以此鼓合二十版，記已見中廣之數而知之也。上三正注謂不弧曲是也。謂三直各居二尺二寸，約言之非實數也。實則弦之數中居二尺四寸六分強，兩端各居二尺七分弱。注謂此鼓以六鼓差之，近晉鼓。鼓人

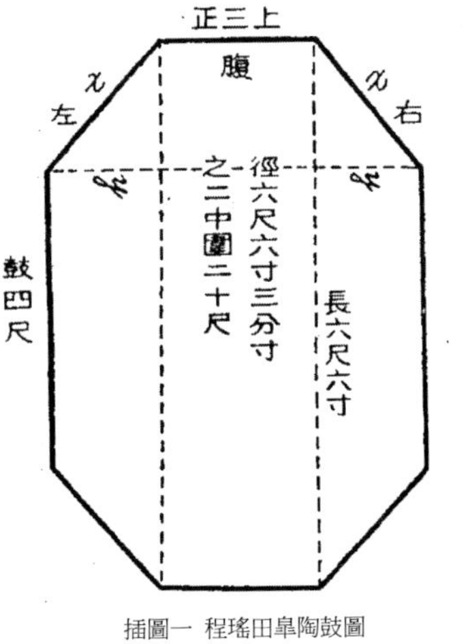

插圖一　程瑤田皐陶鼓圖

云：「以晉鼓鼓金奏也。」

若據程氏之說，則此鼓之形制如插圖一，程式求解所得三正之尺寸極為精確，茲以數學方程式求證如下：

$x + 2x\cos\theta = 66$ 寸……①

$\sin\theta = 13.3/x$……②

$\cos\theta = \sqrt{1 - \sin^2\theta}$……③

以②、③代入①

$x + 2x\sqrt{1 + (13.3)^2/x^2} = 66$ 寸

$x + 2\sqrt{x^2 - 177} = 66$ 寸

$4(x^2 - 177) = (66 - x)^2$

$4x^2 - 708 = 4356 - 132x + x^2$

$3x^2 + 132x - 5064 = 0$……④

$\because\ x = \frac{-b\pm\sqrt{b^2-4ac}}{2a}$ 代入④

$\therefore\ x = \frac{-132\pm\sqrt{132^2+12\times5064}}{6} = \frac{-132\pm280}{6}$

取正 $= 24.66$ 寸

$=$ 2 尺 4 寸 6 分 6 厘

鄭君注經謂三正各居二尺二寸，程式章句圖說所得尺寸與之頗為脗合，故程式圖說蓋得鄭君之正解，雖然唐氏古樂器小記云：

人之文，注家不得其解，程瑤田作考工創物小記亦惑於三鼓之說。今重訂之，為章句如左：人為皋陶，皋陶者殆如鐘磬之虡，在鼓上，長六尺有六寸，左右端俱廣六寸，中廣尺，厚三寸，其中穹隆者，為長度之三分之一，凡二尺有二寸；上有三正，正為止之偽，古之亦作屮，象上飾也。其鼓，長八尺，鼓之冒革處徑四尺，中圍視鼓圍約十二尺加三之一；約十六尺，總謂之鼖鼓。又為皋鼓，其長尋有四尺，鼓冒革處徑四尺，鼓身作倨句之形，如磬折也。

唐氏改「韗人」為「⿰革匋人」蓋以為鄭司農謂「⿰革軍書或為⿰革匋。」鄭康成云：「⿰革匋者以皋陶名官也，⿰革匋者陶字從革。」又據今傳古器有⿱陶革尗孫▨鎛及⿱陶革氏孫▨鐘，均齊人之以官為氏者。故謂記文當從或本作⿰革匋為是。其說或是。

唐氏又云：

記文云：「為皋陶」。蓋鼖鼓之別名也。與下文為皋鼓之屬辭正同。則⿰革匋人所為僅屬於皋陶之鼖鼓與皋鼓二者，注家昧於古鼓之以陶製，遂以皋陶為鼓木之一判，謂為別一鼓，以求合於六鼓之晉鼓，此大誤也。皋陶上有三正，正為屮之傳譌，故鼖字即從鼓從芔，象其形並以為聲，可知皋陶與鼖鼓實一鼓而殊名也。傳世古器，未見此二鼓，僅漢石刻中頗有之。其一類為建鼓最常見；又一則為建於車上之皋鼓，其形正與記文合。而最近日人住友氏所藏銅鼓一，短而大，以花文推之，確是周製。陶器時代，進於銅器時代，則鼓以銅製；至漢代則銅器之風大衰，而鼓以木製；

故鄭注周禮以二十版合一鼓，據當時製作言之也。

案唐氏重訂考工記之章句亦未免穿鑿附會，其以皐陶為鼖鼓之虡，又謂皐陶與鼖鼓實一鼓而殊名，亦不免語病。而建於車上之鼓，若從漢畫象石（圖版Ⅸ，二）看來，似為皐鼓所建，因為其鼓腔的倨勾和記文頗為符合，至於另一類建鼓（圖版Ⅹ，一、二、三）究系合乎周禮六鼓中的那一種鼓，唐氏則未經輕斷。但若據唐氏重訂之考工章句，這另一類建鼓也有可能是他所說的鼖鼓，因為這一類建鼓之上就其羽葆璧翣的裝飾看來，是頗為相象的。至於其據日人所藏之銅鼓花紋（關於銅鼓之起源、變遷及其分佈，凌純聲先生在文史哲學報第一期有記本校二銅鼓兼論銅鼓的起源及其分佈一文詳論之，略謂銅鼓為古代獠族遺物。）推之，以為確為周製，即遽斷周鼓為銅製，木鼓乃漢代後起之物，然近年田野考古所發現之木鼓殘塊多件，如侯家莊第一二一七號墓之大鼓（圖版Ⅷ，一，見殷墓發見木器印影圖錄），經斷定為殷商之物，此外均為戰國之物（詳下文），是唐氏之說不攻自破矣！竊以為儀禮大射之建鼓以其用於鼓金奏，則其鼓身之形制當與周禮六鼓之晉鼓相同，唯晉鼓是否亦貫楹而植之，則未可確知。又其鼓身之形制是否即如鄭注之皐陶鼓（後世廟堂之建鼓皆從鄭注以為制度），則以記文過簡，亦未敢遽斷。

2 建鼓附帶小鼓及鼓上植翔鷺的問題

關於大射建鼓之形制，又有一項值得注意的問題，那就是其鼓之旁是否附帶小鼓，與其鼓上是否加翔鷺的問題。見於三禮圖者為側加小鼓，鼓上又加翔鷺，儀禮義疏與樂典並有鷺無小鼓，古樂書則以在縣中有小鼓無鷺，不在縣中則小鼓與鷺並無。樂書亦小鼓與鷺並無。沂南畫象石墓發掘報告一書關於樂舞百戲圖的考證中，建鼓一項集聚了不少有關文獻，作了詳盡的說明，但卻忽略了建鼓發展上的一個事實，即鼓側附鼓、上加翔鷺的時代性。案其圖象中共有建鼓五例：

（一）拓片第五幅左首建鼓一，側附小鼓。

（二）拓片第四幅上段建鼓一，側縣小鼓。

（三）拓片第十幅上段建鼓一，側縣小鼓。

（四）拓片第三十四幅左首建鼓一，上立翔鷺。

（五）同幅右首車上建鼓一，柱上旁支小鼓。

此五例中，其中三例在大鼓旁縣一小鼓，與古樂書在縣中者同。一例柱上旁支一小鼓，一例鼓上加一翔鷺，與儀禮義疏與樂典同。像這種附帶小鼓上加翔鷺的建鼓，是在漢代畫象石和壁畫中所不見。然而這種形制的改變究竟始於何時呢？對此，李氏沂南畫象石古墓年代的管見一文已有詳細的論述，茲酌採其說如下。爾雅釋樂云：

大鼓謂之鼖，小鼓謂之應。

注云：

詩曰：「應朄（案今詩作田）縣鼓。」在大鼓側。

沈約宋書樂志卷一云：

八音四革，革，鼓也。大曰鼓，小曰朄，又曰應，……應鼓在大鼓側，詩曰：「應朄縣鼓」是也。

舊唐書音樂志云：

晉鼓六尺六寸，金奏則鼓之，旁有鼓謂之應鼓，以和大鼓。

宋陳暘樂書云：

（建鼓）魏晉以後商置而植之，亦謂之建鼓；隋唐又棲翔鷺於其上，國朝因之……以五綵羽為飾，竿首亦為翔鷺，旁又挾鼙、應二小鼓而左右，然詩言：「應田（即棟）縣鼓」，則周應、田在縣之側，不再建鼓旁也。

元史禮樂志：

宮縣樂，樹鼓四，每樹三鼓，其制高六尺六寸，中植以柱曰建鼓，柱末為翔鷺。……建鼓旁挾二小鼓曰鼙，曰應。

從以上這些材料可見自晉代到元代，都一直承襲著建鼓之旁有小鼓的制度，這兩個小鼓都認為即是大射裡的朔鼙與應鼙。陳暘樂書明確的指出鼓旁挾有二小鼓不是周代建鼓的制度，而是隋唐以後的變格，這是很值得注意的看法。因為二小鼓既被認為是應鼙與朔鼙，（按詩言「應田（棟）縣鼓」之應、田二鼓即為大射之應鼙與朔鼙，詳下節鼙鼓考），則應鼙在樂縣中居東縣，朔鼙居西縣（詳下樂縣考），東、西縣又各有建鼓一，則二小鼓不能附帶於建鼓之兩側明矣。因之建鼓之兩側附帶小鼓決非周代的制度。其次，再就傳世的建鼓圖像來考察，漢代畫象石和古墓壁中表示建鼓的圖面很多（如圖版X，一、二、三），漢代畫象集二集一書中就檢出九圖（第二、四、二十、六十六、七十二、百二十九、二百十三、二百十六、二百五十三等圖。）但都沒有發現過挾帶小鼓及上加翔鷺的例證。因此，我們認為大射裡的建鼓是和漢代畫象的建鼓形制較為接近的。至於鼓上棲翔鷺之故，前人有種種推測和傳說，我們在這裡也姑且推測其來源。隋書音樂志下云：

> 近代相承植而貫之謂之建鼓，蓋殷所作也。又棲鷺於其上，不知何代所加。或曰鵠也，取其聲揚而遠聞。或曰鷺，鼓精也。越王勾踐擊大鼓於雷門以厭吳；晉時移建於建康，有雙鷺唲鼓而飛入雲。或曰皆非也。詩云：振振鷺，鷺于飛；鼓咽咽，醉言歸。古之君子悲周道之衰，頌聲之輟，飾鼓以鷺，存其風流，未知孰是。

前引陳暘樂書說隋唐又棲翔鷺於建鼓上，顯然是錯誤的。隋書音樂志對於棲翔鷺於建鼓上，雖不能確定為何時所始，但由其字裡行間的顯示，我們不難見出晉時已有這種制度。據說晉代顧愷之洛神賦圖（考古通訊一九五七年第六期李氏沂南畫象石古墓年代的管見一文謂該圖一本藏東市博物館，一本在美國華盛頓弗利亞美術館。義按此圖蓋唐人模也。）中的建鼓就與漢代的大大不同，它非常明確地在建鼓鼓腔旁畫出一小鼓，又在鼓上幾層裝飾的上端置一翔鷺。那麼，這不正說明了建鼓附加小鼓和翔鷺的制度在晉代就有了嗎？如此，沂南石墓所代表的時代也應當屬於魏晉間，常任俠把它歸在漢代畫象集裡是錯誤的。魏、晉去漢未遠，建鼓的制度由魏、晉而改變，漢代的建鼓很可能還是保留先秦的模樣（信陽戰國楚墓所出土的錦瑟，其上之漆繪圖畫中的建鼓，雖僅能看見其鼓腔的上緣及蒙皮面的輪廓，但鼓上所飄揚的羽葆璧翣與漢畫上的建鼓是相同的。見第四章瑟。）而聶氏三禮圖的建鼓形制應當是保留魏、晉的傳統。竊又以為建鼓之上加翔鷺當較鼓側加二小鼓為早，因為沂南石墓畫象石樂舞場面中的建鼓（圖版XI，一）正只有翔鷺而無小鼓。其二小鼓當是後來由樂縣中東、西二線的朔鼙、應鼙移附於建鼓之側的。鼙鼓用於導引，建鼓用於節奏（詳下文儀禮用樂次第），把它們安置在一起，對於音樂的演奏，其實並無妨礙；同時又可由同一樂工敲擊，較之分置於東、西縣來得簡便。那麼我們似乎也可以說，建鼓上棲翔鷺美化了建鼓的形制（可能受到詩經有駜「振振鷺，鷺于飛。」這句話的影響），其側加二小鼓增加了建鼓的用途。如此，它是後代較為進步的建鼓形制，自是無疑了。

三、鼙鼓

大射云：「應鼙在其東，南鼓。」注云：「應鼙，應朔鼙也；先擊朔鼙，應鼙應之。鼙，小鼓也。在東，便其先擊小後擊大也。」又大射云：

朔鼙在其北。

注云：

朔，始也。奏樂先擊西鼙，樂為賓所由來也。

又周禮大司馬云：

中軍以鼙令鼓。

是知鼙鼓為小鼓，其用在為小鼓之導引。因其擊之先後，一始一應，故在樂縣中冠以「朔」、「應」別之。蓋在東階之鼙為應，在西階之鼙為朔，猶編鐘、編磬之以笙、頌區之也。

周禮小師云：

下管擊應鼓。

注云：

應，鼙也。應與朄皆小鼓也，其所用別未聞。

又周禮大師云：

下管播樂器，令奏鼓朄。

注云：

鼓朄，管乃作也。……鄭司農云：「……朄，小鼓也。先擊小鼓乃擊大鼓，小鼓為大鼓先引故曰朄。朄讀為導引之引。」玄謂鼓朄言擊朄。詩云：「應朄縣鼓。」（義按「朄」一作「田」。）

正義引陳祥道云：

周禮大祭祀，皆鼓朄擊應。大射有朔鼙、應鼙，詩「應田縣鼓。」又以應配朄。則朔鼙乃朄鼓也。以其始鼓，故曰朔。是以儀禮有朔无朄，周禮有朄無朔，其實一也。鄭以應與朄及朔為三鼓，恐不然也。

案陳說是也。戴震、江藩、金鶚、馬瑞辰說並同。大射下管時，大師降立於鼓北，鄭注謂西縣建鼓之北。蓋奏管之前，必先擊朔鼙以為導引。而周禮大師既云：「下管播樂器，令奏鼓朄。」則朔鼙即是朄鼓矣！初學記鼓類引纂要云：

應鼓曰鞞鼓，亦曰朄鼓，亦曰田鼓。朄者引也，言先擊鼓以引大鼓也。……毛詩「應田縣鼓。」傳云：「田、大鼓也。」鄭箋云：「田當作朄；朄，小鼓，在大鼓旁，應鞞之屬也，聲轉字誤，變而作田。」

案儀禮漢簡鼙作鞞，是鞞即鼙也。鄭君以田為朄之聲轉字誤蓋是。纂要謂「應鼓曰鞞鼓，亦曰朄鼓，亦曰田鼓。」未免含混。禮記禮器云：

　廟堂之下，縣鼓在西，應鼓在東。

又太平御覽卷五八二樂部鼓引禮記云：

　縣鼓，周鼓也。其小者曰胤。先擊小鼓為大鼓導引，故曰胤，一名鞞。

此御覽所引禮記不見於今本經文，由其行文看來似為誤引注文之例。雖然，以縣鼓之小者名胤，為大鼓之導引，又名鞞，則禮器所云在廟堂之下，西階之縣鼓當為大射之朔鼙，亦即大師之朄鼓矣！而東階之應鼓自為大射之應鼙與小師之應鼓。由是觀之，所謂「朔」、「朄」、「胤」，實皆指西階之鼙鼓，為一物之異名，以其為大鼓之導引故名胤、名朄；以其始鼓故曰朔。又鞞鼓既為縣鼓之小者，則其安置方法當為縣於簨虡上無疑矣。諸禮圖與諸樂書所載皆未必可靠，而禮圖與樂書又多不言鼙鼓之安置方法，蓋緣於考據未詳也。至於其縣掛方法，與此所謂小鼓之鼙鼓的形制如何，下文當以出土實物論證之。實則鼙鼓於縣中居鑮之南，建鼓之北，鑮縣於簨虡，建鼓貫楹而植之，經文於鼙鼓但言南鼓，而不言有所倚（如鼗倚于頌磬西紘），則必縣於簨虡可知；且縣鼓為周鼓安置方法之通例，禮經即屢言鼙鼓而不言其為「建」，則其為縣鼓殆可斷言也。又詩云：「應朄縣鼓。」當作「縣應、朄之鼓」解，則鼙鼓為縣鼓，又可為一證。

四、鼗　鼓

大射云：「鼗倚于頌磬西紘。」注云：「鼗，如鼓而小，有柄，賓至搖之以奏樂也。……王制曰：『天子賜諸侯樂，則以柷將之；賜伯子男樂，則以鼗將之。』」周禮小師注云：

鼗，如鼓而小，持其柄搖之，旁耳還自擊。

又眡瞭云：

凡樂事播鼗，擊頌磬、笙磬。

是鼗亦所以導樂、節樂也。沂南石墓畫象中有一人執鼗鼓搖擊之以為舞隊導引者，其形狀與鄭注及三禮圖、樂書、儀禮義疏所繪者相合。可能這種鼗鼓的形制自古以來無甚改變的緣故。詩有瞽云：

鞉、磬、柷、圉。

傳云：

鞉，鞉鼓也。

陳奐傳疏云：

後儒說鼗悉依鄭說，爾雅云：「大鼗謂之麻，小者謂之料」。鼗有大小，或鄭所據其小者矣！有瞽釋文「鞉字亦作鼗」（義案武威漢簡鼗亦作鞉。）爾雅釋文：「鼗本或作鞀同。」說文：「鞀，遼也。或作鞉，又作鼗。」案今字，詩作鞉，書、禮、爾雅作鼗，月令作鞀，並字異義同。

案陳說是也。詩商頌那云：

置我鞉鼓。

傳云：

鞉鼓，樂之所成也。夏后氏足鼓，殷人置鼓（義案置或作植），周人縣鼓。

周禮春宮小師云：

掌教鼓鼗、柷、敔、塤、簫、管、弦歌。

孫貽讓正義引此云：

依毛詩義則鼗鼓亦殷置、周縣異法，但置縣皆不便搖擊，豈擊時別解下之，以手持其柄而搖之與？鼓人六鼓，或建、或縣，而以桴擊之異與！然大射云：「鼗倚于頌磬西紘。」則是倚而非縣，毛詩說與禮究不相應。故鄭詩箋云：「鞉雖不植，貫而搖之，亦植之類。」若然，鄭意用鼗固不縣也。

由以上可見大射之鼗鼓應屬小鼓，典籍並無關於其大小尺寸之記載。其安置方法當為以木柄植鼓而無座，故在縣中必倚于頌磬西紘。鼓腔兩側以繩繫二小錘，以此搖之，則旁耳還自擊矣！三禮圖所繪之鼗鼓其旁耳但有繩而無小錘，未免失之。儀禮義疏有小錘為是（插圖二）。

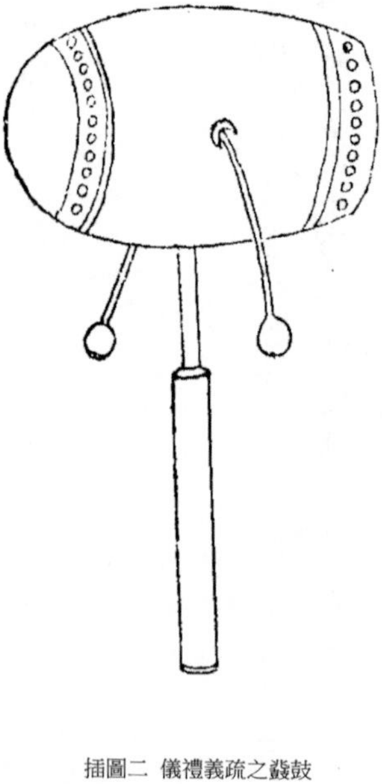

插圖二　儀禮義疏之鼗鼓

五、田野考古出土的鼓和鼓座

近年田野考古所發掘到的鼓有信陽長台關

一號楚墓的小鼓一、大鼓一，（見文物參考資料一九五八年第一期）長沙楚墓小鼓一、大鼓一，（見長沙古物見聞記。）長台關二號楚墓大鼓一（見文物一九六四年第九期。）拍馬山四號墓小鼓一，江陵葛陵寺楚墓小鼓一（亦見文物一九六四年第九期。）其時代皆約為戰國，茲分別引術如下：

（一）長沙古物見聞記楚革鼓一則云：趙估語予，二十五年十二月，小吳們外楚墓出鼓一，革已腐，制與今同，徑約二十三公分，高十公分強，五銅鶴展翼以背承鼓，昂首外向，鶴高約二十三、四公分。工人不知鼓可貴，破之取鶴，售于美人柯強。季襄亦得大鼓，革腐，徑約八十公分，高約四十五公分，鼓沿管革之牛角丁尚未盡捝，乾後散捝枉戾，無法復其原狀。

（二）信陽長台關一號楚墓中所發現的鼓都不完整。從木腔殘片來看，至少有大小不同的兩個鼓：

⑴小鼓（圖版XI，二）：鼓腔的木片高一二厘米，中部厚約四厘米，兩端厚約二·五厘米，寬度各片不一致。鼓腔中腰一段朱漆作地用黃、褐兩色描飾彩繪，圖案是從雲紋變化出來的。上下兩段釘皮革，革已不存，有的竹釘還在。若將較完整的三塊鼓腔併起，而測量這一段的弧度，又從鼓腔弧線上取最遠的兩點連結成線，其長為二九厘米，从此線做一平分垂直線與弧線相交，則此垂直線長為五·八厘米。據推算，小鼓的直徑當為四二·一八厘米，圓周為一三二·五一厘米。

⑵大鼓（圖版XI，三）：大鼓木腔殘片的高度為二六厘米，同樣地也選擇完整的三塊拼在一起，測量了它的弧度（量法同上，兩點連結線為三三厘米，垂直線長為三厘米）。經推算，大鼓的直徑當為九三·八〇厘米，圓周當為二九四·八六厘米。從木塊背面來看，內槽兩刀直切，並沒有隨著外形

的彎度來削鑿，所以木片的厚度是不一致的。木片外部全部經髹漆，中腰部份暗紅色漆，不加繪飾。上下兩段在黑地上用紅色漆作花紋（圖版XIII，二），在這兩段的漆皮下，與木片表面上有〇·三厘米的距離，但此處的竹釘都高出木面，與漆皮相著觸。這個現象說明了當時製鼓時是先釘皮革後上漆，所以皮革被蓋在漆皮下面，年久皮革腐朽，因而漆木之間，出現了〇·三厘米的空隙。墓中又發現兩個雕鏤精絕的銅環，頗像大門上的鋪首，若把它放在鼓腔木片上比試，彎度與鼓完全吻合。這說明了這個鼓原來是有環的。

（三）信陽二號楚墓出土的大鼓（圖版XI，一）：鼓壁已成殘片，鼓皮都已不存，鼓壁殘片經過綴合以後，基本可以看出它的原貌，直徑為六七厘米，鼓壁橫剖面最寬處距離約為一三·七厘米，外壁髹漆，並施彩繪，且遺留有對稱的獸面形鼓環遺跡（未髹漆），以及插納鼓環獸面背釘的方形榫眼，可以證實其確為安裝鼓環的部位，在環繞鼓壁的兩側有釘鼓皮的細小竹籤的痕跡。鼓環為銅質，鋪首為兩個相對的獸面，長八·二厘米，寬六·一厘米，兩獸面相接處，向外隆起作半環狀，中銜一環，外徑五·六厘米，環粗〇·七厘米，背釘呈圓柱狀，長三·六厘米，粗一·二厘米。

（四）江陵楚墓小鼓（圖版XI，二）：一九六二年底在湖北省江陵葛陵寺發現。出土時鼓腔已斷成數段。但可接合成圖形，貌似車輪廓，兩邊薄，中間厚，直徑約三五厘米，高約六·五厘米，鼓腔中部厚三·三厘米，鼓腔兩邊有釘革的竹釘，每距二·一—二·七一厘米一個。竹釘眼大約〇·二×〇·三厘米，革已腐朽，少數鼓腔上尚存，附件有鼓槌一個，木質，已斷，長約三〇餘厘米。杆寬約一·三至一·四厚約一·一—一·三厘米，一端成槌狀。

（五）拍馬山四號楚墓小鼓（圖版XIII，一）：出土時鼓腔已斷為七段。復原後之鼓，直徑為三四厘米，厚六厘米，鼓腔周沿有釘鼓皮小孔，孔內尚殘存小竹釘，各部份皆髹漆，上繪朱彩，但朱彩大部分已剝落，另有鼓錘兩根，每根長三五·二厘米。

從上面出土的兩個大鼓，三個小鼓的材料，我們姑且歸納一下：

⑴這些鼓有一點相同的是鼓腔不高，形狀比較矮扁，和在漢代畫象中最常見的鼓腔中貫立柱的楹鼓或建鼓顯然不同，因建鼓中間有柱，所以鼓腔不得不高。又這些鼓除了獸面環的榫眼外，未再發現任何帶榫眼的鼓腔殘片，因此，我們以為它們不可能是像記載中的楹鼓，或建鼓一樣的有貫穿鼓腔的立柱存在。也就是它們並不是建鼓。

⑵江陵楚墓、拍馬山四號墓的兩個小鼓幾乎同大小，信陽一號墓的小鼓雖大些，但它應該是屬於這類小鼓的。至於信陽一號墓和二號墓的兩個大鼓，尺寸差別則較大。信陽一號墓大鼓直徑為九三·八〇厘米，約合漢尺四尺，與考工記「鼓四尺」一句話是很相合的。

⑶組成鼓腔的木板並不同大小，其厚度大致是兩端薄，中間較厚。鼓壁飾經過髹漆的，而且施以彩繪，製鼓時是先釘上皮革後上漆的。

⑷由於鼓錘的發現，使我們了解所謂「桴」的形制，及擊鼓的方法。

⑸由於小竹釘的發現，使我們了解鼓革與鼓腔的安置方法。

⑹由於銅環的發現，使我們想到這類鼓是屬於周代的所謂縣鼓。

其次談到這些墓所附帶出土的鼓座：

（一）信陽一號墓出土之虎形木座：木座是由兩隻踞坐而尾部相連的老虎形做成的。全部黑漆，上有朱色描繪，兩虎在左右肩頭及臀部各有一個方形榫頭。此外又發現已殘斷而類似鷺鷥的長腿四根，插入虎的肩部榫頭，恰好合適。腿上用朱筆勾的文飾也與虎座很一致，可見老虎身上原有立著的鷺鷥做為裝飾。在漢代畫象中有兩虎相連作為鼓架的實例，如何南南陽漢畫象石（見常任俠編漢畫藝術研究圖四五）中所見的便是。雖然這種鼓架都是為楹鼓、建鼓而設，而現在墓中所發現的鼓，不像是楹鼓或建鼓，但據木座的形制及在墓中的位置，此木座與鼓片同置一處我們認為它是鼓架座子的可能是很大的，尤其是兩對鷺鷥似的長腿，使我們更覺得它與鼓有聯系。據長沙古物見聞記小吳門楚墓出土的木鼓也是屬於小鼓，而所謂銅鶴應當也是鷺鷥，據我們推測，兩尾相連的老虎，就是雙環大鼓的座子，但此鼓與木座如何連接起來，是否同小吳門所出土的鼓那麼樣，鷺鷥立在虎背昂首外向，背承鼓，或是鼓與虎座之間還有木架，上端鉤住鼓環，下端插入虎臀的榫眼，具體的裝置情況，尚有待更多木塊殘片的發現及進一步的拼湊，才能知道究竟。據此墓附帶出土的竹簡的記載中有雕鼓的名稱。查所發現的大、小兩鼓，本身卻只有繪飾而不加雕琢，那麼所謂雕鼓，可能指大鼓及它的架子而言。因老虎和鷺鷥的形象，卻是要經過高度的雕刻才能完成的。

（二）信陽二號墓出土之鼓座：鼓座通高一七一厘米。其下為兩伏虎相背伏臥，通常一四九，身高三一厘米，表面髹漆，並施彩繪，其脊背前端各鏨有兩個方形榫眼，長三・六厘米，寬三厘米，深各四・二厘米，可納其上鳥足端的方榫。兒虎臀部各有一個榫眼，長四・二，寬、深各三・六厘米，其中尚殘存有虎尾下端的殘榫，不過露出榫眼外的虎尾已不存在。虎背所承托的兩立鳥，鳥尾相連，其向下的一面亦無榫眼或立柱頂托的遺跡。據此，可知虎尾不可能透過鳥尾以頂托大鼓。從這種現象看來，兩只虎尾的方向，甚至可能朝向鳥尾伸延，它可能是向著虎首的方向卷曲的。若此，才能與整個虎的形像相協調。伏虎背上的兩立鳥，昂首向背而立，表面髹漆，並施彩繪。它是由鳥寇、鳥首、鳥身、鳥翼、鳥足等構件通過榫卯套扣的方法合成一整體的，長一三九厘米，高約一四〇厘米（未計足端子榫的長度）。鳥足下端的子榫插入虎背前端的榫眼之內，其上端的榫頭則插入鳥腹向下一面的榫眼中，鳥頸下的子榫寬大，長約九厘米，寬、深皆為八厘米，插入鳥腹前端的榫眼中，鳥冠長三二厘米，其下子榫長約三·五厘米，寬一·七厘米，闊三·四厘米，插入鳥首上的榫眼中，冠梢的一面斜削呈半圓形，徑長約四·二厘米，未曾髹漆，並加刨光，可見木頭紋理，鳥翼也是通過榫卯套扣的方法插入鳥腹兩側的榫眼之中的，左右兩翼間隔二五厘米。鳥喙內涵橢圓木丸。此外，我們在二號墓內再沒有發現任何與其有關的殘木片。

若將二號楚墓的大鼓的鼓環系以絲組，絲組的一端穿過鳥喙，然後再與鼓環的另一端絲組系結，鼓的皮面的下緣與鳥翼最上一點相切，這樣構成鼓面全部外露的，如詩經上所謂的縣鼓，若此則當樂人演奏時，鼓腔的下緣只能在鳥翼所夾的空間輕微的擺動，但不會影響大鼓所發出的音響和節奏。

（三）江陵楚墓之鼓座：伏虎一對身長二六厘米，寬一〇·九厘米，頭高一三·五厘米，體高九·五厘米，兩尾沒有相連，仰首向上，圓背，屁股內收，背上榫眼三個，成品字形，前面兩個並列為二 一·九五—二·二厘米，虎尾兩件，一端可插入臀部之榫眼，為二·二 〇·七五至一·七厘米，一端上捲，長約一四·五厘米，寬一·七至二·〇厘米，厚一·二—一·三厘米。鷺鷥一對咀尖而長，上下唇分開，下唇略掉了一些，冠不大，向上刻成鉤狀，頸長而粗，長四二厘米，斷面近似圓形，末端有榫頭，以插入軀體榫眼，軀體肥碩。長二八厘米，寬一〇．五厘米，高六．七厘米，兩翅比軀體略高，背呈龜狀，尾微翹，末端都有榫眼，中間插榫，兩尾相連，軀體正面前部有二．六二．〇—三．〇厘米榫眼一個，承插頭頸，腹下有二．五 二．〇至二．二厘米榫眼兩個並列，腿共四件，形狀相似，平扁而直，長三三．七厘米，厚七厘米，寬二．三至三厘米，腿上端稍微彎曲。

（四）拍馬山四號墓鼓座：兩虎座係昂首反向距伏，尾部不相連，一件長二八厘米，寬一二．四厘米，高一八厘米，另一件長二九．四厘米，寬一三．八厘米，高一七．六厘米，立鳥係長頸昂首向外，有冠，其狀似鷺鷥，鳥身一件長二七．四厘米，寬一〇．六厘米，一件長二八．八厘米，寬一一．八厘米，鳥頸長三五．六厘米，鳥腿長（不包括插入榫腿部份）二四．八厘米。

從以上出土實物的記述，可見這四個虎座鳥架的形制幾乎是完全一致的。又一九六六年湖北江陵望山一號戰國楚墓出土之鳥架虎座，亦與此同。而其同墓出土的鼓，無論大小，其安置在鼓座上的方法也都是一樣的。（共黨中央音樂學院所複製信陽長台關一號楚墓大鼓，直以虎背植鷺鷥的腿，再以腿承鼓，則複製之鼓為座鼓而非縣鼓，見圖版XIII，二，蓋由於該墓沒有發現完整的鳥架，故有此錯誤。）也就是說這種把鼓縣在虎座鳥架上的方法，正式周代所謂的縣鼓，詩有瞽云：

設業設虡，崇牙樹羽。

靈台亦云：

虡業維樅，賁鼓維鏞，於論鼓鐘，於樂辟廱。

傳云：

業，大版也。所以飾栒為縣也。捷業如鋸齒。

疏云：

樅，縣鐘鼓之處，又以彩色為大牙，其狀隆然，謂之崇牙。言崇牙狀樅然。

這裡所謂的「樹羽」應當是指樹立羽屬的鳥類作為簨虡的裝飾物，而非如馬瑞辰所說的「立五色羽於簨。」考工記梓人為筍簴謂「羸屬宜於鐘簴，羽屬宜為磬簴」。但是由於信陽楚墓出有鐘虡（見第一章鐘。）又據說二號墓也出有磬簴（惜未見發表）。因此信陽一、二號墓由伏虎及雙鳥構成的簨虡不可能是縣掛鐘磬的，更何況拍馬山四號墓羽葛陵寺楚墓的虎座鳥架僅與木鼓殘片出土而無鐘、磬呢？太平御覽亦引釋名謂「簨虡所以縣鐘鼓者」所以鼓有簨簴是沒什麼問題的。由此可見所出土的伏虎當為考工記所言的羸屬動物，它所承托的雙鳥當為羽屬動物。詩有瞽所言的「業」，可能指的是鳥翼形的東西，即傳所謂齒狀大版。崇牙也可能指的是黑色的牙狀鳥冠。因此有人以為也可以把這些出土的鼓座鳥架名之為鼓簴。

六、結論

從以上出土實物的考證，使我們了解代表著戰國時代的虎座鳥架鼓是如何的縣掛方法，鼓簴上的各項附屬物，我們也盡量的用來和典籍上的紀載取得印證。在第一節裡我們說過甲骨、金文是兼取象建鼓、縣鼓的。縣鼓有地下出土實物可為佐證，建鼓則只能憑藉漢畫了。在漢畫中的建鼓上，都有類似羽葆璧翣的裝飾，那麼「樹羽」如馬瑞辰所謂「立五色羽於簨」似亦可通，只是所謂「崇牙」則未知何所指而已。詩孔疏謂縣鐘鼓處「又以彩色為大牙，其狀隆然，謂之崇牙。」則似以為崇牙為「縣鼓」所專有，蓋以「周縣鼓」也。然竊以為，「崇牙」或者亦可指建鼓之楹穿過鼓腔露出鼓外座「牙狀」者，此「崇牙」之上樹以羽，故謂之「崇牙樹羽」。雖然，若從詩有瞽與靈台所述，似單就縣鼓而言，故以出土縣鼓證之能處處皆合。

其次我們且討論到出土的這幾個鼓是否能拿來和儀禮三鼓（建鼓、瞽、鼗）印證的問題，上面說過，這些鼓的鼓腔都不高，又沒有貫楹的榫眼遺跡，而它們卻又都有銅環，所以它們不可能是建鼓，也不可能是鼗鼓，而是一種縣鼓，由於第三節鼙鼓的考證，我們知道鼙鼓是一種小縣鼓，而出土實物正有小鼓。又從信陽楚墓一起出土的編鐘、瑟、鼓，（其竹簡又記載有笙，竽等物，惜未見出土。）等物的漆繪花紋看來，這些樂器顯然是一整套的。也就是它們是同屬於一個樂隊的樂器。那麼，這裡面的大、小二鼓必是所以鼓金奏的了。所以不禁令人想到其大鼓或許就是晉鼓（上文引古樂書李振之之說謂晉鼓為建鼓，實則李氏之說未必可靠，陳暘樂書即以之為縣鼓）而小鼓應當就是鼙鼓了。它們儘管大小有所不同，而形制和用途應當是一樣的。

總結以上的論述，假如我們要復原儀禮三鼓的話，那麼建鼓似乎可以以信陽楚墓大鼓為鼓身，而高其鼓腔（因為建鼓的鼓腔是較縣鼓為高的，見前說。）再參以漢畫象石建鼓的安置方法貫楹植之，上設羽葆璧翣。如此庶幾就是大射建鼓之制了。鼙鼓則最好亦取信陽同墓出土的小鼓為式，唯此小鼓無虎座鳥架之出土，因之只好採用拍馬山或葛陵寺的小鼓了，至於鼗鼓目前迄無出土，則不得已只好以儀禮義疏所繪的圖象為規模。其尺寸大小亦只有參比鼖鼓而酌為減損，因為鼗鼓既以手執搖擊，又倚于頌磬西紘則其體制璧較鼖鼓為小，只是究竟小到多小，那就不可得而知。但若以沂南石墓畫象中樂工手執搖擊以導引舞隊之鼗鼓看來，它恐怕只有兩個拳頭那麼大罷了。

肆、瑟

一、文獻考徵

說文云：「瑟，庖犧所作弦樂也。从珡必生。」是瑟與琴同為類屬。在典籍中，琴瑟也常是並言的。如詩云：「鼓瑟鼓琴。」書云：「琴瑟以詠。」大傳亦曰：「琴練絃達越，大瑟朱絃達越。」爾雅曰：「大琴謂之離，大瑟謂之灑。」也許是因為琴音易良，瑟音靜好的緣故，琴瑟在禮記裏面，顯然是一種家常的樂器：

曲禮上：「先生書策琴瑟在前，坐而遷之，戒勿越。」

又云：「父母有疾，琴瑟不御。」

曲禮下：「大夫無故，不撤縣；士無故，不徹琴瑟。」

少儀：「侍坐弗使，不執琴瑟。」

喪大記：「疾病，外內皆埽，君大夫徹縣，士去琴瑟。」

既夕記：「有疾……徹琴瑟。」

琴瑟既相並而言，且為家常樂器，則二者必是合奏的樂器，蓋所謂「琴瑟和鳴」也。

明堂位云：

大琴大瑟，中琴小瑟，四代之樂器也。

樂書琴瑟上論曰：

古之人作樂，聲應相保而為知，細大不踰而為平，故用大琴必以大瑟配之。用中琴必以小瑟配之，然後大者不陵，細者不抑，五聲和矣。

陳暘這種推理大致是可信的，那麼儀禮鄉飲酒「相者二人皆左何瑟，後首挎越、內弦。」鄉射禮「鄉者皆左何瑟、面鼓、執越、內弦。」燕禮「小臣左何瑟，面鼓、執越、內弦。」都明言瑟而不言琴，是否會「以瑟見琴」呢？瑟在鄉飲、燕禮、大射中即所以合樂工之升歌，而琴之為樂，正所以詠而歌之，故儀禮雖不明言琴，鄭注雖亦不及之，但從上述琴瑟的密切關係看來，儀禮簡賅之文，以瑟見琴應當是很可能的。然而既無明文，本章還是僅就瑟來討論。

樂書琴瑟中論曰：

古之論者或謂朱襄氏使士達制為五絃之瑟，鼓叟又判之為十五絃，舜益之為二十三絃。或謂大帝（即黃帝蓋本世本之說。）使素女鼓五十絃瑟，帝悲不能禁，因破為二十五絃。郭璞釋大瑟謂之灑，又有二十七絃之說。以理考之，樂聲不過于五，則五絃、十五絃小瑟也。二十五絃中瑟也。五十弦大瑟也。彼謂二十三絃、二十七絃者，然三於五聲為不足，七於五聲為有餘，豈亦惑於二變二少之說而遂誤邪？漢武之祠太乙后土，作二十五絃瑟。今大樂所用亦二十五絃，蓋得四代中瑟之制也。莊周曰：「夫或改調一絃於五音無當也，鼓之，二十五絃皆動。」信矣乎？聶崇義禮圖亦師用郭璞二十三絃之說，其常用者十九絃，誤矣！

可見瑟也是古老的樂器，但究為何人所始作，亦已不可確知。瑟因體積的大小而有大瑟、小瑟之分，既已見於明堂位，當是沒什麼問題的。但是以絃數的多寡來作為大、中、小瑟制度的差異，顯然只是陳暘個人的臆斷而已，它是沒什麼根據的。其實瑟絃的多少應當和編鐘、編磬一樣，數目並無一定，只是多者所演奏的音律較為繁複，少者較為簡單而已。但是漢武去古未遠，有二十五絃之制，莊子亦有二十五絃之說，則二十五絃很可能是戰國時代較常見的瑟弦之數也說不定。至於瑟的尺寸大小，諸家所記載的如古樂書、樂典、樂律表微、樂書、三禮圖等，大抵都以雅瑟、頌瑟立說，謂「雅瑟長八尺一寸，廣一尺八寸。頌瑟長七尺二寸，廣尺八寸。」但所謂雅瑟、頌瑟則始自西漢，自不能據以說明儀禮所用之瑟。姜夔雖亦有琴瑟考古圖一卷，言瑟制頗詳，然亦後世揣測之制而已，未足以證說古物。不過在典籍無徵的情形下，或許可以從其瑟制得到些概念。詁經精舍文集卷五，徐養原擬南宋姜夔傳云：

> 乃定瑟之制，桐為背，梓為腹，長九尺九寸，首尾各九寸，隱間八尺一寸，廣尺有八寸，岳崇寸有八分，中施九梁，皆象黃鐘之數。梁下相連，使其聲冲融；首尾之下為兩穴，使其聲條達；是傳所謂大瑟達越也。四隅刻雲以緣其武，象其出於雲和，漆其壁與首尾腹，取椅桐梓漆之，全設二十五弦，弦一柱，崇二寸七分，別以五色，五五相次，蒼為上，朱次之，黃次之，素與黔又次之。使肄習者便於擇弦，弦八十一絲而朱之，是謂朱弦。其尺則用漢尺，凡瑟弦具五聲，五聲為均，凡五均，其二變之聲，則柱後仰角而取之，五均凡三十五聲，十二律六十四均，四百二十聲，瑟之能事畢矣！

其取財桐、梓之木，乃是根據詩經「椅桐梓漆，爰代琴瑟」而來的。蓋梓、桐質堅，能發金石之聲，故宜為琴瑟。姜白石之瑟制如此，其與儀禮時代之瑟，其間差別何在，我們欲解決這個問題，只有求證於近年來考古學上的成就了。

二、田野考古出土的瑟

近三十年來，在田野考古的發掘工作上，瑟這種樂器前後發現過三次。最早的是民國廿四年六月在長沙東門外楚墓，所發掘到的木瑟，其時代約略為戰國晚期（見長沙古物聞見記）。其次就是信陽長台關楚墓所發現的三個瑟（見文物參考資料一九五八年第一期）。此外，一九六三年冬湖北拍馬山四號墓也出土一個瑟，其時代約為戰國早、中期（見文物一九六四年第九期）。以上所發現的這些瑟，就其時代來說都是戰國，就其地域說，都是屬於當時楚國的範圍。因此，我們根據這些材料所推斷出來的瑟制，雖未必能完全代表儀禮時代的瑟，但起碼也可以說那就是戰國時代楚國的瑟了。也或者可以說，是可能較近於儀禮的瑟。茲將這些出土瑟的原始資料錄之如下，然後再加以比較研究：

1長沙楚瑟：商承祚長沙古物聞見記云：

作長扁匣形，與三禮圖所繪者近似。下有底板，嵌入兩横槽，面有嶽及承弦，計長一公尺三公分，首寬三十八公分七公釐，端微圜，尾寬三十八公分，高五公分五公釐。嶽分兩排，左兩排在前，中一排在後，居二者之間。中嶽直長十二公分九公釐，承弦直長與器同寬，距首邊三公分有四孔，二在中者，距邊四公分六公釐；二在旁者，距邊六公分五公釐，距上下緣三公分一公釐，孔方一公分九公釐，兩端髹以黑色薄漆，首寬十三公分六公釐，尾寬九公分一公釐。

器底深三公分五公釐，底長九十九公分三公釐，底中寬四十公分一公釐，底首寬三十九公分五公釐，底尾寬三十公分五公釐，底上下木厚一公分六公釐，底首木厚三公分三公釐，底尾木厚二公分二公釐，底版長與面同，首寬三十八公分六公釐，尾寬三十七公分一公釐，厚一公分，首有孔，作[illegible]形，左右十公分五公釐，前後十公分一公釐，尾有橢圓孔，左右七公分二公釐，前後十公分五公釐，距邊三公分五公釐，首漆寬十二公分，尾漆寬九公分一公釐，版當日扣入瑟底，器乾收縮不能復合。中嶽弦孔漆，兩旁各九，共二十五弦，嶽面弦痕明顯可辨。中弦粗，兩旁弦細，尾裡孔尚附弦緒十之八，結後以牛角丁橫貫之，外引至嶽、穿、首孔，分作四組，由端際上繞，再納入四方孔，然後用木枘之，餘緒之垂，容于版孔，調弦之緩急，則以柱承弦，可以移易。史記趙奢傳：「藺相如曰：『王以名使括，若膠柱而鼓瑟耳』。」淮南齊俗訓：「譬由膠柱而調瑟也。」文心雕龍聲律篇：「瑟柱之和」。是琴用軫而瑟以柱。……承弦及嶽皆有弦痕，則非明器。但其制特小，豈明堂位所謂小瑟與？其詳不可考矣。

2信陽長台關三瑟

(1)瑟一（殘存大瑟圖版XI，一）。此瑟只殘存面板，沒有底板。瑟長一八四厘米，首尾均寬四八．五厘米。這個瑟的面板是獨木斲成的。兩端上黑漆，中部光素，不加髹飾。从漢石刻圖象中所描寫的瑟來看（如山東圖像，見漢圖象全集初編二五三及四川成都鳳凰山畫象磚，圖版XIV，二），瑟面有木枘及承弦分成三段的一端，總是擱放在地上，離人較遠，是瑟的尾部。所以這個瑟當以形制簡單的一端為頭部，有虎紋雕飾的一端倒是尾部。面板的傷損情況是嚴重的，已碎成大小數十塊，且鄰近瑟首岳山及瑟尾承弦，能看出弦眼的部份，都有殘缺，因而已無法計數此瑟的實有弦數。（墓中雖發現瑟柱二二枚，但大小不同，不像同一個瑟上的柱，且此墓曾經擾亂，瑟柱也可能有所散失，所以現在不可根據柱數來推測弦數）。因之，我們只能作以下的推斷：瑟寬四八．五厘米，第一根弦和末一根弦，距瑟邊都是一厘米，弦眼間的距離，經過幾處測量，均為二厘米，因而弦數當為二十四根。但如果將瑟面的穹形弧度估計進去的話，當有二十五根弦。又從面板的背面，可以看出一些內部的形制，它四邊有立墻，首部薄（四．二厘米）而矮（三．五厘米），尾部較厚（七．八厘米）較高（四．七厘米），槽腹除尾部有坦緩的斜坡外，其他三面都比較陡峻。挖去的部份成為仰瓦式，與正面穹形的弧度是相適應的。面板中間薄，兩邊厚，而首尾也不一致，首部正中（二．八厘米）與尾部正中（三．八厘米）相差約一厘米。此瑟未發現底板，立墻的內邊，也未找到裝按底板的槽口。但據殘存另一大瑟的一角（瑟二）和長沙楚瑟來推測（此兩瑟均有底板），我們相信這個瑟也是有底板的，因底板可以嵌入立墻，不一定必須有槽口，或它可與面板同大，像一般古琴似的底面，粘合在一起。所以立墻槽口的有無，不足以據為底板有無之證。此外，還有繞弦木枘的發現。

這個瑟的木枘（圖版XV，一）形式很像一個倒過來的古琴雁足（插圖一）。它們上端有一個八角形的冠頂，靠近瑟邊的兩個刻旋漏紋，中間的兩個花瓣紋木柄全長八至九厘米不等，在冠部以下，有一段長約三厘米，斷面也作八角形，在下一段

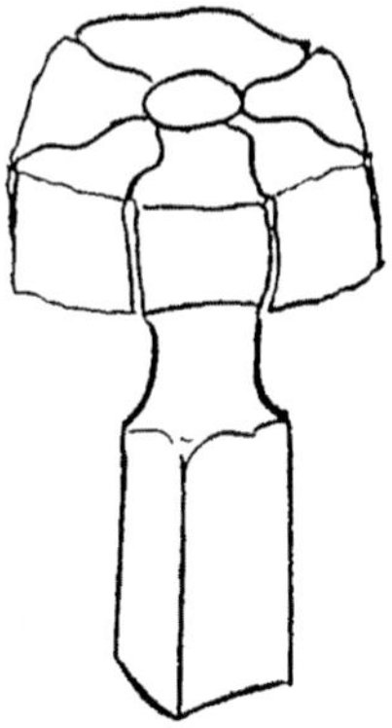

插圖一　古琴雁足（玉制，原物高為五厘米）

斷面則為四方形，至尾端，有顯著的收殺。從這個實物本身說明了尾端的收煞部份是插在四方孔之內的（有兩個木枘已斷折，下端還插在孔內。）中間削成八角形的一段是露在瑟外，準備往上繞絃的；上端寇頂，是為擋住弦扣，防止鬆脫的，木枘與方孔非常嚴密，四周毫無空隙。其次尚有瑟柱的發現。

瑟之有柱，早見文獻記載，信陽楚墓在清理後，一共找到瑟柱二十二枚，都用木質做成，不加髹飾，其中二十枚，尺寸約略相同，（有一枚的尺寸是：高三·二厘米，下寬三·七厘米，下厚一·三一厘米。）另兩枚不僅小而薄，（有一枚的尺寸是：高二·三厘米，下寬三·二二厘米，下厚〇·六二厘米）而且木色黝黑，顯然與大者不是一付。我們認為較小的兩枚，可能於漆繪小瑟（瑟三）所用的柱（圖版XV，二）。其次，還有過弦板的發現：

在古代文獻中，尚未見說到在瑟的尾部有使弦能分組勒過，以便纏緊的裝置。因而這個「過弦板」的名稱，也是該文作者暫且擬定的。這種木板與瑟一起發現，共兩塊。一塊寬一一·七厘米，縱七·七厘米。一塊寬一四·三厘米，縱五·五厘米，它們的尺寸雖不同，但形制基本上是一樣的，斷面都作鋸齒形（圖版XV，一），在鋸齒形的溝縫中，還可以看見被弦勒出來的痕跡。據推測，它應該在瑟的尾部，貼著立墻放的；瑟弦從頭部的岳山拉過瑟面，在尾部三段承弦以外的弦孔中穿過，至瑟的背面，再由尾端上繞，恰好經由過弦板的四條溝縫中勒過。分成四組繞在四根木枘上面。因而過弦板的裝置，與古琴尾部「山口」、「下齦」之間一段凹入部份，功用是相等的。（插圖二、三）目的在使弦穩定不滑，且便於纏系。

⑵瑟二（圖版XV，三、四）：此瑟只殘存尾部面板的一角，它的形式雕飾及尺寸都與瑟一（圖版

XIV一）約略相同，只是從它的背面看，立墻裡邊，有為安裝底板而設的槽口（插圖四），根據這一點，可以相信這個瑟有底板。

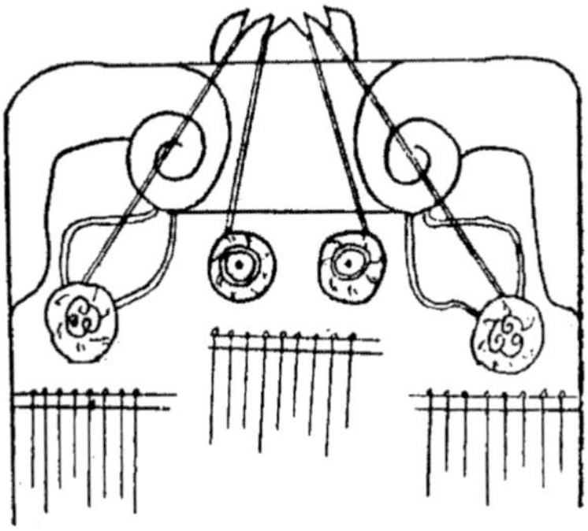
插圖二　想象過弦板安在瑟尾的情形

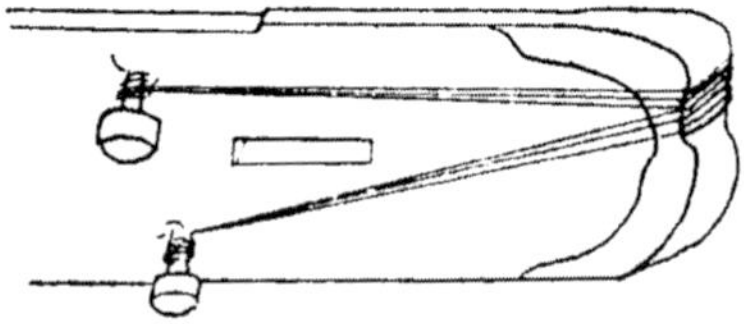
插圖三　古琴尾部背部（琴弦勒過「山口」、「下齦」繞在雁足上的情形）

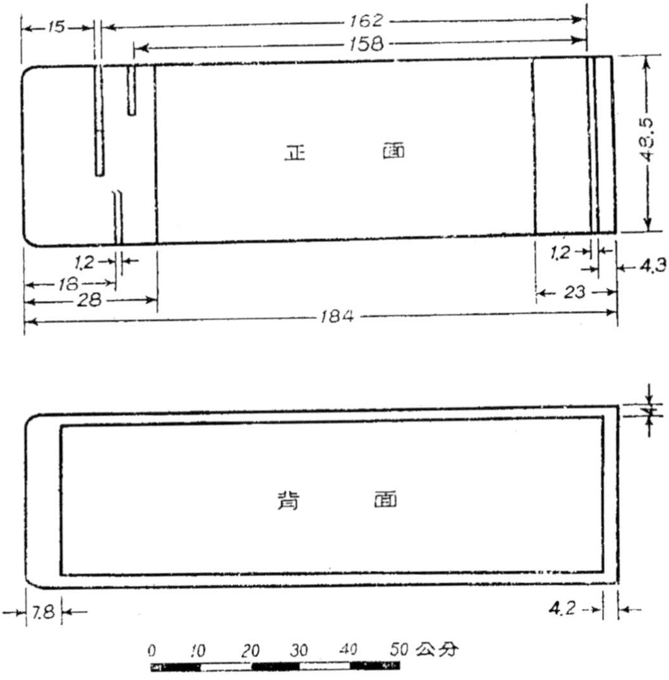

插圖四　大瑟正面背面草圖

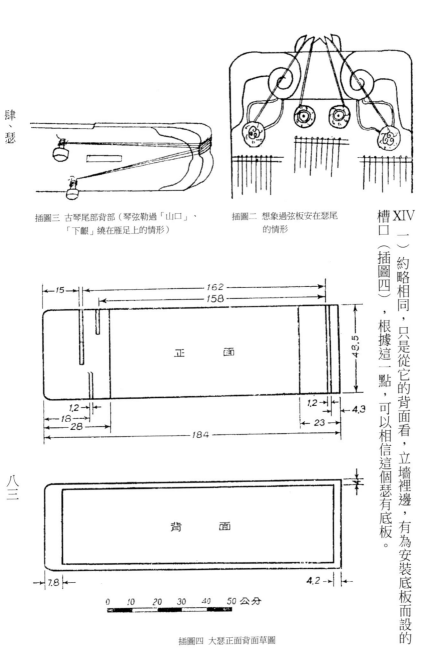

(3)瑟三（圖IX，三）：這個瑟在墓葬進行清理時，有若干碎片是從不同的墓室及外木槨頂上拾到的，由于各片殘不成形，它一直被認為可能是一個彩繪的漆箱或木座。後來由于岳山的發現，才經認出原來它也是一個瑟。經過拼湊，只殘存瑟面首端的一部份，左右兩側立墻都殘存不到一半，此外還有一些殘塊。（見文物一九五七年第九期）它的寬度約為四〇厘米，長一厘米，邊墻高七厘米，厚一·三厘米，面板厚二·三厘米。有一塊殘片，鑿著方孔，當是尾部插塞木枘的眼，立墻裡邊沒有槽口，但斜削的痕，可能是為了安裝底板而削鑿的。岳山殘存三段，有一盡端僅〇·二五厘米，弦間相距為一·六厘米。確實弦數，難於統計，可能是二十五弦或更多，從現存的各部來看，它的形制與其他各瑟的基本上是相同的。此瑟有精美絕倫的彩漆圖繪，頭部岳山以外繪鬪獸，岳山以內及頭部兩側是龍蛇神怪的花紋，詭譎奇秘，動人心魄。岳山也全部用彩漆畫出菱形的圖案。兩側在瑟面與立墻轉角的地方及立墻的下緣，都畫類似金銀錯的圖案。尾部殘片有許多是狩獵紋。瑟上漆畫也采用樂舞場面作為題材，它的位置在額部的立墻上。作樂人殘存兩排。上排自右而左：第一人跪地吹笙，笙斗很小，吹口很長，極像長沙古物見聞記中所繪的楚匏。笙管用紅、褐兩色畫成，下聚上散。它與現在還有人使用的葫蘆笙頗為接近。以下三人，因漆皮殘缺所事不詳。第五人手揮雙捶，作敲打之狀，在他的左側還能看見一個鼓的上緣（鼓腔）及左邊（蒙皮面）的輪廓。鼓上有羽葆璧翣，形如飛龍，飄揚這排作樂人的頭上。鼓的下部已殘缺，但從形狀來看，應該是一個中貫立柱的建鼓。第六為舞人，穿著紅色帶黃點的服裝，辟褱長袖，姿態翩翩，與漢東安里畫像的舞人非常相似。下排第一人在彈瑟，白色的瑟弦和一手按弦的姿態，都能看清楚。第二人似在拍手唱歌。第三人肩荷一物，可能是一具短瑟。（因為肩後的紐狀物，頗像瑟尾的木枘。見瑟一）第四人也像拿著一件弦樂器，但形象已不全。第五人跪在一個架子下面，可能在打鐘或擊磬。也因漆片殘缺而無法肯定。這一塊漆畫殘片，可說是這一時代傳下來的極為可貴的音樂圖面。

3拍馬山四號墓楚瑟：文物一九六四年第九期云：

該墓出土之瑟係我省（湖北）首次發現，形制與信陽楚墓所出相似，但較小。只有面板髹漆，瑟首已殘，岳山已朽，瑟尾承弦處有槽，槽內尚可看出有弦眼，承弦外有四個方孔，方孔內嵌入枘，另有瑟碼（按即瑟柱）四個。瑟全長六七．五公分，寬二七．五公分，厚五厘米。

三、結論

從上面這些材料，我們可以得到底下幾點結論：

1我們若拿信陽瑟一與長沙楚瑟來比較一下，就其形制來說，便有許多地方是相同的。諸如：兩端上漆，中間光素，首部岳山一根，尾部承弦三根，木楔四枚，用以繞弦等等。至於其差異是：信陽瑟一的長度超過長沙楚瑟幾乎一倍，但其寬度則不過約為一與一．二之比，相差並不太多。商承祚長沙古物見聞記中雖肯定長沙楚瑟不是明器，但對「其制特小」也感到可疑。其實這種小瑟在那時候也應當是極其流行的，因為信陽瑟三（漆繪小瑟）形制的大小不是很接近長沙楚瑟嗎？更何況拍馬山出土的楚瑟，其形制較之此二瑟又要小得多呢！那麼，現在大瑟的發現，則完全證實在戰國時，除有此種小瑟之外，還有大瑟的存在。像這種大小兩類型的瑟，正合乎明堂位的記載。但是瑟的大小是否只在於體積上的不同呢？還是另有區別的地方呢？則在較早的文獻中尚難找到明確的答案。上面說過，陳暘樂書認為大小瑟的區別主要在於絃數的多寡，但這不過是出於他個人的臆斷，是毫無根據的。朱子琴律說就不贊成他的說法，他以為：「琴瑟雖有大小，弦數無增減，大琴小琴皆止七弦，大瑟、小瑟皆止二十五弦。」朱子雖也無甚根據，但他所說的，似乎比較接近事實。因為就地下發掘出土的這些實物來證明，在長短上有顯著差別的楚瑟，在弦數多少上似乎是一樣的，甚至小瑟比大瑟的弦數還多。關於弦數的問題，長沙楚瑟和信陽瑟一推斷出來都恰好是二十五絃，我們雖不能據以斷定這時代的瑟都用二十五絃，但證以莊子之語與漢武製瑟，二十五絃之瑟在當時可能是較尋常的一種。至於大瑟和小瑟在用途上是否有什麼不同呢？這也是值得研究的問題。據上所引之陳暘樂書，以為大瑟是專用以與大琴同奏，小瑟是專用以與中琴配樂的。這種說法是從音樂實際運用來說明問題的，似乎比較可信。但是，信陽墓中的大瑟所刻著虎紋，其形制與鐘架、大鼓及虎形木座很像是一套。而漆繪小瑟的花紋特別工細，不僅與其他樂器不相侔稱，據說就是在全墓的漆器鐘也是極為突出的，它顯然是一件精緻的、單獨的樂器。這樣看來，大瑟既與其他樂器為一套，則其用於合奏似乎是沒什麼問題了。而小瑟既為突出精緻品，則其用於獨奏、為人所賞玩的可能也很大了。爾雅云：「大瑟謂之灑，徒鼓瑟謂之步。」是否正說明了這種現象呢？儀禮鄉飲、鄉射、燕禮皆謂為：「工四人，二瑟。」此二瑟用以為升歌合樂之用，是為合奏之瑟無疑。而信陽楚墓正有殘存之二大瑟，不禁使人想到此殘存之二大瑟，似乎可以說明儀禮之「二瑟」。凡此都只是推測，是否與事實相符，尚有待於更多材料來證明。

2由於信陽瑟一和拍馬山小瑟，其四個方孔都嵌有木枘，因此長沙古物見聞記所謂「弦由瑟之端際上繞，再納入四方孔，然後用木枘枘之，餘緒下垂，容於版孔」的推斷是和實際情況不相符合的。而這木枘應當是用來繞絃的。此外，在信陽楚墓發現瑟的附件如柱、過弦板等，這些實物都有助於我們對瑟弦安張方法的理解。其中值得注意的是這些代表著戰國瑟的柱與後代所謂雅樂瑟（指姜夔雅瑟與明代的瑟，見朱載堉樂律全書、律呂精義內篇所繪及清代廟堂所用的瑟）的柱（插圖五）大有不同。顯而易見是雅樂瑟柱比較大、外型略似貨布，戰國瑟柱比較小，外形像單拱橋。還有戰國瑟柱不是平直切成的。每一個都略帶斜度。橋洞式的空檔是偏在一邊的，所以兩條腿並不對稱。瑟柱的斜度可能是為了便於雁行式的排列。但它在瑟面如何擺放卻有幾種可能：各柱較大的一條腿可能都擺在靠近彈奏者的一邊，或都擺在相反的一邊，或以瑟而隆起最高處為中線，瑟柱較大的一條腿從這中線分兩邊朝外擺去，或相反地以較小的一條腿從這中線分兩邊擺去，各種擺法究那一種最合理？不對稱的戰國瑟柱比對稱的雅樂瑟柱在功能上有何短長？這些問題都有待就樂器作實際的研究試驗後，才能得出解答。

3上述出土楚瑟究竟用什麼質料做，發掘報告中都沒有記載。至於弦呢？樂記云：「清朝之瑟朱弦而疏越。」注：「練，朱弦也，練則聲濁。」大傳亦曰：「大琴練絃達越，大瑟朱絃達越。」按急就篇注云：「練者，煮縑而熟之

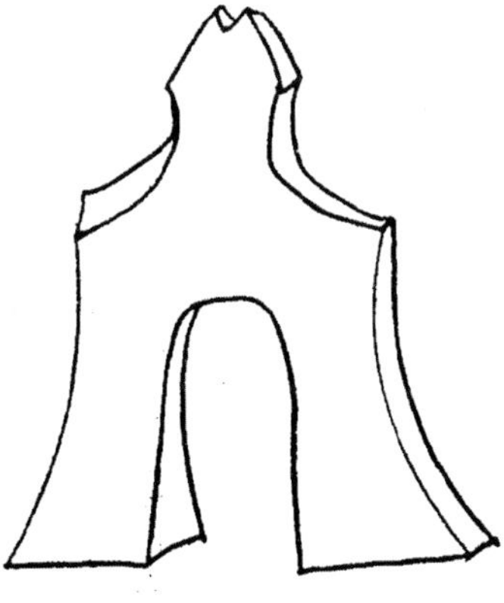

插圖五　雅樂用瑟的瑟柱（據近代仿制品摹辱，原物高八・五厘米）

也。」是練為煮熟之絲。則琴瑟之絃可能是用絲做成的。又信陽楚墓同時出土的遺物中有絲織品，文理相當勻密，另有帶闌干的大木床一具，在闌干轉角相交處，用銅質的扣榫勾搭在一起，這種扣榫是用絲纏繞在闌干角上的。此外，其他戰國楚墓中也不乏發現絲制品的實例。如長沙左家公木槨墓發現銅劍，柄上滿纏絲索，陳家大楚墓也發現過絲帶、絲繩（以上均見長沙古物見聞記），因此當時用絲來做瑟弦是沒有什麼問題的。

4若以出土瑟尺寸的大小和文獻上記載的尺寸大小來比較，那麼所謂「雅瑟長八尺一寸、廣一尺八寸」約以漢尺和今尺的比例〇・二三一：一來推算，則雅瑟的形制和信陽楚墓大瑟的大小形制是很接近的。（雅瑟長合今尺一八七厘米，寬合三二厘米。信陽大瑟長一八四厘米，寬三八厘米。）

由此上四點歸納看來，儀禮樂工所用的瑟應當是屬於出土實物的所謂大瑟，它和後世的雅瑟是較為接近的，那麼，如果我們要復原儀禮時代的瑟，若以信陽大瑟（圖版XV，一）為依據，相信也就差不多了（附彈瑟木俑圖，見圖版XVII，三）。

伍、笙

一、文獻考徵

說文云：

笙，十三簧，象鳳之身也。笙，正月之音，物生故謂之笙。大者謂之巢，小者謂之和，从竹，生聲。古者隨作笙。

爾雅云：

大笙謂之巢，小者謂之和。

郭注云：

列管匏中，施簧管端。大者十九簧。十三簧者，鄉射記曰：「三笙一和而成聲。」

鄉射記鄭注云：

三人吹笙，一人吹和，凡四人也。爾雅曰：「笙小者謂之和。」

周禮「笙師掌教歈竽笙」注云：

鄭司農云：竽三十六簧，笙十三簧。

疏云：

按通卦驗云：「竽長四尺二寸。」……廣雅云：「笙以匏為之，十三管，宮管在東方。竽象笙三十六管，宮管在中央。」

由上面所引的材料看來，儀禮之匏樂器有笙與和之別，「笙」殆即爾雅所謂「大笙謂之巢。」而「和」則為小笙矣。郭僕以為大小之別在簧數，大者十九簧，小者十三簧。然而未必如此。即其注大瑟、小瑟之別也用弦數的多寡來說明，不過從地下出土實物看來，瑟的大小卻是以體積來分的，根本和弦數無關（詳第四章瑟）。如此，笙的大小恐怕也以體積來分吧！鄭司農既謂笙十三簧，則十三簧起碼是漢代之制。或許也是很接近先秦的制度的。笙中之簧是施於管端的薄片，那麼十三簧正是十三管的意思。說文云：

簧，笙中簧也。从竹、黃聲。古者女媧作簧。

詩王風「君子揚揚左執簧。」傳云：「簧，笙也。」箋同。疏云：

簧者笙管之中金薄鍱也。笙必有簧，故以簧表笙。

禮記月令「仲夏調笙、竽、篪、簧。」疏曰：

簧者竽笙之名也。氣鼓之而為聲。

舊唐書音樂志云：

笙女媧氏造，列管於匏上，內簧其中，今之竽笙並以木代匏而漆之，無匏音矣。

新唐書南蠻傳云：

驃國王雍羌獻其國樂，有大匏笙二，皆十六管，左右各八，形如鳳翼，竹為簧，匏本上古八音，今以木漆代之。用金為簧，無匏音，唯驃國得古製。

文獻通考卷一三八云：

今之笙竽以木代匏而漆之，殊愈於匏，荊梁之南尚仍古制。（自注云：南蠻笙則是匏，其聲尤劣。）

可見起碼自李唐以後，笙竽皆以木代匏，其簧起初當事以竹為之。馬氏謂以木代匏聲愈於匏，但是，笙竽所以為匏樂器的緣故，是因為其斗以匏製之，若以木代匏，則直非匏音矣！蓋後世為取其堅固，故以木代之。至於南蠻笙，其聲之所以尤劣，當是因為以竹為簧的緣故；和其斗為木、為匏應當是沒有什麼關係的。笙、竽既同屬匏樂器，其所以異名，蓋由於制度有別。前人皆以為不但管數有多寡之差異，即其設宮、分羽、經徵、列商亦各不同。朱載堉律呂精義因儀禮有笙無竽，乃疑爾雅之巢即是竽。也就是以大笙為竽。其實這根本是錯誤的。因為「笙師」所掌，竽與笙明是兩種不同的樂器，若以大笙為竽，則經文言笙復言竽，豈不太嫌累贅嗎？胡彥昇樂律表微卷七云：

儀禮樂縣有笙無竽，國君於群臣不備，鄉射三笙一和為卿大夫之樂。若兩君相見，與天子燕饗諸侯，自當竽笙並用。笙師教吹竽笙，知宮縣皆有竽也。

宮縣有竽大概是對的。此外，由於經本無明文，未足斷定，因之本章但論笙而不及竽。

二、田野考古所發現的圖象

由於笙為匏樂器，其質易腐，所以迄今尚無地下出土之實物，以資參證儀禮時代之笙。即見諸出土圖象者，亦略具型態而已，其管數之多寡已難分辨。信陽戰國楚墓出土之錦瑟（見第四章瑟），其上所漆繪之樂舞場面，中有跪坎吹笙者，其笙斗極小，吹口卻很長，笙管用紅、褐兩色畫成，下聚上散，據說形狀與今之葫蘆笙頗為接近（見文物參考資料一九五八年第一期）。又沂南魏晉石墓之樂舞場面亦有吹笙者（圖片三八，取自沂南畫象集），其笙管頗長，分作五節編置匏上，笙斗亦小，唯吹管不甚長，然較今笙之吹口猶長。筆者所見時代較早之圖象僅此而已，若欲以之考證儀禮之笙制，則誠難從事。雖然，倘欲勉強為之，則唯參以今葫蘆笙之編製方法，而以匏為斗，斗小之，管長而下聚上散，漆以紅褐之色，以竹片為簧。至於設管之數，則姑以十三（實則管之多寡當如編鐘、編磬之枚數與琴絃之數，並無一定。）而何管代表何種音律，殆亦只能以今笙斟酌之耳。古樂書云：

> 據旋宮之法，七音當用二十三管，五音當用十六管，有十三簧者，五音旋宮九變之調也。樂雖有十二均而用之至九變而極，故旋宮者祇備十三簧，從便耳。

其說確否，且留待知音鑑定。茲再錄其述製笙之法，以供參考：

> 其制刻木代匏（原注：此恐匏不如木可經久，然古以笙為匏音，若用木則飛匏音矣！殆于不可。）牛角為蓋，鑽孔插管，管以黃楊為腳，腳內旁開半竅施簧，簧用響銅薄片以方鋼鑤削便合律呂，厚薄之辨而清濁分焉（義按：此或應以竹片為之，然春秋戰國以銅鍱為簧者，實亦大有可能。）過薄則以黃蠟瀝青點之，依時和調，夏秋則蠟少青多，冬春則蠟多青少，點輕則聲清，點重則聲濁，其大凡也。詩稱「吹笙鼓簧，既曰吹，又曰鼓者，凡竹音之屬，吹者按其孔則無聲，發其孔則有聲，笙獨不然，發其孔則無聲。惟按其孔則呼吸之氣從山口出，鼓動其簧而聲始發耳。山口高下各有定度，管圍以竹匏，髹以漆，堅木為趺，插管處勿使氣漏，時置煖處以防浥蛀，以上位

次如環無端，與俗笙佑傍留闕不連，二孔向內以指入其中而按之者不同，此雅笙也。其音皆須吹律詳議，故曰：「匏竹尚議。」竽最難吹，故不能者為之濫竽。

舊制匏高一寸八分、厚一分，蓋厚二分中虛，高一寸五分圍以所列管為度，匏旁開竅以桐木為一嘴，其管用紫竹為之，諸管參差亦如鳳翼，自簧底量至本律之長開氣孔，如黃鐘九寸是也。簧衡闊如竅，竅皆闊九釐，從以本律十分之一為準，氣孔隨指便開之，欲吹此律則按此孔，韜以帛囊。……

案以上應撝謙古樂書制笙之法，蓋本頖宮禮樂疏之說。我們僅能從這裡面看出後世對於笙這種樂器是如何的製造而已。至於古笙的製造，我們誠難考訂了。

陸、管

一、釋名

見於儀禮之竹樂器有「簜」、「管」之名。大射「簜在建鼓之間。」鄭注云：

簜，竹也。謂笙、簫之屬。

大射「乃管新宮三終。」鄭注云：

管謂吹簜以播新宮之樂。

又燕禮記「下管新宮、笙入三成。」鄭注云：

管之，入三成謂三終也。

可見鄭氏以為「管」就是「簜」，同是竹製管樂器的總稱。陳暘樂書也認為「簜」是笙、蕭之屬：

書於海岱惟揚州言「篠簜既敷，繼之以瑤琨。」篠簜孔安國以竹箭為篠，大竹為簜。則簜之為竹特大於篠，其笙、簫之類歟！儀禮大射儀「簜在建鼓之間」此之謂也。

說文云：

簜，大竹也。从竹湯聲。夏書曰瑤琨筱簜，簜可為幹，筱可為矢。

「簜」的本義既是大於 的竹子，那麼它用作竹樂器的總稱代詞是很自然的。鄭氏以為「管」即是「簜」，則未免和燕禮記文有所牴牾。因為「下管」和「笙入」顯然是兩回事。「管」非「笙」文義甚明。鄭氏謂「管之，入三成謂三終也。」蓋誤以為「管」可兼笙、簫而言。觀堂集林釋樂次云：

> 凡有管者皆無笙，亦無間歌合樂，而皆有舞。惟燕禮記則有管有笙有合樂有舞。記舉禮之變，故備言之，實則有管則當無笙，而以舞代合樂，有笙則當無管，而以合樂代舞。以他經例之當然，記言之未晳耳。禮經中，記之作遠在經後，據大射儀經文，則下管乃升歌之工，自降而吹管，管與歌同工，既管又笙，於事為贅，故鄭於燕禮記「笙入三成」下云「管之入三終」，以管與笙為一。此在燕禮記或可如此解，然以此解大射禮，則全與經文牴牾。鄭於大射儀乃管新宮三終下曰：「笙從工而入，既管不獻，略下樂也。」是亦以管為笙，且謂歌管異工，然經於獻工後云：「大師、少師上工皆降立于鼓北，群工陪于後，乃管新宮三終。卒管，大師及少師上工皆東站之東南，西南北上坐。」繫管於大師六人皆降之後，又繫大師等東於卒管之後，是經謂管者即大師少師上工群工，至為明顯，否則未管之前，何以不書管入，卒管之後，何以不書獻管，且管者既別有人，則大師等六人升歌受獻之後，既已無事，何以須降立於鼓北，又何以須卒管而後東，可知注之無一當矣！故祭統與仲尼燕居，皆云：「升歌清廟，下而管象」，於下字下沾而字，明下管之工即升歌之工，升歌下管非異人也。鄉飲、鄉射、燕禮有間歌、合樂，故歌笙異工，大射無間歌、合樂，既歌之後，堂上無事，故歌管同工，鄭即以鄉飲酒、燕禮之笙入擬之，殊乖經旨。以大射儀推之，燕禮記所云升歌鹿鳴，下管新宮者，謂歌管同工，此用樂之一種，所云笙入三成，遂合鄉樂者，則笙歌異工，此用樂之又一種。二種任用其一，不能兼用，所云「若舞則勺」者，則與第一種為類，不與第二種為類，以文王世子、明堂位、祭統、仲尼燕居四事證之有餘

矣，記文備記禮變，往往如此。特語欠明辨，當以大射儀經文為正矣。

可見「管」和「笙」是絕對不同的，就是和「簫」也是有別的。禮記月令云：

仲夏之月，是月也，命樂師……均琴、瑟、管、簫。

樂記云：

故鐘、鼓、管、磬、羽、籥、干、戚，樂之器也。

又云：

竹聲濫……君子聽竽、笙、簫、管之聲，則思畜聚之臣。

又云：

文以琴瑟，動以干戚，飾以羽旄，從以簫管。

文王世子云：

下管象，舞大武。

明堂位云：

升歌清廟，下管象。

仲尼燕居云：

下管象武。……升歌清廟，示德也。下而管象，示事也。

禮運云：

列其琴、瑟、管、磬、鐘、鼓。

周禮大司樂云：

孤竹之管。……孫竹之管。……陰竹之管。

瞽矇云：

掌播鼗、柷、敔、塤、簫、管、弦歌。

笙師云：

掌教龡、竽、笙、塤、籥、簫、篪、篴、管、舂、牘，應雅以教祴樂。

鄭注云：

篪，七空。杜子春讀篴為蕩滌之滌。今時所吹五空篴。玄謂籥如篴，三空，祴樂，祴夏之樂。

小師云：

掌教鼓、鼗、柷、塤、簫、管、弦歌。

鄭注云：

簫編小竹管，如今賣飴餳所吹者。鄭司農云……管如篪六孔。玄謂管如篴而小，併兩而吹之。今大予樂官有焉。

詩有瞽云：

既備乃奏，簫管備舉。

鄭箋云：

簫編小竹管，如今賣餳者所吹也。管如篴，併而吹之。

從上面所引的經文與鄭氏之注小師、有瞽看來，簫、管亦顯然為不同之樂器。是知鄭氏注儀禮以管為簜，且釋為「笙簫之屬」是錯誤的。簜為竹樂器之總稱無疑，然管實為竹樂器之一種，其制與笙、簫當有別。徧觀儀禮用樂，從無吹簫者（鄉射、大射並有「右執簫」之語。然此「簫」鄭注謂「弓末」，從上下文觀之，亦顯然不是樂器。）故竊疑大射之「簜」應作「笙、管之屬」解較為恰當。因之本章不擬對「簫」有所討論。而簜既為竹樂器之總稱，則本身並不是一種樂器。因之這裡僅就「管」這種樂器來研究。

二、管制

說文云：

管，如篪六孔。十二月之音，物開地牙，故謂之管，从竹官聲。

爾雅釋樂云：

大管謂之簥，其中謂之　，小者謂之篎。

郭注云：

管長尺，圍寸，併漆之有底，賈氏以為如篪六孔。

說文義證云：

廣雅管象篪，長尺圍寸，六孔無底。風俗通聲音篇引禮樂記「管桼竹長一尺六孔。」孟康注和書引禮樂記同。

以上諸家之說略謂「管」如「篪」六孔，爾雅郭注又謂管長尺、圍寸併漆之有底。風俗通與孟康漢書注所引禮樂記之文不見於今本禮記，或是佚文。亦謂長尺圍寸。上節所引鄭注小師與有瞽則謂如笛併倆而吹之。若此，則管為長尺圍寸，六孔併倆而吹之之樂器，或謂有底，或謂無底。月令「均琴瑟管簫」，蔡邕章句謂「管者形長尺圍寸，無底，其器今亡。」蓋無底近是。說文云：

䶥，管樂也。从龠虒聲。篪，䶥或从竹。

校錄云：

繫傳（管樂也下）有「七孔」二字，一切經音義卷十八引下有「有七孔」三字。

玉篇篪注云：「管有七孔也。」則元應所引不誤。

按前引鄭司農周禮注謂「篪七孔。」爾雅謂「大篪謂之沂。」郭注「篪以竹為之，長尺四寸，圍三寸，一孔，上出十三分名翹，横吹之。小者尺二寸。」廣雅謂「篪以竹為之，長尺四寸，有八孔，前有一孔，後有四孔，頭有一孔。」賈公彥周禮疏引禮圖則謂「九孔」。大抵說來，七孔可能是較早的形制。其長則約尺四寸，說文云：

笛，七孔筩也。从竹由聲。

案笛亦即篴，前引周禮鄭注謂五孔，風俗通謂「長尺四寸七孔。」其制和篪一樣，頗無定說，雖然，五孔或為較早之形式。

從上面這些引說可見管、篪、篴這三種樂器，因為代有變制，所以眾說紛紜，莫衷一是。從前鄭、後鄭的注說，我們約略知道管和篪、篴的形制頗為類似，只是篪、篴的形制自身已不明，我們也很難根據它們來訂出管的形制，歷來諸家所著錄的禮圖或樂書，大抵都根據鄭注「併兩而吹之」的說法，認為它是併兩管而為制的。其差異或在設孔的多寡與有底、無底之別，而這差異都是因為它們根據不同的緣故。茲綜合上面時代較早的材料，姑且為管之形制如下：長尺、圍寸、六孔、併兩而無底。像右邊這個圖，我們根本無法取得印證，只好姑且為之，以備存疑罷了（圖據儀禮義疏，六孔合吹口而言）。

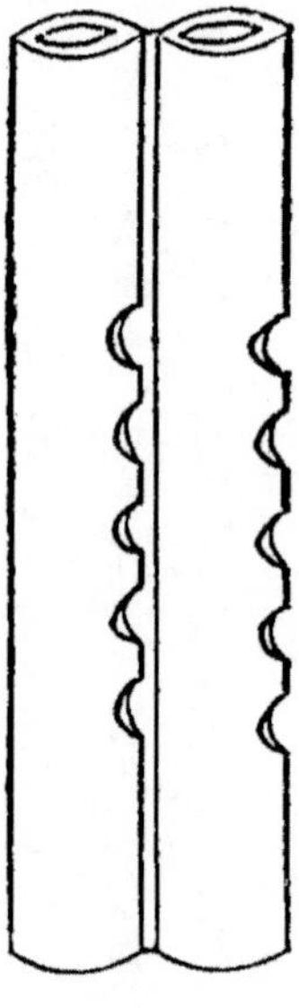

儀禮義疏之管圖

柒、樂縣考

一、鄭玄樂縣說

樂縣之制始見於周禮春官小胥：「正樂縣之位，王宮縣，諸侯軒縣，卿大夫判縣，士殖縣，辨其聲。」鄭注云：

樂縣謂鐘磬之屬縣於筍虡者。鄭司農云：「宮縣四面縣，軒縣去其一面，判縣又去其一面，特縣又去其一面。四面象宮室四面有牆，故謂之宮縣。軒縣三面其形曲，故春秋傳曰：『請曲縣繁纓以朝。』諸侯禮也。故曰『惟器與名不可以假人』。」玄謂軒縣，去南面辟王也。判縣左右之合，又空北面，特縣縣於東方或於階間而已。

賈疏云：

樂縣謂鐘磬之屬縣於簨簴者，凡縣者通有鼓鎛，亦縣之。鄭直云鐘磬者，據下成文而言。先鄭云軒縣、判縣、特縣皆直云去一面，不辯所去之面，故後鄭增成之也。所引春秋傳者，按成二年左氏傳云：「衛孫良夫將侵齊，與齊師遇，敗仲叔于奚，就孫植子，植子是以免。既衛人賞之以邑，辭，請曲縣、繁纓以朝，許之。仲尼聞之曰：『惜也，不如多與之邑，惟器與名不可以假人。』」注云：「諸侯軒縣，闕南方形如車輿，是曲也。引之者證軒為曲義也。玄謂軒縣去南面，辟王也。若然則諸侯軒縣三面，皆闕南面。……（大射樂人所宿之縣），是其去南面之事也，以諸侯大射，於臣備三面，惟有鼓，則大夫全去北面為判縣可知。云特縣縣於東方或於階間而已者，按鄉飲酒記云：「磬階間縮霤。」注云：「縮，從也。霤以東西為從。」是以階間也。按鄉射云：「縣於洗東北西南。」注云：「此縣謂縣磬也。縣於東方避射位也。」是其東方也。

如此，樂縣之制度，經鄭注、賈疏的解說之後，方才有個具體的觀念。爾後凡言樂縣制度的，大抵據此說法，或旁徵博引再加以臆測擴充（如陳暘樂書），或稍加補訂以為圖說（如江藩樂縣考）。而歷代宮庭用樂，雖則奢靡有加，也大致以此為藍本。從先秦典籍看來，樂縣在春秋、戰國之際顯然是有其制度的。禮記曲禮下云：

君無故玉不去身，大夫無故不徹縣，士無故不徹琴瑟。

又云：

祭事不縣。

擅弓上云：

孟獻子禫，縣而不樂。

郊特牲云：

諸侯之宮縣而祭以白牡，擊玉磬，朱干設鍚，冕而舞大武，乘大路，諸侯之僭禮也。

喪大記云：

疾病，外內皆埽。君大夫徹縣，士去琴瑟。

仲尼燕居云：

兩君相見，揖讓而入門，入門而縣興。

左氏成十二年傳云：

晉郤至如楚聘，且涖盟。楚子享之，子反相，為地室而縣焉。郤至將登，金奏作於下，驚而走出。

周禮大司樂：

凡樂事，大祭祀，宿縣遂以聲展之。

又云：

大禮、大凶、大烖、大臣死，凡國之大憂令弛縣。

像上面這些材料和周禮、儀禮的記述（見賈疏）一樣，都是語焉不詳，我們根本無法就其紀載得到明確的觀念。鄭注、賈疏雖言之頗詳，以政治階級制度來推測天子、諸侯、卿大夫、士用樂的標準，似乎是條理順適，但苦於缺乏有力的證據。民國以來，田野考古成就頗大，惜亦無可證成其說。因之，樂縣制度迄今還是個懸案。然而筆者所以還試為「樂縣考」的緣故，乃是因為將就前輩時賢所獲得的一些考古成就，資以參證典籍之說，對於鄭注、賈疏試圖為較合理的補訂。

二、肆堵考

樂縣的最小單位，就經文看起來應當是士的特縣，特縣據鄭注就是樂縣一面。那麼一面樂縣裏，其組成的樂器究竟包括那些呢？其中最重要的編鐘、編磬，究竟由幾枚編成，其編縣的方法又是如何呢？凡此都是歷來不能確解的問題。

且先說到鐘、磬的編縣。周禮小胥云：

凡縣鐘磬，半為堵，全為肆。

鄭注云：

鐘磬者，編縣之，二八十六枚而在一虡，謂之堵。鐘一堵、磬一堵謂之肆。辨之者，謂諸侯之卿大夫也。諸侯之卿大夫，半天子之卿大夫，西縣鐘、東縣磬。士亦半天子之士，縣磬而已。

我們暫且不考慮鄭氏之說的可靠性如何。就經文看來所謂「肆」、所謂「堵」顯然是組成樂縣的重要因素。因之，我們先就「肆」、「堵」來加以探討。邵鐘銘云：

大鐘八隶，其竈四䃎。

郘公牼鐘銘云：

鑄辝龢鐘二鍺。

洹子孟姜壺銘云：

鼓鐘一銉。

案：隶、銉即是肆。䃎、鍺亦即是堵。詩云：「奄有四方。」秦公𣪘作「竈有四方。」是竈即奄也。從這些銘文我們可以看出「堵」、「肆」在當時必是很通行的名稱。「堵」，鄭氏謂「鐘磬者，編縣之，二八十六枚而在一虡。」可見他是認為編鐘、編磬的數目是十六枚，而且共縣在一個架子上的。這個說法對後代的影響很大，學者為了強求符合其十六枚之說，於是各以己意揣測，因之眾議紛紜。

但也有別出己意以為說者。江藩樂縣考卷上鐘磬二八十六枚一虡說云：

公彥以八音八風釋康成二八之義，是已。……至引服虔十九鐘之說，第云非鄭義而已。……自有服氏之說，而編磬、編鐘之制，紊亂不倫。有設十二鐘於辰位，四面設編鐘、編磬者，北齊也。以鐘磬七正七倍而縣十四者，後周也。以濁倍三七而縣二十一者，梁武也。以鐘磬參縣之，正聲十二，倍聲十二，而縣二十四者，魏公孫崇之說也。主十六枚之說，又加以宮商各一枚者，隋牛宏之說也。言人人殊，茫無定說，皆不知鄭君十六枚之義耳。十六者，十二辰以外，加四清聲為十六也。惟北宋用古制，以十二枚為正鐘，四枚為清鐘。雖復古制，然無人發明其說……。

可見編鐘、編磬一組究竟幾枚，自漢以降便是聚訟莫解的問題。江氏雖主張十二枚為正鐘，四枚為清鐘，認為是得鄭氏十六枚之義。但是他忽略了一個事實，那就是四清聲也是北宋後起附會之說，豈能說是合乎古制？漢書禮樂志謂「成帝時於犍為水濱得石磬十六。」這可能是鄭玄注經的依據，陳暘樂書則直以為「未必非成帝之前工師附益四清聲而為之，非古制也。」而謂「典同凡為樂器以十有二律為之數度，以十有二聲為之齊量，則編鐘、編磬不過十二爾，謂之十六可乎？」陳氏雖疑漢書的記載，但缺乏有力的反證，其以十二律為數度之說，亦不過別為附會而已。漢書的記載容或有可能，但我們不能以此就肯定十六枚是編鐘、編磬的確切數目。因為犍為水濱的石磬是否為完整的一組，或是數組而分為十六枚，則不可得而知。同時若將近年來田野考古所發掘的編鐘、編磬看來，其數目確是多寡不一的：如兮仲鐘據說七枚，者減鐘據說十一枚，新鄭出土的據說一組為十枚，另一組為九枚，驫氏編鐘劇說為十四枚（以上均因地下出土情形不清楚，故其數目未可確據。）輝縣琉璃閣第二次發掘出土的六十號墓有編鐘一組四枚，一組八枚，又一組九枚；編磬一組十三枚。七十五號墓也出土有編鐘一組四枚，一組八枚，一組九枚；編磬一組十枚。（以上輝縣諸器均藏於中研院考古館）最近大陸發掘出土的有長安普渡村穆王編鐘三枚（圖版Ｖ，二見考古學報一九五六年第三期），壽縣蔡侯墓有三組：編鎛八枚（實應作紐編鐘，其說見第一章鐘），甬編鐘八枚，紐編鐘九枚（圖版Ｉ，一、二、三，見五省出土文物圖錄），長治分水嶺十四號墓出土編鐘一組八枚（圖版Ｉ，四），編磬一組七枚，另一組九枚（圖版IX，一見五省出土文物圖錄）山西萬榮縣廟前村戰國墓出土紐編鐘一組久枚，編磬十枚（見文物參考資料一九五八年一二期）。從這許多材料看來，最多的一組為十四枚，最少的為數僅三枚。而沒有一組是滿十六枚的。容氏商周彝器通考和唐氏古樂器小記均根據尸編鐘（或作弓編鐘）的銘文來推測其中一組共有十六枚。但這種方法是很不科學的。因為就出土的實物看來，並不是每一個鐘上銘文的字數就是一樣的。譬如壽縣蔡侯墓出土的鐘，有些是鏤刻全文的，有的只是錄後半部，有的甚至只刻鐘名或不著記號。因此我們知道，銘文長的話，雖分鑄在幾個鐘上，並不是一定個個都同樣多字，若簡短的話，僅銘於較大的鐘就可以了。所以鄭玄所說的十六枚為一組，我們至多只能說或者是漢朝的標準數目（漢畫象石未見有編鐘，但武梁祠畫象石有編磬懸於架上，共九枚，亦不合十六枚之樹。圖版ＸＶII，一），而春秋戰國未必如是。當然，出土的編鐘、編磬也有可能是在葬到墓裏去之前早已缺失的，也有出土以後散佚的，或是因年深歲久而破壞的，我們很難從以上這些材料得出個結論來。但是如「第一章鐘」所述及的信陽編鐘十三枚，因為它的數目恰好和同時出土的竹簡所記述的「首鐘十有三」相脗合，可見它至少在埋葬以後是不曾短少過的。又有人因為第十二個鐘和第十三個鐘的高度差和音分值差較大，而懷疑這套編鐘在埋下墳墓以前就已少了一個鐘，它最初可能有十四個。這種推斷是頗合乎情理的。那麼信陽編鐘最多也不過是十四枚罷了。（文物參考資料一九五八年第一期，信陽戰國楚墓出土樂器初步調查記謂第一枚鐘有「佳型篙屈亦示晉人就戎於楚竟」共十二字銘文，顯然是一次戰爭的記載，辭意已完，此外十二枚鐘亦無銘文，故在這一套編鐘裏，當不會有比它更大的鐘了。再看最小的一枚，與傳世和出土的編鐘比較——義按：此鐘高八．三三厘米，傳世和出土的編鐘最小的為何，則不得而知。——可能也不會有更小的鐘了。）民國二十四年中央研究院歷史語言研究所在汲縣發掘出土的一套紐編鐘（今陳列於中研院考古館）十四枚，據實際參加發掘工作的石璋如先生說，汲縣戰國墓雖先前曾被盜掘，但及時發覺，損失極微，又從各方面觀察，這十四枚編鐘是很完整的，並未受損。是汲縣編鐘也是十四枚，究竟也不滿十六枚之數。其實編鐘、編磬的數目應該是可多可少的。它就好像現代的鋼琴、風琴的鍵子和古樂器的笙管、瑟弦一樣，多一組音、或少一組音，或者相差幾個音是沒甚關係的。只是它所能奏出的樂曲有繁簡的差異罷了。上面所說的兩組較為完整的編鐘都恰好十四枚，但是我們還是不能據此附會出編鐘的數量就是十四枚，因為它們或許只是偶然的巧合，更何況這兩套編鐘尚未能十分肯定是完整的呢！

從上面論證我們知道鄭玄「鐘磬者，編縣之，二八十六枚而在一虡。」的可靠性是很成問題的。至於其所謂「鐘一堵、磬一堵謂之肆。」若衡之於地下出土器物的銘文，也是要大見疑問的。唐氏古樂器小記始據邵黛鐘銘文「大鐘八聿，其竈四䪜。」修正呂大徵「邵黛鐘跋」之說，而謂之鐘八聿，即四堵之編鐘，如此則二肆為一堵，肆乃為堵之半，故頗疑小胥為誤倒，其本文當為『全為堵，半為肆。』鄭氏作注時，經本已誤，故鄭以鐘磬各一堵為一肆附會之。不知小胥之文，泛指鐘或磬之全與半，非合鐘磬則謂之全，析之則謂之半也。據左傳（義案：左襄十一年傳云：「歌鐘二肆。」）即古器（義案：如上所引之郘公牼鐘及洹子孟姜壺之銘文。）知徒鐘亦可稱肆〔義案：郘公牼鐘銘云：「鑄辝鐘二鍺」，是亦可稱鍺（堵）〕知鄭說為誤也。唐氏此說極塙，但他又根據弓鎛（或作尸鎛）的銘文來推測弓編鐘之數（其不當已見前述），認為「此一組編鐘當有兩簴，簴各二列，列各八鐘，正與十六枚為堵之說合也」。是唐氏以肆為列，列各八鐘，各二肆（即上下二列）十六鐘成一堵（即一架）。他這種把編鐘一簴分上下二列的縣掛方法，顯然是受諸禮圖和諸樂書（如三禮圖、古樂書等）的影響，也可見唐君囿於舊說，又要勉強求合其新說，因之難免發生錯誤。按說文云：

鎛，大鐘淳于之屬，所以應鐘磬也。堵以二，金樂則鼓鎛應之。

許君「堵以二」這句話很重要，它正說明了一堵編鐘是要附帶兩個鎛以為節奏的（編磬當另有特磬應之，下文當予論述。）一堵即為二肆，則一肆附有一鎛明矣！由大射樂工所宿之縣看來，鎛之位置在編鐘之南，東縣之笙鐘與西縣之頌鐘，各帶一鎛，則笙鐘、頌鐘便只是一肆罷了。若據唐氏之說，一簴上下二列各縣八鐘為一堵，則必附帶二鎛，如此一架編鐘而有二鎛以為節奏，則其中之一豈不成為多餘嗎？所以唐君之說是根本不通的。然而編鐘、編磬的懸掛方法，究竟如何呢？其所謂「肆」、所謂「堵」究應作如何疏解較為合理呢？那們我們在第一章鐘和第二張磬所說的信陽編鐘十三枚，依其大小次第一列併縣於簴上，以及沂南畫象上之編磬亦四枚並縣於簴上的縣掛方法（信陽二號楚墓據說也有磬虡之發現，其形制如鐘簴，則磬之縣法亦當如鐘之並縣一列，詳見第二張磬。）豈不正說明了後世一簴分上下二列縣掛鐘、磬的方法已非古制嗎？如此說來，所謂「肆」，就是杜預注左傳「歌鐘二肆」的所謂「列」了。「歌鐘二肆」，就是「歌鐘二列」，也就是兩套編鐘分縣於二虡，每虡並縣為一列。而二肆即為一堵，是一堵即為編鐘（或編磬）二簴，「歌鐘二肆」，其實也就是「歌鐘一堵」了。

三、小胥新解

對於「肆」、「堵」的觀念我們得到較為合理的解釋之後，周禮小胥「凡縣鐘磬全為堵半為肆」（已據唐氏之考證訂正）這句話便有重新說明的必要。竊以為「縣」當指「樂縣」，而非作縣掛的「縣」解，樂縣上之鐘磬若取其全的話，則為堵，亦即用編鐘、編磬各二肆（其附帶之鼓鎛亦如之，下文將敍及。）若取其半的話，則為肆，亦即用編鐘、編磬各一肆。故經文應作如是標點：

凡縣：鐘磬全為堵，半為肆。

若此，則樂縣在實際運用上應當有「全縣」和「半縣」的不同。或全或半，除了鄭氏所謂「諸侯之卿大夫，半天子之卿大夫；士亦半天子之士。」因政治地位不同而有全、半之差異外，應當還視禮儀的輕重隆殺而斟酌其或用全、或用半的標準。（如大射，因主於射而用半縣，燕禮因重於樂而用全縣。下文當予論述。）據此，我們姑且撇開因禮儀的輕重隆殺而變通的半縣不論，那麼各階級用樂的差異便是：天子宮縣四面四堵，如四牆然。邵驎鐘所謂「大鐘八隶，其竈四鞈」便是宮縣的佈置。再據此推之，則諸侯軒縣三面三堵，天子之卿大夫判縣二面二堵，諸侯之卿大夫半天子之卿大夫，為二面二肆。天子之士，犆縣一面一堵，諸侯之士，又半天子之士，故為一面一肆。但是像這樣整齊有秩的制度，在典籍裏面，我們無法找到能完全和它印證的材料。因為小胥簡短的經文，已算是先秦典籍中，言樂縣制度最為詳細的了。那麼，上面我們根據鄭注所訂正出來的樂縣制度，其可靠性自然不十分堅固。雖然，在典籍無徵與地下出土實物未能給我們解決以前，我們只好作以上較為合理的擬訂而已。

四、樂縣中之樂器

其次且談到樂縣中究竟包括那些樂器。討論到這個問題，我們不打算像前人那樣的旁徵搜引，強為附益，以致使樂縣制度繁複得難分難解。我們僅就較具體而可靠的材料來加以擬測而已。左襄十一年傳云：

鄭人賂晉侯，以……歌鐘二肆，及其鎛磬。女樂二八，晉侯以樂之半賜魏絳。……魏絳於是乎有金石之樂。

大射云：

樂人宿縣于阼階東。笙磬西面，其南鐘，其南鑮；皆南陳。建鼓在阼階西，南鼓。應鼓在其東，南鼓。西階之西，頌磬東面，其南鐘，皆南陳。一建鼓在其南，東鼓，朔鼙在其北。一建鼓在西階之東，南面。簜在建鼓之間，鼗倚于頌磬西紘。

在第一章鐘裏面，我們曾說過大射「其南鐘」，本應作「其南頌鐘」，左傳所說的「歌鐘」，和壽縣蔡侯墓所出土的兩套紐編鐘，其銘均云「自乍哥（歌）鐘」。）正可印證，而所謂「歌鐘」其實和「頌鐘」一樣都是用來協和樂工歌詩的。那麼鄭人用以賄賂晉人的「歌鐘二肆」，就是西縣之樂了（東縣之鐘磬名笙，西縣之鐘磬名頌）。又傳文謂「及其鎛磬。」鎛，也應當等於大射頌鐘之南的鎛，磬既然與鎛並言，則其非編縣而為特縣之磬可知。那麼，大射於笙磬、頌磬之南，雖未言及有特縣之磬，但以傳文證之，則編磬之南，亦當有特縣之磬，如同編鐘之南有特縣之鎛，似乎較為勻稱。說文謂「鎛……堵以二。」「歌鐘二肆」正是一堵，則其所附帶之鎛、磬亦應當各以二。左傳但言「歌鐘」而不言「歌磬」，但以下文「魏絳於是乎始有金石之樂」與大射東西二縣都有編磬看來，則「歌鐘」或兼「歌磬」而言。因為特縣之鎛所以節奏編鐘，特縣之磬所以節奏編磬，傳文既然言及與鎛並用之特磬，則其亦必有所以節奏之「歌磬」可知。否則，單有特磬而無編磬，則此特磬將無施用之地矣。如此說來，鄭人賄賂晉人的，正是西面全縣，也就是包括歌鐘、歌磬各二肆及其鎛、磬（特磬）各二枚。而晉侯分給魏絳的正是半縣，也就是歌鐘、歌磬各一肆及其鎛、磬各一枚，這也正合乎所謂「諸侯之卿大夫半天子之卿大夫」用半縣的說法。大射樂工所宿之縣，當因主於射略於樂，故只用半縣，因之東、西二縣只有編鐘、編磬各一肆而已（以其笙鐘、頌鐘之南僅合一鎛，故知為一肆，蓋堵以二鎛也。）笙磬、頌磬之南的特磬是否也因略於樂而省去，或是本有特磬而經文疏漏，則未可知。至於建鼓、朔鼙、應鼙（在西縣之鼙鼓曰朔，在東縣曰應，詳第三章鼓。）簜（笙、管之屬詳第六章。）鼗等其他樂器（這些樂器大概不算貴重，所以鄭人沒拿來賄賂晉人。）是否也有所簡省，則經典無明文，亦不可得而知。雖然，建鼓、應、朔鼙、□等都是用來作為節樂，或作為導引的革樂器，大概是沒有省略的。那麼我們且據以上的論述，試為大射樂縣佈置圖如下：

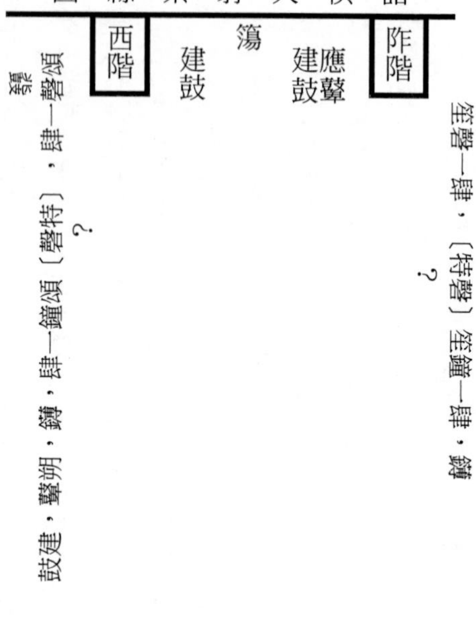

諸侯大射樂縣圖

對於佈置在阼階西的建鼓、應鼙，鄭注謂「鼓不在東縣南，為君也。」因為證以西縣樂器的佈置，鎛之南為朔鼙、為建鼓，與鐘、磬共成一列，而東縣之朔鼙、建鼓則移來阼階西，以君在阼階上，近君設之，所以鄭氏謂「為君也。」對於西階東之建鼓，賈疏以為「國君合有三面，為避射位，又與羣臣射，闕北面，無鐘、磬、鎛，惟設一建鼓，蓋以備形制而已。」因為「射在堂上，縣在堂下，物畫於兩楹之間，鵠設於侯道之南，苟不去北面一肆，則矢及鐘磬矣。」（江藩樂縣考）據此，諸侯之北縣，也應與東、西二縣的佈置相同的，只是東、西二縣的鐘，磬名為笙、名為頌，鼙鼓亦在東名應、在西名朔，各有專名，而北縣之鐘、磬、鼙則不可考其專名而已。不過，像這樣每面以編鐘、編磬各一肆組成的樂縣，根據我們以上的論述，也只是全縣之半而已。若全縣，則非但編鐘、編磬應各以二肆，即其所附帶之鎛、特磬、鼙、建鼓、鼗等樂器也應各增一倍了（前引賈疏：凡縣者通有鼓鎛亦縣之。）假如者種推論成立，那麼天子四面的宮縣，就是較諸侯的軒縣增一南縣罷了。（南縣鐘、磬、鼙亦如北縣，不可考其專名。）茲試為天子全宮縣圖如下：（編鐘、編磬以肆為單位。）按照上面這個「天子全宮縣圖」推之，則諸

天子全宮縣圖（若用半縣則每面各去一肆）

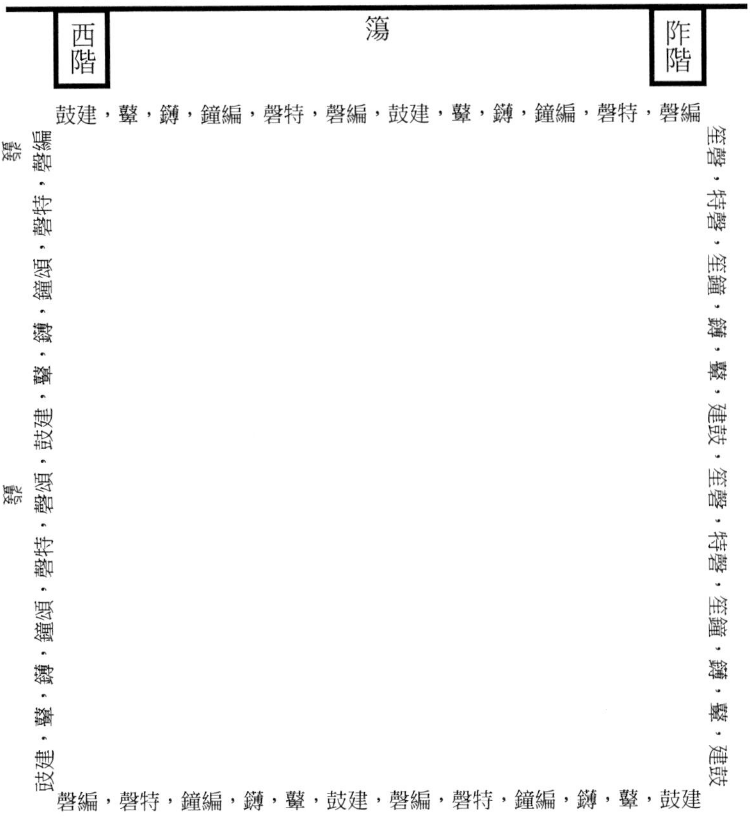

侯軒縣三面三堵（闕南面），天子之卿大夫判縣二面二堵（闕南、北二面），諸侯之卿大夫判縣二面二肆（亦闕南、北二面），天子之士犆縣一面一堵（階間縮霤）。諸侯之士半天子之士一面一肆（亦階間縮霤）等各階級的樂縣圖也不難畫出來，玆為省略篇幅，此不一一繪之。

五、鄉飲、鄉射、燕禮樂縣之擬測

1 鄉飲酒禮

鄉飲酒禮第四，鄭目錄云：「諸侯之鄉大夫三年大比，獻賢者、能者於其君，以禮賓之，與之飲酒，於五禮屬嘉禮。」是此為鄉大夫賓賢者之禮，其用樂當為諸侯卿大夫之制為判縣二面二肆。但是鄭康成卻以為當從士禮，其「磬，階間縮霤北面鼓之」注云：

> 大夫而用特縣，方賓鄉人之賢者，故從士禮也。

又「乃合樂，周南：關雎、葛覃、卷耳；召南：鵲巢、采蘩、采蘋。」注云：

> 合樂謂歌樂與眾聲俱作。周南、召南、國風篇也。……鄉樂者風也。小雅為諸侯之樂，大雅、頌為天子之樂，鄉飲酒升歌小雅，禮盛者可以進取也。

像這樣前謂因賓賢者降而從士禮，後又說升歌小雅，禮盛者可以進取，小雅既為諸侯之禮，則士禮用小雅豈不一越越了二級？所謂「禮盛者進取」固然與「降而從士禮」相矛盾，就是它本身也是說不通的。其實鄭玄所以自相矛盾的原因，主要的是為了遷就他那一套樂縣制度的緣故。依照他的樂縣制度說，諸侯之卿大夫是西縣鐘、東縣磬的。但是鄉飲酒禮的經文但言「笙入，堂下磬南，北面立。」記文但言「磬，階間縮霤，北面鼓之。」卻未言及鐘，故只好牽就其「（諸侯之士）亦半天子之士，縣磬而已。」而謂鄉飲酒用的是士禮。不過，我們假如仔細就經文來推敲，是不難見出鄉飲酒禮非但有鐘，而且其所用的樂縣應當還是像上面所說的「諸侯之卿大夫半天子之卿大夫，為判縣二面二肆。」也就是說，它不但有笙鐘、笙磬各一肆，而且還有頌鐘、頌磬各一肆的。經云：「笙入，堂下磬南，北面立。樂南陔、白華、華黍。」鄭注云：

笙，吹笙者也。以笙吹此詩以為樂也。南陔、白華、華黍、小雅篇也。今亡，其義未聞。

正義引郝氏敬云：

堂下之樂，笙為主。磬，亦在堂下樂，即笙磬。

敖氏繼公云：

磬南，阼階西南也。北面立，蓋亦東上，如工立於磬南，近其所應之樂也。詩曰：「笙磬同音」而禮有笙磬、笙鐘，則吹笙之時，亦奏鐘、磬之篇以應之矣！不言者，主於笙也。

敖氏之說應當是很合理的。依照我們第一張鐘的論述，笙磬、笙鐘是用來協和笙的，那麼吹笙之時用笙磬、笙鐘來伴奏，自是很可能了。經文所以但言磬而不言鐘的緣故，可能因為樂縣平常就擺設在堂下的（曲禮下：「大夫無故不徹縣」。……見第一節所引）。經文所記載的，蓋以行禮動作為主。假如不關涉到行禮者所站立的部位，則經文就省略而不及之，這就好像行禮於明堂之中，其房、戶、夾、牖……等除行禮者所經過、所站立的部位外，經文還是不一一言明的。所以鄉飲酒禮雖但言磬（為了表明吹笙者的位置在堂下磬南。）但是鐘應當還是在縣中的。記文「磬，階間縮霤。」是以磬來見出樂縣擺設的位置，因為鐘、鼓之屬是就磬而依次陳列的。又經云：「賓出奏陔。」注云：

> 陔，陔夏也。陔之言戒也。終日燕飲，酒罷以陔為節，明無失禮也。周禮鐘師以鐘鼓奏九夏，是奏陔夏則有鐘鼓矣。鐘鼓者，天子諸侯備用之，大夫士鼓而已。蓋建於阼階之西，南鼓。

王國維釋樂次亦從鄭說謂大夫士但鼓而無鐘。然而若稍微體會，鄭玄還是自相矛盾了。他的樂縣說大夫明明有鐘，何以奏起送賓之樂的陔夏，卻但用鼓而無鐘呢？這原因還是因為經文不明言鐘，所以鄭氏不得已牽強曲通之。靜安先生不察，亦草率從之，都不免疏忽。鄉射禮「賓興，樂正命奏陔，賓降及階，陔作，賓出，眾賓皆出。」注云：

> 陔，陔夏，其詩亡，周禮，賓醉而出，奏陔夏。

燕禮「賓醉，北面坐，取其薦脯以降，奏陔。」（大射同）注云：

> 陔，陔夏，樂章也。賓出奏陔夏，以為行節也。凡夏，以鐘鼓奏之。

是陔夏為樂章之名，那麼，豈有播樂章而單以鼓來演奏的？鼓在音樂上的效能只是用以節樂而已（禮記投壺有魯鼓、薛鼓音節譜。）它是不能把陔夏的樂章傳播出來的，至多也只能鼓其節奏罷了。九夏之詩既然皆以鐘鼓奏之，那麼鄉飲酒為大夫賓賢者之禮，當從大夫之禮而有編鐘了。有編鐘（亦當有鼓）於是乎能有金奏。經文言磬不言鐘，蓋於行禮部位無關，此亦如雖不言鼓，而縣中自有鼓也。竊又以為鐘、磬非但如敖繼公所謂之「笙鐘」、「笙磬」亦當另有「頌鐘」、「頌磬」。經云：

> 設席于堂廉東上，工四人二瑟……工歌鹿鳴、四牡、皇皇者華，卒歌，主人獻工。

根據第一章所論述，「頌磬」、「頌鐘」為用以伴奏樂工之升歌，則鄉飲酒禮，樂工升歌除了用瑟伴奏外，應當還用頌鐘、頌磬以應之。大射鑮、建鼓、朔鼙、應鼙、鼗皆用以導引、節樂，則大夫之縣亦當用之。那麼，鄉飲酒禮所佈置的樂縣，就是將大射的東、西二縣移置於階間縮霤罷了。茲試為鄉飲樂縣圖如次：（笙磬、頌磬、笙鐘、頌鐘、頌鐘單位為一肆。）

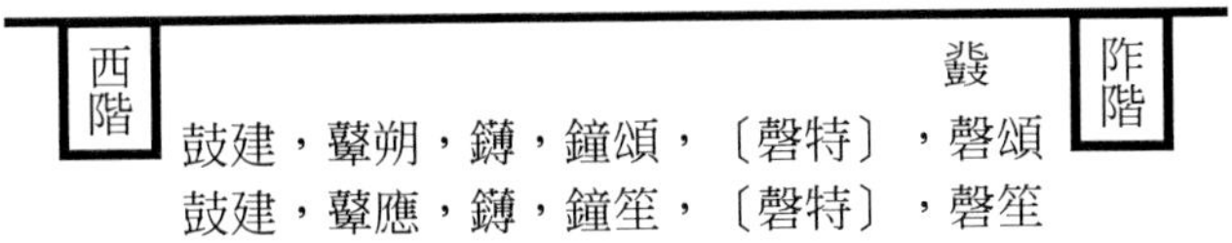

頌磬、頌鐘靠近堂上以和工歌，笙磬、笙鐘靠近吹笙者（堂下磬南）以和笙。如此在鄉飲酒禮整個音樂演奏的次第來看，似乎比較能說得過去（詳下章儀禮的音樂演奏）。

2 鄉射禮

鄉射禮第五鄭目錄云：「州長春秋以禮會民而射於州序之禮。謂之鄉者，州，鄉之屬，鄉大夫或在焉，不改其禮。射禮於五禮屬嘉禮。」是鄉射禮以士為主，當用士禮。經云「縣於洗東北，西面。」鄭注云：

此縣謂磬也。縣於東方，辟射位也。但縣磬者，半天子之士，無鐘。

可見鄭氏還是根據其樂縣制度說立論，認為諸侯之士半天子之士但縣磬而已。故直以「磬」釋「縣」。經云：

席工于西階上，少東。樂正先升，北面立于其西。工四人，二瑟。瑟先，相者皆左何瑟，面鼓、執越，內弦，右手相，入，升自西階，北面東上，工坐，相者坐授瑟，乃降。笙入，立于縣中。乃合樂，周南：關雎、葛覃、卷耳。召南：鵲巢、采蘩、采蘋。工不興，告于樂正。曰：「正歌備。」樂正告于賓，乃降。

鄭注云：

不歌、不笙、不間，志在射，略於樂也。不略合樂者，周南、召南之風，鄉樂也。不可略其正也。昔大王、王季、文王始居岐山之陽，射行以成王業，至三分天下，乃宣周南召南之化，本其德之初，刑于寡妻，至于兄弟，以御于家邦，故謂之鄉樂。用之房中，以及朝廷饗燕、鄉射飲酒，此六篇其風化之原也。是以合金石絲竹而歌之。

上文鄭氏言鄉射為士禮但縣磬而已，此又謂合樂六篇乃合金石絲竹而歌之，則又有鐘矣。是鄭氏亦不免自相矛盾。其實有鐘是對的。因為合樂就是「歌樂與眾聲俱作」（見鄉飲鄭注）也就是堂上的樂工鼓瑟而歌，堂下吹笙的吹笙，擊磬的吉磬，敲鐘的敲鐘，成為一個大合奏的音樂場面。若以下文「賓與，樂正命奏陔」看來，縣中應當是有鐘的（詳上文鄉飲酒禮）。那麼鄉射禮的樂縣組織，若從我們上文擬定的標準：「諸侯之士半天子之士為犆縣一面一肆。」來推算，就包括有編磬一肆，編鐘一肆（其鐘、磬當無專名因為大合樂的場面金、石、絲、竹同音，彼此無所專協。）其附帶之鎛、建鼓、鼙、鼗當亦如大射備之。（鄉射以樂節射謂「不鼓不釋……大師曰、奏騶虞，間若一。」知其必有鼓、鎛。）茲試為鄉射樂縣佈置圖如下：

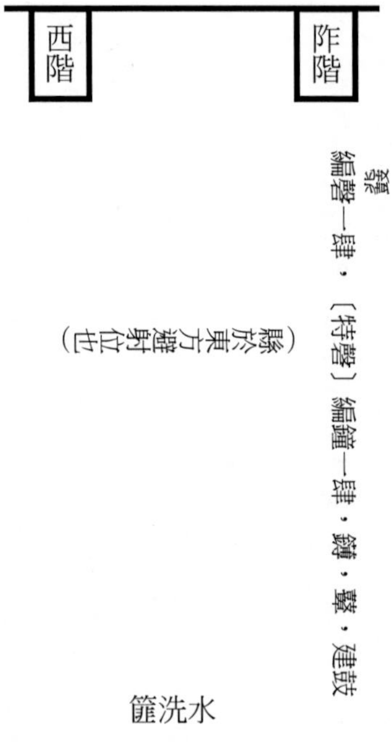

3燕禮

燕禮鄭目錄云：「諸侯無事，若卿大

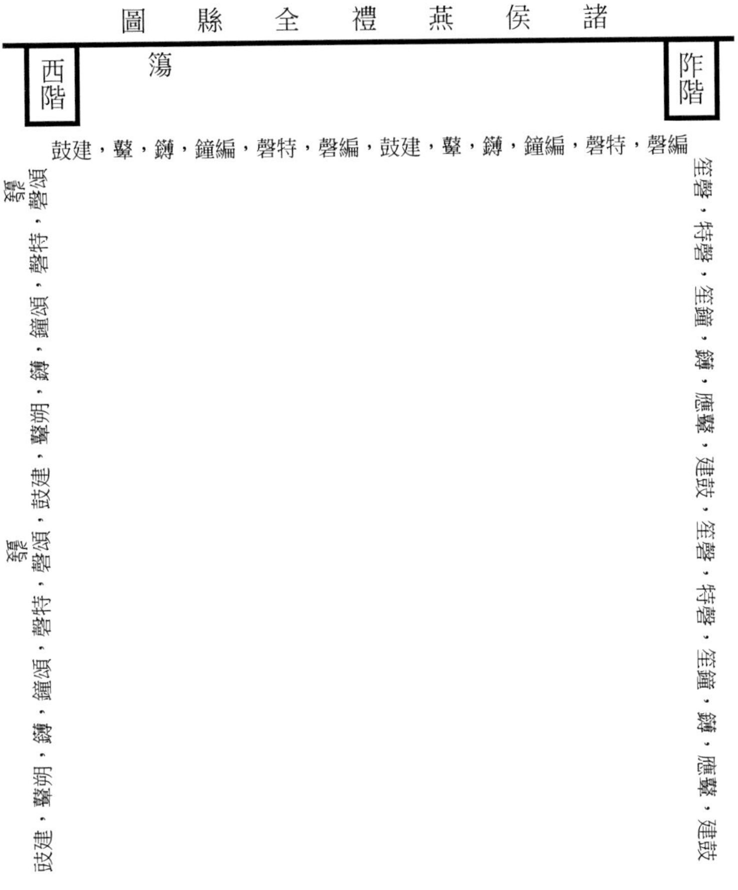
諸侯燕禮全縣圖
阼階
西階
簜
編磬，特磬，編鐘，鎛，鼙，建鼓，編磬，特磬，編鐘，鎛，鼙，建鼓
笙磬，特磬，笙鐘，鎛，應鼙，建鼓，笙磬，特磬，笙鐘，鎛，應鼙，建鼓
建鼓，朔鼙，鎛，頌鐘，特磬，頌磬，建鼓，朔鼙，鎛，頌鐘，特磬，頌磬
鼗
鼗

夫有勤勞之功，與羣臣燕飲以樂之。燕禮於五禮屬嘉禮。」經云：「樂人縣。」注云：

縣，鐘磬也。國君無故不徹縣，言縣者，為燕新之。

是燕禮為諸侯燕卿大夫有勤勞之功者之禮，其佈置之樂縣當為軒縣，但是此樂縣究竟為全縣還是半縣呢？那恐怕還是要看其儀節的隆重與否了。燕禮記云：

若以樂納賓，則賓及庭奏肆夏。賓拜酒，主人答拜而樂闋。公拜受爵而奏肆夏，公卒爵主人受爵以下而樂闋。升歌鹿鳴，下管新宮，笙入三成，遂合鄉樂。若舞，則勺。

根據第六章管所述的靜安先生釋樂次的論證，燕禮用樂有兩種情形。也就是說燕禮用樂有輕重的分別。記文所記的當事較隆重的一面，它較經文所記的是多了「迎賓金奏肆夏」、「下管新宮」與「勺舞」三個儀節而少間歌、笙奏二節。且從三禮看來，魯禘、天子大射、天子祭祀、天子視學養老諸禮用樂，有管者，例皆有舞，（詳王國維釋樂次及第六章管）則用管且舞者禮儀自較為隆重。而燕禮所佈置的樂縣當亦因禮儀之輕重有差而有所不同。竊以為燕禮用樂若據記文之儀節行之，其樂縣或當用全縣，以其意在燕樂享有大功者，而典禮繁重無所簡省也。若據經文行禮，則或用半縣，以其不過尋常君臣燕享，一如大射主於射而略於樂，故省半用之，且去其管、舞也。茲試為燕禮全縣圖如次（若半縣則每個各去一肆，見上頁）

六、餘言

以上僅是根據三禮、左傳、說文等文獻上的材料和一些地下出土的實物所擬測出來的樂縣制度，其可靠性可能很有限。因為樂縣制度是否如鄭康成所解說的那麼整齊化，其實際運用起來，又是如何的變通節略，這些問題都是文獻材料所不足以解決，地下實物所不能給我們證明的。何況春秋、戰國之際禮樂崩壞，孫良夫以大夫而敢於請曲縣繁纓以朝，且許之。諸侯亦毫無忌諱的宿宮縣而祭以白牡。可見樂縣制度在當時已破壞無餘，我們所擬測出來的至多也只是當時儒者的理想或較為古老的制度而已。它是很難用以說明儀禮時代的一般情況的。儘管大射禮給我們一個較具體的樂縣佈置形制，但顯然那也不是很完整的。我們根據它所推測出來的其他階級的樂縣，只要觀點稍有不同，其結果便會產生很大的歧異。不過，由於郘黛鐘等的銘文，和信陽楚墓鐘虡的發現，所了解的編鐘縣掛方法，對於我們考訂的肆堵新觀念是有很大的啓示的，這種「肆堵新說」既然是以實物為依據，那麼自然前人單從文獻揣摩所得的說法來得可靠。而這一篇樂縣考唯一的創獲、稍敢於自信的，恐怕也只有這一點罷了。

捌、儀禮音樂演奏之概況

儀禮十七篇談到以樂行禮的共有鄉飲、鄉射、燕禮、大射四篇。王靜安觀堂集林釋樂次一文對三禮用樂之次第考訂極詳，唯對於樂縣中各種樂器實際演奏之情況並未論及。本章茲根據上面所擬定的樂縣制度和考訂各種樂器所得的結論，嘗試對於儀禮鄉飲等四篇音樂演奏的情況加以探討，當然，這只是揣摩，只是略為說明各種樂器先後演奏的次第，及其協和的對象而已。

儀禮正歌用樂約分為四節。所謂正歌是對無算樂而言的。初謂之升歌、次謂之笙奏，三謂之間歌，四謂之合樂。凡樂例皆以金奏始，以金奏終，金奏所以迎賓、送賓。但是，其間或因爵位之等級，禮儀之隆殺而每有損益變通。底下且就鄉飲等四篇略加論述。

一、鄉飲酒禮

據鄭目錄鄉飲酒為諸侯之鄉大夫賓賢者之禮，由三禮觀之，大夫士但有送賓之樂。而無迎賓之樂。故鄉飲用樂由升歌始。經云：

設席于堂廉東上，工四人二瑟，瑟先，相者二人皆左何瑟，後首挎越，內弦，右手相。樂正先升，立于西階東，工入，升自西階北面坐，相者東面坐，遂授瑟，乃降。工歌鹿鳴、四牡、皇皇者華，卒歌，主人獻工。

案以上為一人舉觶畢，樂工升歌三終，卒歌，而主人獻工，是為鄉飲酒禮作樂樂賓之第一節。鄭氏謂「四人，大夫制也。二瑟，二人鼓瑟，則二人歌也」。（此鄭言工四人為大夫之制，於堂下磬南注則謂從士禮，亦見鄭氏自相矛盾，前章論鄉飲之樂縣疏漏此證，茲補說於此。）四人中當有一人為樂正其所歌之詩為小雅。禮記祭統云：

聲莫重於升歌。

是儀禮用樂，除鄉射而外，皆有升歌。伴奏樂工歌頌的樂器，主要的當然是瑟，其次尚有頌磬、頌鐘、鼙、建鼓、鼗、鎛、特磬等，或和之，或節之，或引之。其演奏之程序當是：先播鼗以將之，次擊朔鼙，應鼙隨即應之以為建鼓之導引，建鼓一鼓，於是鼓瑟，工歌，以頌鐘，頌磬和之，鎛以節頌鐘，特磬以節頌磬。建鼓蓋以節工歌。工歌畢，眾樂亦隨之俱寂。獻工後，笙即入而奏。經云：

笙入，堂下磬南，北面立，樂南陔、白華、華黍。主人獻之于西階上，一人拜，盡階。不升堂，受爵。主人拜送爵，階前坐祭立飲，不拜既爵，升授主人爵。眾笙則不拜受爵，坐祭立飲，辯有脯醢，不祭。

案以上為笙奏三終及獻笙為鄉飲酒禮以樂樂賓之第二節。既云「眾笙」，則吹笙者非一人可知。鄭氏謂「一人，笙之長者也。笙三人，和一人，凡四人。」蓋本鄉射記「三笙一和而成聲。」然鄉射為士禮，此則為大夫之禮，是否亦為四人，則未可知。笙奏之時，眾樂器演奏之程序當為：先播鼗以將之，次擊朔鼙、應鼙隨即應之以為建鼓之導引。建鼓一鼓，於是笙奏，笙磬、笙鐘以和之，鎛以節笙鐘，特磬以節笙磬。建鼓蓋以節笙奏。笙奏三終，眾樂亦隨之而息，以行酬獻之儀。主人獻笙後，乃間歌。經云：

乃間：歌魚麗，笙由庚；歌南有嘉魚，笙崇邱，歌南山有台，笙由儀。

鄭注云：

間，代也。謂一歌則一吹，六者皆小雅篇也。……由庚、崇丘、由儀，今亡，其義未聞。

張爾歧句讀云：

謂一歌畢，一笙繼之也。堂上歌魚麗方終，堂下笙即吹由庚，餘篇皆然。

案以上為間歌三終，是鄉飲酒禮以樂樂賓之第三節。歌與笙交互迭奏。樂器演奏之程序蓋為：始播鼗將之，次擊朔鼙，應鼙隨即應之以為建鼓之導引。建鼓一鼓，於是工鼓瑟而歌魚麗，頌磬、頌鐘以和之，鎛以節頌鐘，特磬以節頌磬，建鼓以節工歌。工歌一終，笙繼之而奏，笙磬、笙鐘以和之，鎛以節笙鐘，特磬以節笙磬，建鼓以節笙奏。方歌一終，其伴奏、節奏之樂器亦止而不奏。笙奏由庚一終，其伴奏、節奏之樂器亦隨即而止。工又繼之而歌南有嘉魚。如此更番迭奏，以迄於三終，眾樂乃寂。於是乃合樂。經云：

乃合樂。周南：關睢、葛覃、卷耳。召南：鵲巢、采蘩、采蘋。工告于樂正曰：「正歌備。」樂正告于賓，乃降。

鄭注云：

合樂謂歌樂與眾聲俱作。

案以上為合樂，為鄉飲酒作樂樂賓之第四節，至此正歌已畢，故樂正告于賓而降。合樂即是大合奏的意思亦即堂上之歌與堂下之笙同奏周南、召南六章，而各以所屬之鐘、磬、鼓、鎛和之，節之。其始奏之時亦當以鼗將之，以鼙導之。合樂之後，賓主乃行酬酢諸禮，至徹俎眾賓降，「說屨，揖讓如初，升、坐，乃羞。」而後無算爵，無算樂。鄭注云：

算，數也。賓主燕飲，爵行無數，醉而止也。……燕樂亦無數，或間、或合，盡歡而止也。春秋襄二十九年吳公子札來聘，請觀于周樂，此國君之無算。

案正歌為禮樂之正，所以別於無算樂也。無算樂義在取賓主盡歡而止。其或間歌，或合樂之演奏方法當如正歌，惟無算而已。至此鄉飲之禮已畢，乃送賓。經云：

賓出，奏陔，主人送于門外，再拜。

注云：

陔，陔夏也，陔之言戒也。終日燕飲，酒罷以陔為節，明無失禮也。

是送賓之樂為陔夏，蓋以編鐘奏之，鼓、鎛節之。綜觀鄉飲酒音樂演奏的全部過程是：升歌、笙奏、間歌、合樂、無算樂、奏陔六節。因為卿大夫士無迎賓之樂，故不能以樂始而以樂終。

二、鄉射禮

據鄭目錄鄉射以諸侯之士為主，故從士禮。張爾岐句讀云：

案此射禮先與賓飲酒，如鄉飲酒之儀，及立司正，將旅酬，乃暫止不旅而射，射已更旅酬坐燕，並如鄉飲，凡賓至之前，賓退之後，其儀節並不殊也。

是鄉射禮於較射之前先行鄉飲酒禮，其儀節與鄉飲酒禮大致相同。唯以樂樂賓，音樂之繁簡頗有不同。經云：

席工于西階上，少東。樂工先升，北面立于其西。工四人，二瑟，瑟先，相者皆左何瑟，面鼓、執越、內弦，右手相，入，升自西階，北面，東上，工座，相者坐授瑟，乃降。笙入，立于縣中，西面，乃合樂，周南：關雎、葛覃、卷耳。召南：鵲巢、采蘩、采蘋。工不興，告于樂正。曰正歌備，樂正告于賓，乃降。

鄭注云：

不歌、不笙、不間，志在射，略於樂也。

案：鄉射禮蓋主於射，故略於樂。以其為士禮，故只用特縣一面一肆。合樂之時，工歌、笙奏周南、召南六章，其編鐘、編磬當同音以和之，鼓、鎛之屬以節之。合樂之先亦當以鼗將之，以鼙引之，樂止而眾聲俱寂。鄉射之正歌唯合樂一節而已。經云：

樂正適西方，命弟子贊工遷樂于下。弟子相工如初入，降自西階，阼階下之東南，堂前三笴，面北上坐。樂正北面立于其南。

案此為司命張侯倚旌之後，樂正遷樂以辟射也。經云：

司射降，搢朴，東面命樂正曰：「請于樂樂于賓，賓許。司射遂適階間，堂下北面命曰：「不鼓不釋。」上射揖，司射退反位。樂正東面命大師。曰：「奏騶虞，間若一。」大師不興，許諾，樂正退反位。乃奏騶虞以射，三耦卒射。降。釋貨者執餘獲，升告左右卒射，如初……

案司射請以樂節射以前，皆不以樂節射。此後自三耦、賓、主人、大夫以至眾賓皆以樂節射。鄭注云：

不與鼓節相應，不釋算也。鄉射之鼓五節，歌五終，所以將八矢，一節之間當拾發，四節四拾，其一節先以聽也。……間若一者，重節。

是以樂節射重在與鼓節相應。「其一節先以聽」，蓋於鼓之前（當以建鼓），先以鼙鼓引之，使射者準備就序，俟建鼓一鼓，則射與鼓節相應矣。鄭又云：

皆應鼓與歌之節。

蓋樂射所以樂賓，又奏騶虞之篇，則工歌也必矣。工歌，則必以瑟伴奏，其鐘磬之屬亦以和之，鼓鎛之屬以節之。經云：

主人以賓揖讓，說屨，乃升，大夫及眾賓皆說屨，升、坐、乃羞、無算爵。……無算樂。

案此為射事畢，旅酬之後，重新坐燕，因而無算爵、無算樂，射後飲酒禮至此結束。鄭注無算樂云：「合鄉樂，無次數。」燕禮云：「逐歌鄉樂，周南：關雎、葛覃、卷耳。召南：鵲巢、采蘩、采蘋。」是鄉樂指周南、召南六章。張爾岐云：「鄉樂者，大夫士所用之樂也。」鄭注云：「鄉飲酒升歌小雅，禮盛者可以進取，燕合鄉樂者，禮輕者可以逮下也。」是鄉射無算樂亦如正歌以合樂，唯無次數耳。射後宴飲畢，即送賓而奏陔。經云：

賓興，樂正命奏陔。賓降及階，陔作，賓出，眾賓皆出。主人送于門外，再拜。

案奏陔亦當以鐘播之，鼓鎛節之。鄭氏謂「天子諸侯以鐘鼓，大夫士鼓而已。」其誤已見樂縣考一章辯說。綜觀鄉射用樂，正歌唯合樂一節，樂射則「歌騶虞，若采蘋，皆五終，射無算」（見鄉射記。鄭注云：「謂眾賓繼射者，眾賓無數也。每一耦射，歌五終也。」）其次無算樂，無算樂亦合鄉樂，賓出則奏陔。較之鄉飲酒禮，已有繁簡之別。

三、燕禮

據鄭目錄，燕禮為諸侯無事，宴飲卿大夫有勤勞之功者之禮，是為諸侯之禮，其所用樂縣亦當從諸侯之制。唯以記文與經文相較，則顯有繁簡之別。蓋經文所言為一般諸侯燕享之禮，較為簡略，故其所用樂縣，或省用半縣者，記文所言者，禮儀較為繁重，故所用樂縣或應為全縣。其論說依據已見樂縣考，此不更贅。茲先據經文以推測其音樂演奏之概況。經云：

席工于西階上。少東，樂正先升。北面立于其西。小臣納工，工四人，二瑟。小臣左何瑟，面鼓、執越、內弦，右手指，入，升自西階，北面東上坐，小臣坐授瑟，乃降。工歌鹿鳴，四牡，皇皇者華。

案燕禮輕者無迎賓之樂，故升歌為燕禮用樂之第一節。升歌當以西縣之樂應之，各種樂器演奏之程序如鄉飲酒禮。升歌畢獻工，公三舉旅以成獻大夫之禮。而後奏笙。經云：

笙入。立于縣中，奏南陔、白華、華黍。

案笙奏當以東縣之樂協和，其樂器演奏之程序亦如鄉飲酒禮。奏笙畢，獻笙，而後間歌。經云：

乃間：歌，魚麗；笙，由庚。歌，南有嘉魚；笙，崇邱。歌，南山有台；笙，由儀。

案間歌之音樂程序亦如鄉飲酒禮，以東、西縣之樂更迭而奏。間歌畢，隨即合樂。經云：

遂歌鄉樂，周南：關雎、葛覃、卷耳；召南：鵲巢、采蘩、采蘋。大師告于樂正曰：「正歌備。」樂正由楹內、東楹之東，告于公，乃降復位。

案合樂既然是「歌與眾聲俱作」，則北縣之樂，此時亦當參加演奏，北縣之用蓋唯合樂而已，故大射無合樂，且避射位而省北縣聊以一鼓備形制也。大合樂既畢，則燕禮之正歌備，乃因燕兒射以樂賓，射事畢，又行旅酬之禮，及燕末乃無算爵，無算樂。鄭注「無算樂」云：

升歌、間、合無數也。取歡而已。其樂章亦然。

是無算樂之樂器演奏程序亦如正歌之升歌、間、合。其送賓之樂亦奏陔。經云：

賓醉，北面坐取其薦脯以降，奏陔。賓所執脯，以賜鐘人於門內霤，遂出。卿大夫皆出，公不送。

綜觀燕禮用樂之程序為：升歌、笙奏、間歌、合樂、無算樂、奏陔六節，與鄉飲酒禮相同。其差異僅在合樂之時，諸侯多用北縣之樂來伴奏罷了。

其次據燕禮記以推測較為隆重之燕禮用樂程序。記文云：

若以樂納賓，則賓及庭奏肆夏，賓拜酒，主人答拜而樂闋。公拜受爵而奏肆夏，公卒爵、主人升爵以下而樂闋，升歌鹿鳴，下管新宮，笙入三成，遂合鄉樂，若舞，則勺。

據靜安先生釋樂次篇之考訂（見第六章管所引），「下管新宮」與「笙入三成」乃是說燕禮用樂或「下管新宮」、或「笙入三成」，二者任擇其一，非如鄭注所謂「新宮小雅逸篇也。管之，入三成謂三終也。」將笙與管混而為一。據此，燕禮記所言之第一種用樂程序當為：納賓奏肆夏、升歌鹿鳴（省去四牡、皇皇者華二篇），下管新宮、合鄉樂、勺舞、送賓奏陔等六節。此較經文所言多納賓肆夏、下管新宮、勺舞三節，而少間歌、笙奏（若下管則無笙）二節，以其有管有舞，故為較隆重之儀節。其升歌當以西縣全縣之樂伴奏，下管亦當以東縣全縣之樂伴奏，合樂則北縣全縣亦加入演奏。鄭注「勺舞」云：

勺，頌篇，告成大武之樂歌也。其詩曰：「於鑠王師，遵養時晦。」又曰：「實維爾公允師。」既合鄉樂，萬舞而奏之，所以美王侯，勸有功也。

是合樂之際而勺舞，舞乃和樂之節。關於勺舞，觀堂集林有「說勺舞象舞」一文，亦但考辨其名稱而已，對於其詳細內容也不得而知了。

四、大射禮

鄭目錄云：「名曰大射者，諸侯將有祭祀之事，與其羣臣射，以觀其禮。數中者得與於祭，不數中者不得與於祭，射義於五禮屬嘉禮。」是大射為諸侯之禮。經云：

擯者納賓，賓及庭，公降一等揖賓，賓辟，公升，即席，奏肆夏。

是諸侯納賓之樂為肆夏，亦以鐘鼓奏之。其於射前亦如鄉射以樂娛賓。經云：

乃席工于西階上，少東，小臣納工，工六人，四瑟，僕人正徒相大師，僕人師相少師，僕人士相上工。相者皆左何瑟，後首、內弦、挎越，右手相。後者徒相入，小樂正從之，升自西階，北面東上，坐授瑟，乃降，小樂正立于西階東。乃歌鹿鳴三終。主人洗升、實爵、獻工，工不興，左瑟，一人拜受爵，主人因階上拜送爵，薦脯醢，使人相祭，卒爵，不拜，主人受虛爵，眾工不拜受爵，坐祭。遂卒爵、辯有脯醢，不祭，主人受爵降奠于篚，復位，大師及少師、上工皆降，立于鼓北，羣工陪于後，乃管新宮三終。卒管，大師及少師上工，皆東，之東南，西面北上坐。

案以上為大射燕享樂賓之正歌，計升歌與下管二節而已。升歌以西縣半縣之樂和之，下管則以東縣半縣之樂合之。大射亦如鄉射於第二番射事畢，第三番射乃以樂節射。經云：

司射……北面請以樂于公。公許，……命樂正曰：「命用樂。」樂正曰「諾。」司射遂適堂下，北面眂上射，命曰：「不鼓不釋。」上射揖，司射退反位，樂正命大師曰：「奏貍首，間若一。」大師不興，許諾，樂正反位，奏貍首以射。……

案以樂節射亦當如鄉射禮重在射與鼓節相應，工歌貍首之詩而以瑟、頌鐘、頌磬和之，鼓鑮之屬節之。至射事畢，燕末盡歡亦以無算爵、無算樂。鄭注云：

升歌、間、合，無次數，唯意所樂。

案大射正歌無間歌、合樂，其無算樂亦當唯升歌或下管耳，疑鄭氏誤也。燕禮畢，送賓之樂亦為陔夏。公入則奏驁夏。經云：

賓醉，北面坐取其薦脯以降，奏陔。賓所執脯，以賜鐘人于門內霤。逐出，卿大夫皆出。公不送，公入驁。

鄭注云：

鷔夏亦樂章也。以鐘鼓奏之，其詩今亡，此公出而言入者，射宮在郊，以將還為入，燕不驚者，於驚寢，無出入也。

綜觀大射用樂計納賓奏肆夏，升歌鹿鳴三終，下管新宮三終，以樂節射，無算樂，送賓奏陔夏，公入奏鷔夏，計七節。

附參考書目

儀禮鄭注句讀　清張爾岐　藝文印書館影和衷堂本
儀禮正義　清胡培翬　中華書局校刊南菁書院本
儀禮義疏　欽纂七經本
十三經注疏　藝文印書館影印阮刻本
國語　商務印書局排印本
漢書禮樂志　藝文影印本
宋書樂志　藝文影印本
隋書音樂志　藝文影印本
舊堂書音樂志　藝文影印本
三禮圖　聶崇義　康熙丙辰刊本
樂書　宋陳暘　光緒二年刊本
考古圖　呂大臨　亦政堂藏本
博古圖　王黼等　亦政堂藏本
文獻通考　宋馬端臨　新興書局影印本
太平預覽　宋李昉等　新興書局影印本

元史禮樂志　藝文影印本
樂典　黃佐才　嘉靖二十六年刊本
樂縣考　江藩　商務印書館排印本
律呂精義　朱載堉　商務印書館
詁經精舍文集　阮氏琅嬛僊館栞板
古樂書　清應撝謙　商務印書館影印文淵閣本
樂律表微　清胡彥昇　乾隆乙亥刊本
古樂經　文應熊　道光乙未青照堂叢書本
皇清經解正編續編　藝文書局影印本
兩罍軒彝器圖釋　吳雲箸　同治刊本
簠齋吉金錄　鄧實輯　風雨樓影印本
綴遺齋彝器考釋　方濬益　影印本
寶蘊樓彝器圖錄　容庚　哈佛燕京學社印行
善齋彝器圖錄　容庚　哈佛燕京學社
雙劍誃吉金圖錄　于省吾
雙劍誃古器物圖錄　于省吾
鄭冢古器圖考　關葆謙　中華書局

陶齋吉金錄　端方　光緒戊申刊本
古樂器小記　唐蘭　燕京學報第十四期
五省出土重要文物圖錄　唐蘭
商周彝器通考　容庚　哈佛燕京學社
國樂樂器圖式　黃體培　大東南印書館
考古
文物參考資料
文物
考古學報
兩周金文辭大系　株式會社開明堂
漢代繪畫選集　常任俠
定本觀堂集林　王國維　世界書局
說文解字詁林　丁福保　國民出版社
甲骨文字集釋　李孝定
歷史語言研究所專刊
沂南石墓畫像集
殷墓發現木器印影圖錄　梅原末治

①壽縣蔡昭侯墓歌鐘

②壽縣蔡昭侯墓歌鐘

③壽縣蔡昭侯墓歌鐘

④長治分水嶺十四號墓編鐘

①𦅫　鎛

②紀侯鐘

①甲類鏞二
（藏紐約Holmes，高29.5cm）

甲類鏞一（藏安徽博物館）

②乙類鏞四
（藏紐約Wackert，高76.5cm）

乙類鏞三
（藏加拿大妥浪陀博物館高67cm）

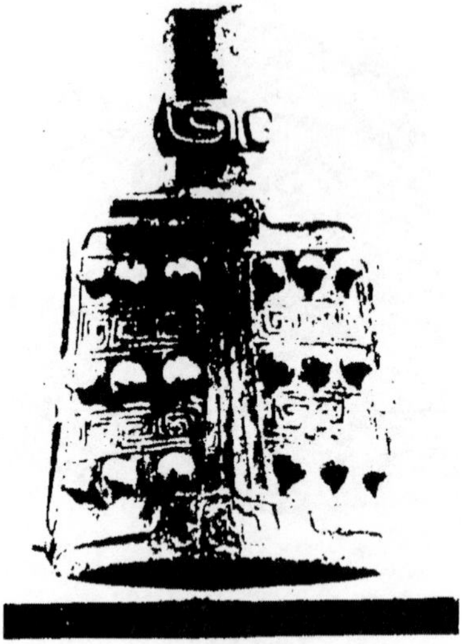

①中期鐘一（藏芝加哥美術館，高41.7cm）

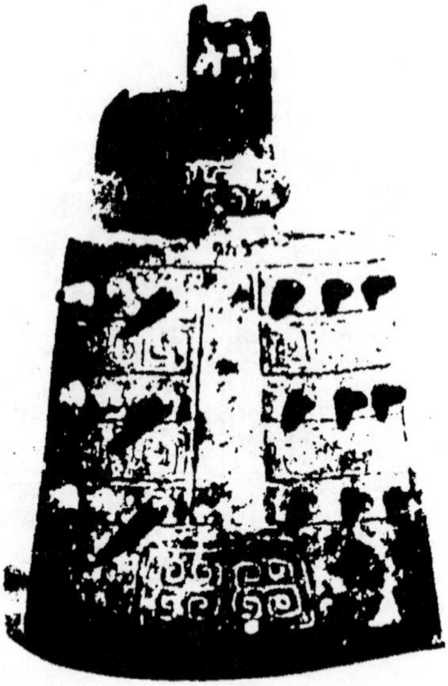

中期鐘二（藏McAlpin，高41cm）

②中期鐘三（張乃驥藏高50.8cm）

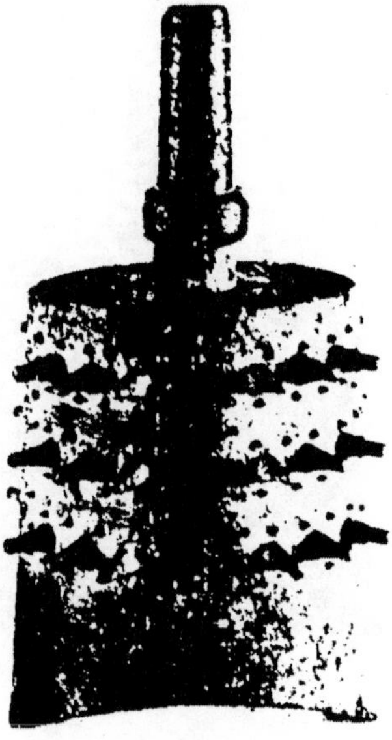

中期鐘四（藏波士頓美術館）

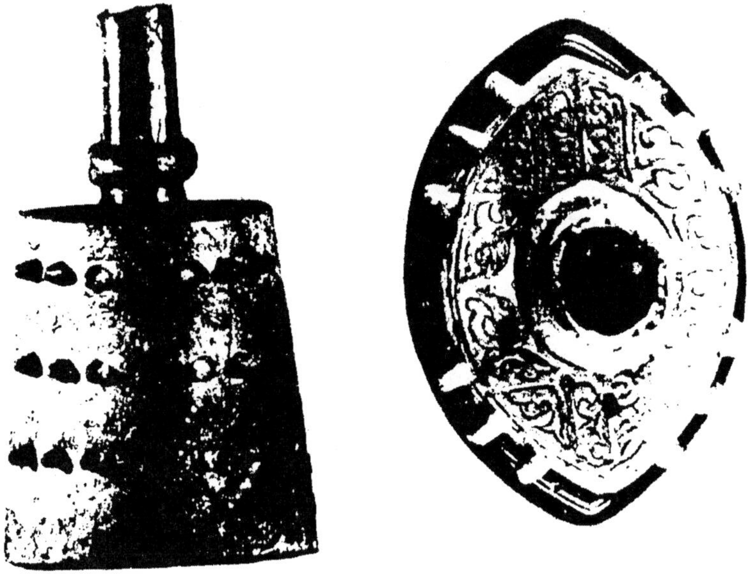

①中期鐘有旋無幹其甬中空（紐約古肆，高31.5cm）

②普渡村西周穆王三鐘（高48.5，40，38cm）

①執鐘（鉦正）

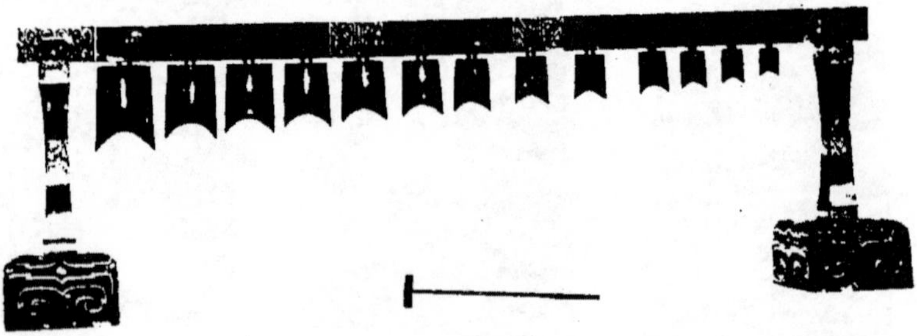

②信陽長臺關楚墓編鐘復原圖

①戰國漁獵壺的音樂場面

②内公鐘鈎

獸形鐘鈎

①侯家莊1217號墓出土之大鼓、石磬及磬簴

②武官大墓出土之殷磬

①長治分水嶺戰國十四號墓出土之二套編磬

②山東肥城孝堂山郭氏祠畫像

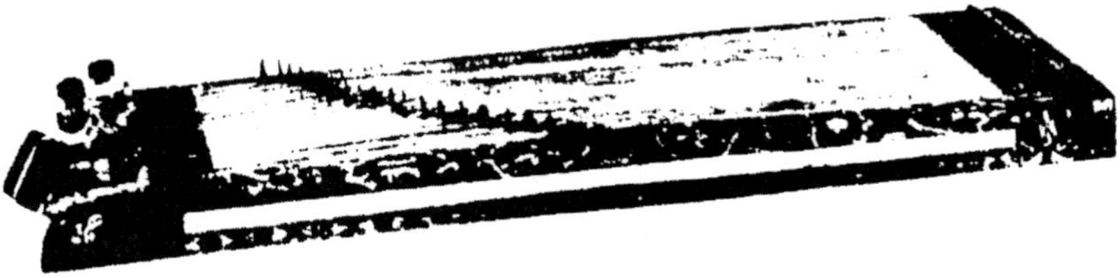

③信陽漆繪小瑟復原圖

①遼寧遼陽漢墓壁畫

②河南南陽漢墓畫象石

③河南南陽漢墓畫象石

①沂南石墓象石建鼓圖

②信陽一號楚墓小鼓木腔殘片

③信陽一號楚墓大鼓木腔殘片

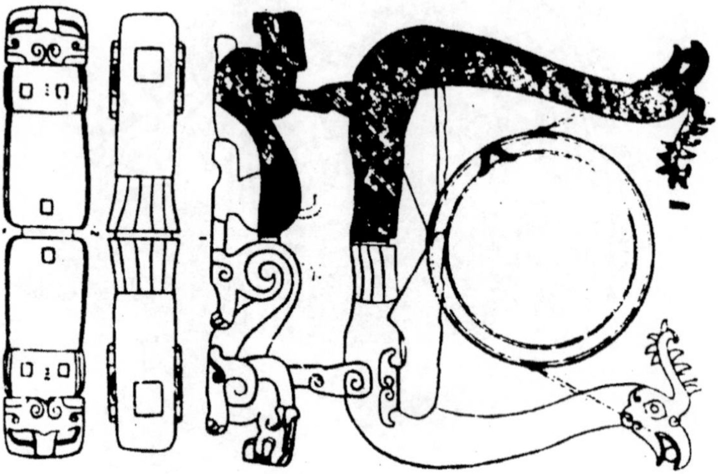

①信陽二號楚墓大鼓復原圖

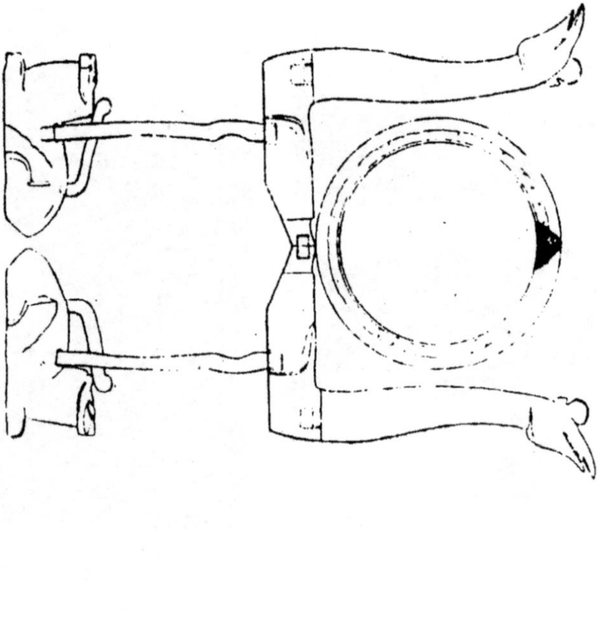

②葛陂寺34號墓虎座鳥架鼓復原圖

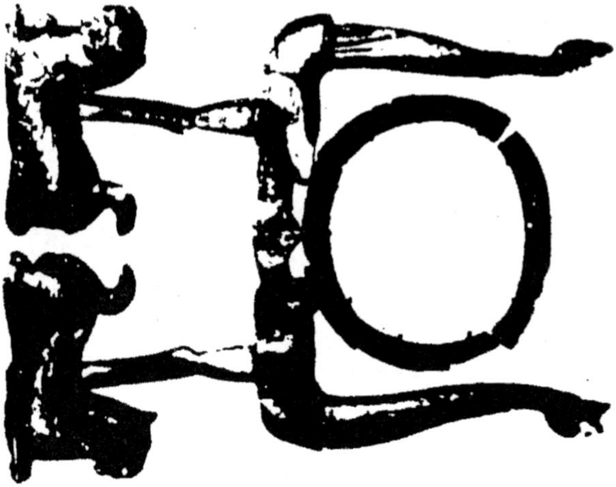

①柏馬山4號墓虎座鳥架鼓復原圖

②信陽一號楚墓大鼓復原圖

①信陽一號楚墓出土木瑟尾部

②四川成都鳳凰山畫象磚

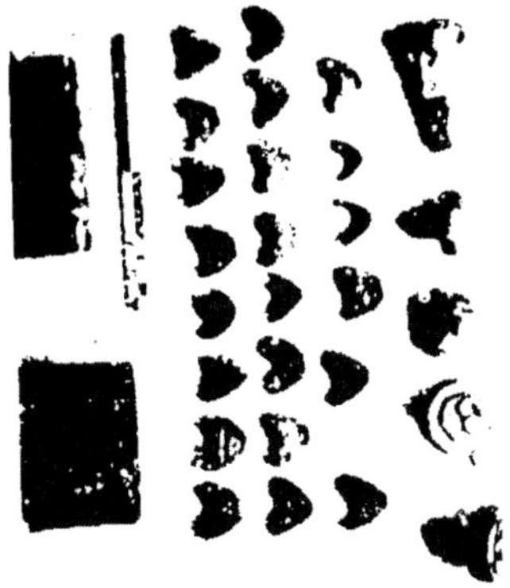

①信陽楚瑟木枘、柱、過弦板

②信陽漆繪小瑟瑟柱

③信陽大瑟二尾部正面

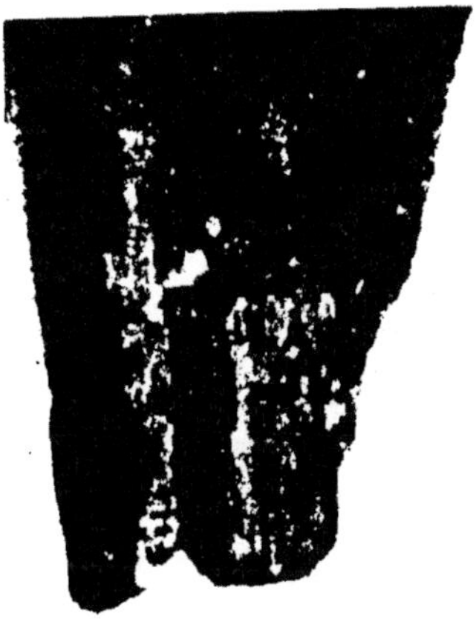

④信陽大瑟二尾部背面圖

①信陽楚墓大瑟復原圖

②沂南魏晉石墓畫象

①漢武梁祠畫象石擊磬圖

②沂南魏晉石墓畫象擊磬圖

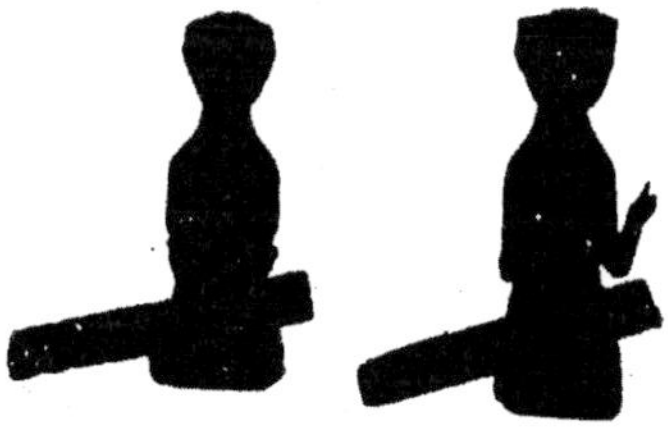

③楊家灣M006號墓發現之彈瑟木俑

中華社會科學叢書

儀禮宮室考 儀禮車馬考 儀禮樂器考

（儀禮復原研究叢刊）

作　　者／鄭良樹、曾永義　著
主　　編／劉郁君
美術編輯／鍾　玟

出 版 者／中華書局
發 行 人／張敏君
副總經理／陳又齊
行銷經理／王新君
地　　址／11494 臺北市內湖區舊宗路二段181巷8號5樓
客服專線／02-8797-8396　　傳　　真／02-8797-8909
網　　址／www.chunghwabook.com.tw
匯款帳號／兆豐國際商業銀行　東內湖分行
067-09-036932　中華書局股份有限公司

法律顧問／安侯法律事務所
製版印刷／維中科技有限公司　海瑞印刷品有限公司
出版日期／2017年3月三版
版本備註／據1986年9月二版復刻重製
定　　價／NTD 580

國家圖書館出版品預行編目（CIP）資料

儀禮宮室考 ; 儀禮車馬考 ; 儀禮樂器考 /
鄭良樹, 曾永義著. -- 三版. -- 臺北市 :
中華書局, 2017.03
面 ; 公分. --（中華社會科學叢書）（儀禮復原研究叢刊）
ISBN 978-986-94064-6-8(平裝)
1.儀禮 2.考據學
531.1　　105022781

NO.F2005
ISBN 978-986-94064-6-8（平裝）